Elisabeth I. (1533–1603) hat die Geschicke Englands in der Renaissance gelenkt und das Selbstbewußtsein ihrer Nation geprägt. In einer patriarchalischen Epoche hat sie als einzige Frau in Europa Weltpolitik gemacht. Dies gelang ihr durch Verhandlungsgeschick und neue technologische und ökonomische Errungenschaften, durch den Einsatz moderner Regierungsformen und die Führung einer parlamentarisch begleiteten Monarchie, in welcher nicht gegen das Volk regiert wurde, sondern nach Maßgabe eines goldenen Mittelwegs. Unter Elisabeth I. erlebte England nicht nur einen machtpolitischen Aufschwung – der Sieg über die spanische Armada (1588) war eine Grundvoraussetzung für die Errichtung des britischen Weltreiches –, sondern auch eine Blüte der Naturwissenschaft und Technologie, einen unglaublichen Aufstieg der englischen Dichtung in den Rang der Weltliteratur (Shakespeare) und die Entwicklung zu einer wirkungsvollen Wirtschafts- und Seemacht.

*Jürgen Klein* ist Professor i. R. für Englische Literaturwissenschaft und Landeskunde (Geistes- und Kulturgeschichte Großbritanniens) an der Ernst-Moritz-Arndt-Universität Greifswald.

Jürgen Klein

# Elisabeth I.
# und ihre Zeit

C.H.Beck

1. Auflage. 2004
2., erweiterte Auflage. 2010

Originalausgabe

3. Auflage. 2021
Unveränderter Nachdruck

© Verlag C.H.Beck GmbH & Co. KG, München 2004
Wilhelmstraße 9, 80801 München, info@beck.de
Alle urheberrechtlichen Nutzungsrechte bleiben vorbehalten.
Der Verlag behält sich auch das Recht vor, Vervielfältigungen dieses
Werks zum Zwecke des Text and Data Mining vorzunehmen.
www.chbeck.de
Umschlaggestaltung: malsyteufel, Willich
Umschlagabbildung: Elisabeth I., Bildnis mit dem Hermelin,
Gemälde von Nicholas Hilliard; akg-images, Berlin
Satz: Fotosatz Amann, Memmingen
Druck und Bindung: Druckerei C.H.Beck, Nördlingen
Gedruckt auf säurefreiem und alterungsbeständigem Papier
Printed in Germany
ISBN 978 3 406 77954 1

verantwortungsbewusst produziert
www.chbeck.de/nachhaltig
produktsicherheit.beck.de

# Inhalt

1. Einleitung   7

2. Der Weg zum Thron: Die junge Elisabeth (1533–1558)   12

3. Gesellschaftliche und politische Grundlagen der
   Herrschaft Königin Elisabeths   20
   3.1 Regierungssystem 20
   3.2 Religionspolitik und religiöse Strömungen 35
   3.3 Gesellschaftliche und wirtschaftliche Entwicklungen 53
   3.4 Inszenierung und politische Symbolik 65

4. Außenpolitik von den Anfängen bis zur Hinrichtung
   Maria Stuarts   72

5. Kulturelle und geistige Entwicklungen unter Elisabeth   124

6. Aufstieg zur Weltmacht: Außenpolitik vom Sieg über
   die Armada bis zum Ende der Herrschaft Elisabeths   141

7. Das Ende des Elisabethanischen Zeitalters   170

Anmerkungen   197

Stammtafel   207

# 1. Einleitung

In den fünfundvierzig Jahren ihrer Herrschaft (1558–1603) erlangte Königin Elisabeth I. von England europäischen Ruhm, der auch vierhundert Jahre nach ihrem Tode nicht verblaßt ist. Selbst Papst Sixtus V., der zu ihren größten Gegnern zählte, schrieb voller Bewunderung:

«Sie ist eine große Frau; und wäre sie nur katholisch, hätte sie nicht ihresgleichen (...). Seht nur, wie gut sie regiert; sie ist nur eine Frau; nur Beherrscherin einer halben Insel, und doch wird sie gefürchtet: von Spanien, von Frankreich, vom Kaiser, von allen.»[1]

Es finden sich Lobreden auf die Königin von Landsleuten wie Francis Bacon und Edmund Spenser, aber auch Elogen ausländischer Gelehrter von Ruf, etwa von Giordano Bruno («Aschermittwochsmahl»). Königin Elisabeth ragte in einer patriarchalisch bestimmten Welt unter den Frauen ihrer Zeit in einer Weise heraus, die sogar Katharina von Medici und Maria von Guise in den Schatten stellte. Sie gab einer Epoche ihren Namen und ist für England zur mythischen Figur geworden. Kein englischer Monarch vor oder nach ihr hat je einen so tiefen Eindruck auf die Nation gemacht wie Elisabeth I. Zugleich gelang ihr die erstaunliche Leistung, in einer Zeit größter Spannungen und Umwälzungen in Europa die Unabhängigkeit und Handlungsfreiheit ihres Landes durchzusetzen.

Als Königin Maria im Sterben lag, übertrug die Nation stillschweigend ihre Unterstützung auf deren Halbschwester Elisabeth. Bald stand der gesamte Adel zu ihr. Maria starb am 16. November 1558, und am folgenden Tag proklamierten die Herolde Elisabeths Thronfolge. Durch das Ende des alten Regimes war eine Last von England genommen. Elisabeth galt der Nation als Garant der Befreiung. Die politische Situation Englands und Europas war alles andere als günstig. Wenn es Aufgabe von Königin und Regierung war, eine funktionale, durch Konsens gesicherte Herrschaftsstruktur in England zu etablieren, so mußte auch der Friede mit den übrigen europäischen Mächten gesichert sein. Doch von einem friedlichen Europa war das Zeitalter weit entfernt. Auch England vermochte es nicht, im Schlagschatten des Kontinents ungehindert seinen Interessen nachzugehen.

Hinzu kamen die Glaubensstreitigkeiten, die die Zeit prägten: Humanismus und Renaissance warfen neues Licht auf Individuum, Kultur, Wissenschaft und Gesellschaft. Fast zeitgleich rief die Reformation ein neues und bislang unbekanntes Religionsverständnis hervor. Hier lag der Akzent der individuellen Glaubenshaltung auf dem menschlichen Streben nach Heil und Rechtfertigung: Der Gläubige steht unmittelbar vor Gott. Luther bestimmte die Rechtfertigung des Christenmenschen allein durch den Glauben, nicht durch Werke, allein durch die Heilige Schrift, nicht durch die Traditionen der römischen Kirche, und allein durch die Gnade. Er hatte schon 1517 in seinen 95 Thesen zentrale Lehrstücke und Praktiken der katholischen Kirche mit weiter Akzeptanz angegriffen, ob es sich nun um das Fegefeuer, die Vergebungskraft des Papstes, den Ablaß oder die Schätze der Kirche handelte.[2] Diese neue Glaubenshaltung zog Tausende von Menschen an, die sich von der dogmatisch durchgeformten und hierarchisch organisierten *allgemeinen* römischen Kirche nicht mehr angesprochen fühlten. Für Königin Elisabeth, die sich zur Reformation bekannte, war es daher eine ihrer größten Aufgaben, Englands durch Maria Tudor bewirkte Rückkehr zum Katholizismus aufzuheben, um einem Kompromißprotestantismus innerhalb der religiösen Auseinandersetzungen zwischen Reformation und Gegenreformation nationale Anerkennung zu verschaffen.

Die religiöse Unsicherheit im Lande, die durch Angriffe auf die Legitimität der Königin verstärkt wurde, erlitt zusätzliche Erschütterungen durch die außenpolitischen Verhältnisse. Die katholischen Staaten Europas unter Führung Karls V. und später Philipps II. hatten es sich zur Aufgabe gemacht, im Einvernehmen mit dem Papsttum die Reformation in Europa zurückzudrängen. Mit und nach dem Konzil von Trient entstand die europäische Bewegung der Gegenreformation, die einen ganz eigenen intellektuellen, geistlichen Zuschnitt besaß und die entsprechende Energien freisetzte. In der Gegenreformation wurden nicht nur von den Jesuiten, sondern auch von spanischen Mystikern Kräfte der Verinnerlichung und des religiösen Ausdrucks entfesselt, die dem Katholizismus neue kollektive psychische Kraft und Siegesgewißheit verliehen. Englands Sicherheit wurde vom Norden durch die französische und damit katholische Präsenz in Schottland bedroht, das von Maria von Guise für ihre Tochter Maria Stuart regiert wurde. Die machtpolitischen Interessen Englands und Frankreichs standen im deutlichen

Gegensatz zueinander: England wollte sein neues protestantisches System etablieren, während Frankreich über Maria Stuarts Thronrechte Ansprüche auf England erhob. Ein derartiger Antagonismus machte ein balanciertes Verhältnis zwischen beiden Staaten unmöglich. Auch sah sich England mit spanischen Hegemonialbestrebungen konfrontiert, weil Philipp II. als nomineller König Englands aufgrund seiner vormaligen Ehe mit Maria Tudor den Versuch unternahm, eine erneute Rekatholisierung Englands vorzubereiten.

Die Gegenreformation entwickelte allerdings keine solche politische Stärke, daß sie jede weitere protestantische Bewegung im Keime hätte ersticken können. In den französischen Religionskriegen kämpften die Hugenotten um Durchsetzung des Toleranzprinzips und verstanden es zudem auch, England und Königin Elisabeth in die Verwicklungen hineinzuziehen. Sodann sind die immer wieder aufflackernden Versuche der Niederländer, sich aus spanischer Herrschaft zu befreien, ein Kennzeichen der Epoche. Gerade in das zweite Drittel des 16. Jahrhunderts fallen die niederländischen Freiheitskämpfe, die zur Gründung der protestantischen nördlichen Generalstaaten führten. England unterstützte diese politische Bewegung mit nicht unbeträchtlichen Subsidien und schickte Armeekontingente in die Niederlande.

Der Vatikan, wenn auch in weiten Phasen unter der Direktive Spaniens und des Kaisers, griff entschieden in die englische Situation ein, als Pius V. im Jahre 1570 Elisabeth I. exkommunizierte und alle ihre Untertanen von ihrer Treuepflicht zur Monarchin entband. Die Jesuiten bildeten katholische Flüchtlinge aus England in eigens dafür eingerichteten Seminaren (z. B. Douai, später auch Reims, Rom und Valladolid) theologisch aus. Diese Priesterschaft sollte in England selbst subversive Arbeit in großem Stil zur Vorbereitung eines Angriffs auf die Herrschaft Elisabeths und der folgenden Rekatholisierung leisten.

Die Kooperation zwischen englischen Katholiken, der spanischen Regierung und Rom spielte eine wesentliche Rolle in der Serie der Verschwörungen gegen Elisabeth I. Diplomatie und Geheimdiensttätigkeit wurden im Gegenzug zu einem lebenswichtigen Instrumentarium der englischen Regierung. Erst mit dem Prozeß, der Verurteilung und der Hinrichtung Maria Stuarts konnte England von einem erstrangigen Staatsfeind befreit werden.

Mit dem Sieg über die Armada (1588) war Spanien nicht vollends besiegt. Folglich war für England die spanische Gefahr noch nicht gebannt und führte noch in den letzten Regierungsjahren Elisabeths zu Auseinandersetzungen zwischen der Essex- und der Cecil-Partei im «Privy Council». Dennoch hatte das Armadajahr eine weit über die eigentliche Situation hinausreichende symbolische Bedeutung. England war es unter Königin Elisabeth I. gelungen, seine Souveränität machtvoll zu verteidigen: Es hatte einen Waffengang auf Leben und Tod mit der bis dahin führenden Weltmacht Spanien gewonnen. Damit stand unbezweifelbar fest, daß England im Vergleich zu Spanien das modernere System war – und die Zukunft beherrschen würde. Diese Modernität läßt sich nicht nur auf die Wissenschaft, Technologie und Handwerkskunst beziehen.

Das 16. Jahrhundert wurde nicht nur durch die europäische Reformation und Politik in eine Situation des Umbruchs und Neuanfangs gestoßen. Bislang ungeahnte Weltauffassungen gingen nun einher mit Veränderungen der wissenschaftlichen und technischen Kompetenzen sowie mit einer revolutionären Veränderung des wirtschaftlichen Denkens und Tuns. Letzteres zeigt sich vor allem darin, daß im 16. Jahrhundert das System des Welthandels etabliert und gefestigt wurde. Auch an diesen Wandlungen großen Stils, die das «moderne» England prägen sollten, hatte Elisabeth I. einen gewichtigen Anteil: Sie trachtete danach, die englische Macht auf den Weltmeeren zu steigern – und somit der Nation eine unbestreitbare Mitwirkung in der Weltpolitik zu sichern.

Eine solche Politik wie die der englischen Königin konnte nicht im despotischen Alleingang bewältigt werden. Dazu brauchte es eine Regierungsstruktur, die mit den Kräften der gesamten Nation rechnen konnte. Und in diesem Sinne betrachtet, kann nicht bezweifelt werden, daß das England Elisabeths über das am weitesten entwickelte Regierungssystem in Europa verfügte, das Krone, Parlament, Regierung, Grafschaften und Korporationen in einen fruchtbaren Arbeitszusammenhang geformt hatte.

Im Verlaufe der Regierungszeit Königin Elisabeths wurden die Verhältnisse in England ausgewogener und stabiler. Dies zeigte sich in der Erweiterung von Bildung und Wissen ebenso wie in der Beteiligung von immer mehr Menschen an Entscheidungsprozessen in Wirtschaft und Politik. Die Regierung arbeitete nicht gegen Volk und Volkes Stimme, sondern sicherte und bewahrte sich die Zustimmung der Mehrheit der Engländer. Dennoch blieben die Konflikte zwischen der Aristokratie und den in der englischen Wirtschaft führenden «London Merchants» am Ende der elisabethanischen Ära nicht aus, zumal die letzteren energisch gegen Monopole und Patente als Einschränkung der Handelsfreiheit protestierten.

Das Zeitalter Königin Elisabeths I. weist also viele Aktivitäten und Neuerungen auf, die in ihrer Dichte der Epoche einen besonderen Charakter verliehen haben. England erweiterte nicht nur seinen außenpolitischen Radius, seine wirtschaftliche und militärische Präsenz im Internationalen System, sondern es trug auch tatkräftig zur Gestaltung eines Phänomens bei, das man den frühneuzeitlichen Aufbruch in den Künsten, Wissenschaften und Literaturen genannt hat. Überall in England wurde ein bedeutender kultureller Aufschwung sichtbar: die Zahl der Studenten in Oxford und Cambridge stieg an, das Studium bislang verschollener antiker Texte wurde erfolgreich vorangetrieben, man befaßte sich intensiv mit modernen Theorien der Staatskunst, ebenso mit Astronomie, Navigation, Geometrie oder den geheimen Wissenschaften – die geistige Neugier und die damit einhergehende Aktivität wurde zum Kennzeichen der Epoche. Die humanistische Bildung brachte eine derartig interessante Verfeinerung auch der englischen Sprache selbst mit sich, daß die Voraussetzung für große Werke der Dichtung, der Rhetorik sowie aller anderen Wissensbereiche gegeben war. Neben der lateinischen Sprache kam dem Englischen mehr und mehr die Funktion zu, Träger des Wissens, der Bildung zu sein, einer Bildung, die sich jeder verschaffen konnte, der des Englischen zumindest im Lesen mächtig war. Die Listen der Widmungen an bedeutende Staatsmänner der Zeit und natürlich an die Königin selbst geben einen beredten Ausdruck von der Ausbreitung literarischer, philosophischer und wissenschaftlicher Interessen sowie der Neugier an der empirischen Welt.

All diese Neuerungen und Errungenschaften der Epoche fanden ihren symbolkräftigen Ausdruck in der Person der Monarchin: Elisabeth wurde von Dichtern, Komponisten, Kupferstechern und Malern als Symbolfigur ihres Landes auf vielfältige Weise verherrlicht. Sie selbst hat mit ihren öffentlichen Auftritten und ihren rhetorisch glänzend gebauten Reden das Ihre zu dieser ersten universal erfolgreichen Propagandamaschinerie beigetragen.

## 2. Der Weg zum Thron: Die junge Elisabeth (1533–1558)

Schon vor ihrer Thronbesteigung war die Legitimität Elisabeths von ihren Gegnern in Zweifel gezogen worden. Die Rechtmäßigkeit der Thronfolge Elisabeths sowie ihre Anerkennung als Königin von England im europäischen Kontext wurde immer wieder auf die Politik ihres Vaters Heinrich VIII. zurückgespiegelt, der sich aus dynastischen Gründen gegen den Willen der Kurie von Katharina von Aragon scheiden ließ, um Anne Boleyn (Elisabeths Mutter) zu heiraten. Die mit dieser Scheidung einhergehende Trennung Englands von Rom sowie die Einleitung einer partialen Reformation machten Elisabeth in den Augen katholischer Fürsten, Prälaten und auch englischer Aristokraten, soweit sie Katholiken waren, zum Bastard. So stellte auch die Frage der Legitimität eine Belastung für Elisabeth dar, und sie sollte von dem Erbfolgeproblem während ihrer gesamten Regierungszeit verfolgt werden. Um so mehr war ihr von Anfang an daran gelegen, sich aus eigener Kraft Kenntnisse und Fähigkeiten anzueignen, auf die sie immer wieder – auch in schwierigen Situationen – zurückgreifen konnte: Schon als junge Frau hatte Elisabeth ihre geistigen und politischen Fähigkeiten entdeckt und deren Wert erkannt. Mit Ehrgeiz und Brillanz betrieb sie ihre eigene Ausbildung. Ihre Rolle als Herrscherin kann man nur ganz erfassen, wenn man sich das Ausmaß ihrer Bildung, ihrer Kenntnisse und ihrer psychischen Stärken vor Augen führt.

Elisabeths Position unter ihrer Halbschwester Maria erwies sich als desolat und lebensgefährlich. Da auch Maria und ihre Berater Elisabeths Thronrecht nicht bezweifeln konnten, schien es einigen Vertrauten der Königin ratsam, Elisabeth an einem geheimen Ort umzubringen. Im Jahre 1554 unterstellte man ihr Teilnahme an oder Begünstigung der Wyatt-Rebellion; sie wurde ein Jahr im Tower in Gefangenschaft gehalten. Diese Zeit hat Elisabeth schwer getroffen und für ihr ganzes künftiges Leben gezeichnet.

Was die Thronfolgeregelung betrifft, so hatte das englische Parlament Heinrich VIII. zunächst die alleinige Entscheidung in dieser

Sache überlassen, erst ein später ebenfalls durch das Parlament beschlossenes Gesetz hatte die Thronfolge Elisabeths festgeschrieben. Wenn man von den Thronfolgerechten Marias und Edwards, den Vorgängern Elisabeths, absieht, war Elisabeths Thronrecht keineswegs konkurrenzlos. Maria Stuart, die von Heinrichs VIII. älterer Schwester Margaret abstammte, besaß ein unangefochtenes traditionelles Erbrecht, während die Thronfolge der Nachfahren von Heinrichs jüngerer Schwester Mary im Parlamentsgesetz festgelegt war. Hier handelte es sich um die Suffolk-Linie und damit vor allem um Lady Catherine Grey. Aus dieser Situation haben Elisabeths Staatsräte nach ihrer Thronbesteigung den Schluß gezogen, daß eine Heirat für sie das beste Mittel sei, um das Erbfolgeproblem zu lösen.

Während Maria Tudor in ihrer Zeit als Prinzessin und vor allem zu Lebzeiten ihrer Mutter Katharina von Aragon im strengsten spanischen Katholizismus erzogen und mit den Texten vertraut gemacht wurde, die Ausdruck spanischer Geistigkeit waren, erzog man Elisabeth, zunächst zusammen mit ihrem Bruder Edward, später allein, im Sinne eines protestantisch orientierten Humanismus. Es ist zu Recht gesagt worden, daß der Hof der Prinzessin Elisabeth als eine universitäre Nebenstelle von St. John's College, Cambridge, gelten konnte. Hervorragende Mitglieder aus dem reformierten Gelehrtenkreis um Sir John Cheke stellten Elisabeths Lehrer, von denen William Grindal und dann vor allem Roger Ascham hervorzuheben sind. Elisabeth war nicht nur sprachbegabt, sondern sie besaß einen geschliffenen, analytischen Geist, der sie in die Lage versetzte, komplizierte Sachverhalte ohne Mühe zu durchschauen und diese auch in einer eleganten sprachlichen Form zum Ausdruck zu bringen.

Elisabeths humanistische Ausbildung begann 1543, als sie zehn Jahre alt war und von Catherine Parr, der sechsten und letzten Frau Heinrichs VIII., an den Hof geholt wurde. Sie setzte sie fast bis zu ihrem 25. Lebensjahr fort, als erwachsene Prinzessin schon längst über eine eigene Hofhaltung verfügend. Vor allem Ascham, der berühmte Verfasser von «The Schoolmaster», einem Traktat über humanistische Bildung, der empfahl, Bibelstudien durch die Lektüre von Aristoteles, Platon und Cicero zu ergänzen, ermutigte Elisabeth, ihrem Eifer und ihrer Begabung zur Gelehrsamkeit zu folgen. Ascham unterrichtete die Prinzessin am Morgen in der griechischen

Sprache, am Nachmittag im Lateinischen. Ihr Studienpensum war beachtlich und umfaßte neben dem griechischen Neuen Testament Werke von Sophokles, Isokrates, Demosthenes, Cicero, Livius und Tacitus, von den neueren Autoren vor allem Melanchthon. So wurden Elisabeth nicht nur antike Philosophie, Geschichte und Rhetorik nahegebracht, sondern ebenso die Grundzüge der protestantischen Theologie, wie Melanchthon sie mustergültig in seinen «Loci communes rerum Theologicarum» formuliert hatte. In einem Brief an den Straßburger Reformator Sturmius lobte Ascham seine hochbegabte Schülerin voller Stolz und betonte, daß sie nicht nur die antiken Sprachen beherrsche, sondern auch das Italienische, Französische und Spanische, sich zudem für Musik begeistere und auch im Tanz und in den Sportarten der Zeit brilliere. Der Botschafter Venedigs, Michieli, berichtete 1557 in seinen «relazione», daß die Prinzessin Elisabeth an Geist und Verstand ihrer Halbschwester Maria Tudor weit überlegen sei. Als Königin schätzte sie Intellektuelle wie Jacobus Acontius, der für eine christliche Vernunftreligion jenseits konfessioneller Streitigkeiten eintrat, aber sie war weder eine Atheistin[1] noch eine tiefgläubige Protestantin.

Mit einer gründlichen Ausbildung in den Sprachen, in der Auslegung von Texten sowie in der Rhetorik übte sich Elisabeth als Prinzessin bereits in vielen Bereichen, die für die Formung und den Erfolg einer zukünftigen Herrscherin unverzichtbar sind. Die Rivalität zwischen den beiden Schwestern erwies sich zudem als eine harte Schulung im politischen Rollen- und Versteckspiel, in dem es darum ging, die eigenen Intentionen im Verborgenen zu halten, um nicht in das Räderwerk der Intrige bzw. Machtspiele zu geraten. Es zeugt allerdings von Elisabeths Charakterstärke, daß sie politisches Geschick nicht mit purem Opportunismus verwechselte: Sie hielt sehr wohl an ihren religiösen Prinzipien gegen den Willen Marias fest. Insgesamt hatte die junge Elisabeth verstanden, daß sie nicht reden und handeln konnte, wie sie wollte, wenn sie beabsichtigte, freie Hand gegenüber ihren Gegnern und Feinden zu behalten. Sie war von der Notwendigkeit überzeugt, ihre Empfindungen und Intentionen zunächst einmal zu verbergen und sie der Staatsräson und ihrem politischen Kalkül unterzuordnen. Dazu gehörten Verhandlungsgeschick, Intrigenspiel und Verstellung. Es ist gesagt worden: Wenn wir Shakespeare als den bedeutendsten Dramatiker der Zeit betrachten, so finden wir in der Königin Elisabeth die größte Schauspielerin der Epoche. Da Elisabeth Latein, Spanisch, Französisch und Italienisch perfekt beherrschte, liebte sie lange und ausführliche Unterhaltungen mit den Botschaftern fremder Nationen. In diesen Gesprächen erfuhr sie mehr als sie selbst verriet und bewies auch auf diese Weise, daß es in ihrer Zeit kaum jemanden gab, der ihr in den Künsten der Täuschung, Ausflucht und des Lügens gewachsen war.[2]

Für Prinzessin Elisabeth boten sich vor ihrer Thronbesteigung zwei gefährliche Situationen, in denen sie ihre politische Klugheit beweisen mußte: die Seymour-Affäre und natürlich die Religionsstreitigkeiten, die sie mit ihrer Halbschwester Maria austrug.

Unter der Herrschaft ihrer Halbschwester Maria Tudor geriet Elisabeth in akute Gefahr, weil sie mit ihr in Religionsangelegenheiten stritt und einen Wechsel zum Katholizismus verweigerte. Sie setzte aber zugleich alle Mittel weiblicher Klugheit ein, um nicht auf eine bestimmte Position festgelegt werden zu können und dann Schlimmes gewärtigen zu müssen. Taktisches Verhalten und Ausweichen waren lebenswichtig in Elisabeths prekärer Situation, so daß sie sich aus allen Komplotten und Plänen gegen die Krone klug heraushielt. Zwar konnte sie nicht verhindern, daß ihr Name in den Kreisen von Wyatts Rebellen immer wieder genannt wurde. Der kaiserliche Botschafter, obwohl er Elisabeth keinesfalls haßte, sondern vielmehr ihre Klugheit und staatspolitische Haltung, ja sogar ihre Sachlichkeit in Religionsfragen schätzte, hetzte Königin Maria unentwegt gegen sie auf. Der Grund dafür ist mehr als durchsichtig: Elisabeth führte die Liste der Thronfolgeberechtigten an. Der Botschafter wußte, daß die politische Bedeutung der Prinzessin Elisabeth in dem Maße steigen würde, in dem Maria mit ihrem Programm der Rekatholisierung voranschritt, wodurch wachsender Widerstand in der Gesellschaft entstand. Genau an diesem Punkt wurde die Religionsfrage instrumentalisiert: Die Gegner Elisabeths versuchten, sie durch öffentliche Demonstration ihrer Ablehnung der katholischen Messe bei der Königin so verhaßt zu machen, daß massive Repressalien oder noch schlimmere Reaktionen unausweichlich wurden.

Als Elisabeth dazu gezwungen werden sollte, an der katholischen Messe in der Königlichen Kapelle teilzunehmen, weigerte sie sich zunächst. In einem Gespräch mit Bischof Gardiner, das nach ihrer Weigerung stattfand, deutete Elisabeth jedoch an, daß sie ihre Meinung ändern könne. In einem nun folgenden Gespräch der Schwestern führte Maria die Ungnade, in die Elisabeth gefallen war, auf die unterschiedlichen religiösen Standpunkte beider zurück und forderte Unterwerfung, während Elisabeth darum bat, den Glauben beibehalten zu dürfen, in dem sie erzogen worden war. Um die Königin zu beschwichtigen, erbat sie sich Bücher über die katholische Doktrin und Unterricht in der katholischen Religion, damit sie sich kundig machen und in der Religionsfrage mit sich selbst zu Rate gehen könne. Maria war erleichtert: Gehorsam schien ihr wichtiger als das Bekenntnis, und sie hoffte, daß die katholische Überzeugung bei Elisabeth schon durch Teilnahme an der Messe eintreten würde. Doch nach einem Besuch der Messe endete Elisabeths Interesse: Ihre Gegner sagten daher, daß England erneut von Rom abfallen würde, bliebe sie am Leben.

Die Eheschließung Marias mit Philipp II. von Spanien erleichterte Elisabeths Lage nicht. Gardiner plädierte für ihre Einkerkerung im Tower. Ihm ging es um die Ausrottung des protestantischen Glaubens in England um jeden Preis, notfalls durch Feuer und Schwert. In der protestantischen Elisabeth sah Gardiner eine Gefahrenquelle für das gesamte System Königin Marias. Prinzessin Elisabeth wurde Ende 1553 von der Thronfolge ausgeschlossen, weil man sie als Ketzerin, Heuchlerin und als Bastard ansah. Damit war Elisabeth im Rang bei Hofe für jedermann sichtbar degradiert worden. Sie zeigte keine aggressive Reaktion, sondern zog sich aus der Öffentlichkeit auf ihren Landsitz zurück, was ihr aber 1554 die Haftzeit im Tower nicht ersparte, denn die Regierung brachte die Rebellion von Sir Thomas Wyatt im selben Jahr mit ihr in Verbindung.

Entscheidend ist für das Verständnis von Elisabeths Wesen, daß sie in Krisenzeiten ungeachtet der unvermeidlichen Aufregungen eine kluge und politisch weise Ruhe an den Tag legte, die es ihr dann ermöglichte, die Schwierigkeiten zu überwinden, weil sie sich davor hütete, den kleinsten taktischen Fehler zu begehen.

*

Die überlieferten Gemälde Elisabeths aus allen Zeiten ihrer Regierung zeigen eine aparte, hochgewachsene, schlanke Erscheinung mit dunklen Augen, rötlichem Haar, einem feinen Gesicht und schmalen Händen. Auf den Porträts präsentiert sich keine klassische

Schönheit, sondern aus ihnen blickt eine imposante Herrscherin, die von einer Aura des Geheimnisvollen wie Unergründlichen umgeben ist. Sie war ebenso unberechenbar wie entschlossen und klug. Willensstark wie sie war, konnte sie auch ein enormes Arbeitspensum bewältigen. Im Umgang mit Menschen wie in politischen Dingen blieb Elisabeth stets vorsichtig und zurückhaltend. Es gelang ihr, die öffentliche Präsentation so in den Vordergrund zu stellen, daß es schwierig, ja unmöglich ist, ihre privaten Meinungen und die persönlichen Einstellungen zu erkennen. Ihre religiöse Position eindeutig zu bestimmen, ist bis heute nicht gelungen.[3]

Elisabeth konnte sehr schwierig sein, und nicht selten brachte die Königin ihre Minister schier zur Verzweiflung, wenn sie störrisch an bestimmten Entscheidungen festhielt, dann aber war sie, nach einer nicht enden wollenden Starre, plötzlich zu entscheidenden politischen Wendemanövern fähig. An der Rechtsposition ihrer königlichen Entscheidungsgewalt hegte sie nicht den geringsten Zweifel. Es verwundert daher nicht, wenn die Handlungen der Königin bestimmt waren von diesem Selbstbild ebenso wie von ihrem pragmatischen Humanismus. Dieser pragmatische Akzent war Ingredienz ihrer Ausbildung und kam ihr jetzt für ihre Herrschaft sehr gelegen, da sie die Analyse komplexer Sachverhalte beherrschte und schätzte.

Das Bewältigen der Probleme in der wirklichen Welt war ihre Aufgabe: Die Königin besaß einen langen Atem und konnte politische Entwicklungen sorgfältig beobachten und ihre Entscheidungen entsprechend treffen. Sie hütete sich vor Kurzschlußreaktionen, obwohl ihre Leidenschaftlichkeit sie manchmal in die Nähe falscher politischer Entscheidungen führte. Geriet sie sehr leicht in Zorn, so ließ sie sich kaum ängstigen,[4] und ihrer eigenen Kompetenz eingedenk, setzte sie doch stets auch auf den Rat ihres «Privy Council» sowie die Empfehlungen ihr vertrauter Aristokraten. Sie konnte exakt den Punkt erkennen, an dem ihre persönlichen Überzeugungen sachlich eine Entscheidung gegen den Rat nicht mehr rechtfertigen konnten und fügte sich dann ihren Räten. Darin erweist sich die Staatskunst der Königin: keine Auseinandersetzungen über politische Sachfragen höchster Bedeutsamkeit zu präjudizieren. Der Ausgang der Debatte blieb offen, bis man zu der vernünftigsten Lösung im nationalen Interesse kam. Sie bewies also auch nach langen Phasen des Zögerns stets, daß sie durchaus in der Lage war, die für England politisch günstigen Situationen auszumachen, um dann mit einer Schnelligkeit und Effektivität zu handeln, die ihren europäischen Feinden den Atem verschlug. Elisabeth dachte meistens weiter als alle ihre Räte zusammen – und allemal weiter als ihre Gegner.

Was Elisabeth dagegen ideologisch und propagandistisch betrieb, um ihre Politik zu flankieren, steht auf einem ganz anderen Blatt. Hier ging es immer wieder aufs neue um höchste Formen der Schauspielkunst, der Selbstinszenierung, um Täuschung und Irritation der anderen. Die Königin verfügte über ein hohes Maß an Menschenkenntnis – Personen, die ihr begegneten, vermochte sie im Handumdrehen zu durchschauen – und setzte diese Gabe auch zum Wohle ihrer Politik ein, wenn es etwa darum ging, frei werdende Regierungsämter nach ihren Vorstellungen neu zu besetzen. Die wichtigen Persönlichkeiten im Staatsrat Königin Elisabeths, die in den Jahren von 1558 bis 1603 aufeinander folgten, waren der Monarchin in den meisten Fällen wohlvertraut und aufgrund ihrer Fähigkeiten ausgewählt. Eine besondere Rolle nahm Sir William Cecil, der spätere Lord Burleigh, ein, denn er diente Elisabeth I. fast vierzig Jahre. Die Königin und ihr Erster Sekretär, später Schatzkanzler, begründeten früh und vertieften über die Jahre ein Vertrauensverhältnis, das für die Epoche einmalig war. Mögen beide auch von recht unterschiedlichen Visionen von der Zukunft und dem Geschick Englands geleitet worden sein, so waren sie doch verbunden durch den gemeinsamen Willen zur arbeitsamen Auseinandersetzung, zum Erschließen neuer Wege und Möglichkeiten zum Wohle des Landes.

Im Wechselspiel ihrer Stärken und Schwächen, zumal in ihrem kräftezehrenden Amt, zeigten sich auch dunklere Seiten. Von Zeit zu Zeit trat eine Tendenz zur Grausamkeit zutage, die Elisabeth nicht immer zurückdrängen konnte, und ihre Leidenschaftlichkeit obsiegte, wenn sie sich persönlich angegriffen fühlte. Als der Puritaner John Stubbs sich 1579 in einem Pamphlet («Discovery of a Gaping Gulf Wherein England is like to be Swallowed by Another French Marriage») entschieden gegen Elisabeths Eheschließung mit dem Herzog von Alençon, dem Bruder des französischen Königs, äußerte und die schlimmsten Folgen für England voraussagte, ließ die Königin ihn selbst, seinen Drucker und seinen Verleger verhaften. Allen dreien sollte die rechte Hand abgeschlagen werden, auch wurden sie zu Kerkerhaft auf unbestimmte Zeit verurteilt. Nur der

*Elisabeth I. im Krönungsornat mit Tudorrosen und Hermelinsaum, um 1600. Kopie eines verlorenen Originals. Maler unbekannt. (National Portrait Gallery, London)*

Drucker wurde begnadigt. Die anderen beiden mußten die barbarische Strafe erleiden.⁵

Betrachtete Elisabeth die Dinge jedoch mit kühlem Verstande, so war sie allen Terrormaßnahmen ebenso abgeneigt wie den Methoden, das Bewußtsein der Menschen zu knechten und zu zwingen. Ihre eigenen Erfahrungen unter ihrer Halbschwester Maria wirkten hier nach.

## 3. Gesellschaftliche und politische Grundlagen der Herrschaft Elisabeths

### 3.1 Regierungssystem

Mit ihrem Regierungsantritt im Herbst 1558 ging Königin Elisabeth daran, die Rechtsgrundlage ihrer Herrschaft zu sichern, indem sie Schritt für Schritt den Aufbau des innenpolitischen Systems betrieb. Das elisabethanische Regierungssystem sollte klarer geschnitten, überschaubarer und wirkmächtiger sein als die vorangegangene frühneuzeitliche Regierungsform ihres Vaters Heinrich VIII., die dessen Kanzler Thomas Cromwell konzipiert hatte. Das bedeutendste Werkzeug der Tudor-Regierung war der Geheime Staatsrat («Privy Council»), dessen Hauptaufgabe darin bestand, den Monarchen in der Formulierung der Außen- und Innenpolitik stets durch ernsthaften und sachlich begründeten Rat beizustehen. Schon bei der ersten Sitzung von Elisabeths «Privy Council» am 20. November 1558 in Hatfield wurde schnell klar, wie sie als Herrscherin vorzugehen gedachte. Das «Privy Council» sollte effektiver arbeiten und wurde deshalb verkleinert. Gleichzeitig sah die Königin darauf, daß die divergenten politischen Interessen des Landes im Rat vertreten waren. Von den über vierzig bisherigen Mitgliedern wurden nur elf bestätigt, ohne daß die ausscheidenden Räte abgewertet wurden. Elisabeth setzte Sir William Cecil unmittelbar als Ersten Staatssekretär ein.

Ein Erster Staatssekretär des «Privy Council» erhielt keinen schriftlichen Arbeitsauftrag, er war allein seinem Gewissen und seinem Monarchen verantwortlich. Es wurde vorausgesetzt, daß er de facto mit allen Bereichen der Regierung vertraut waren. Er koordinierte die Exekutive in Abstimmung mit dem Monarchen, ohne dessen Unabhängigkeit in Zweifel zu ziehen. Dies galt besonders für Elisabeth. Außer der Königin selbst verfügte niemand im Lande über eine solche Reichweite und Dichte politischer Informationen wie der Erste Staatssekretär. Er war unter anderem für alle Religionsfragen zuständig. Er war dazu verpflichtet, die Position der Anglikanischen Kirche zu berücksichtigen und durch Kontrolle der katholischen Aktivitäten von Priestern und Laien zu verteidigen. Er befaßte sich mit den Angelegenheiten des Grenzgebiets zu Wales und des «Council of the North», mit den Anlagen zur Küstenverteidigung, aber auch mit der Bevorratung von Pulver und Munition. Cecil war für alle Kriegsschiffe und deren Bemannung verantwortlich; er besaß vollständige Kenntnis der Grafschaftsmusterungen. Er führte das Buch der Steuern und Privilegien auf den Kanalinseln. Neben der umfassenden Kenntnis der irischen Angelegenheiten besaß er einen genauen Überblick hinsichtlich der Korporationen und Gesellschaften des Überseehandels. Ihm oblag die Aufsicht über die Ausländer im Königreich, die Angelegenheiten der Münze und die königliche Steuererhebung. Hinzu kamen die Aufsicht über den Königlichen Haushalt und seine Versorgung sowie die gesamte Außenpolitik.

Elisabeths Geheimer Staatsrat hatte nie mehr als neunzehn Mitglieder und konzentrierte sich auf drei Hauptfunktionen: die üblichen Amtsgeschäfte der Königin durchzuführen, die den Staat betrafen; die Dispute zwischen Parteien zu regeln oder beizulegen, die manchmal Straf- und Privatrechtsverfahren einschlossen oder eine Mischung beider; die Streitigkeiten zu beenden, in denen die Königin eine «Partei» war. Daneben wurden die üblichen Staatsgeschäfte routinemäßig abgewickelt, zu denen ein Großteil administrativer und quasi-juridischer Aufgaben gehörte. Das Management der Staatsfinanzen wurde insgesamt vom «Privy Council» übernommen: Dies geschah im Zusammenwirken mit der Königin, dem «Lord Treasurer» und dem «Chancellor of the Exchequer». Mit der Überwachung der Finanzströme hing auch die Kontrolle oder Aufsicht über die Ausgeglichenheit des Staatshaushalts, die Regulierung von Preisen und Löhnen sowie die Reglementierung der sozialen Fragen zusammen. In den Routine-Angelegenheiten der Exekutive konnte Elisabeths Staatsrat frei schalten und walten: Er brachte politische Fragen zum Lösungsstadium, doch die Königin behielt sich

*William Cecil, Lord Burghley (1520–98) mit dem Stab des Lord Schatzkämmerers, zugeschrieben Marcus Gheeraerts d. J., nach 1585. (Burghley Estate)*

stets die letzte Entscheidung vor. Insgesamt zeugt dieses höchste Gremium des Staates von der Stabilität und Homogenität des Elisabethanischen politischen Systems, zumal die wichtigsten politischen Entscheidungen vom gesamten «Privy Council» diskutiert und beschlossen wurden, bevor sie zur Ausführung gelangten.

Entscheidungen über die Politik des Staates auf höchst formaler Ebene wurden im Parlament getroffen, einer Institution, die nicht nur über Regierungsvorlagen (*bills*) abstimmte, sondern zu den wichtigen Fragen des Haushalts, des Rechts und der Politik insgesamt Stellung nahm. Im Parlament konzentrierte sich der souveräne Wille des Staates. Die Konstruktion zur Zeit Elisabeths verband die Ideen von Zustimmung und Repräsentation mit den Forderungen der Souveränität.[1] In den neunziger Jahren betrachtete man die parlamentarische Zustimmung als von zwei Säulen getragen: vom Monarchen und von allen seinen Untertanen. Daraus ergab sich die allseitige Kompetenz der parlamentarischen Gesetze. Allerdings hat die Königin weniger auf die parlamentarische Schaffung neuer Gesetze Wert gelegt als auf deren Durchsetzung. Insofern rangierte die Exekutive vor der Legislative.

Kein Gesetz konnte ohne Zustimmung des Parlaments in Kraft treten. Das englische Parlament setzte sich aus dem Unter- und dem Oberhaus zusammen. In ersterem waren die Bürger, die Grafschaftsritter und der niedrige Adel (Gentry) vertreten, im Oberhaus die geistlichen und weltlichen Lords. Ein Gesetz konnte nur durch die Zustimmung beider Häuser verabschiedet werden. Selbst ein nach drei Lesungen in den «Commons» akzeptierter Gesetzentwurf konnte von den Lords abgelehnt, verbessert oder in die Ausschußarbeit zurückgegeben werden, bevor er zustimmungsfähig war. Nachdem beide Häuser zugestimmt hatten, bedurfte er erst der königlichen Bestätigung, um Gesetzeskraft zu erhalten. Das Parlament hatte traditionell das Etatrecht inne und war entscheidend für die Steuerbewilligungen. Ohne Steuergelder konnten die Tudor-Könige – dies gilt vor allem auch für Elisabeth – die Kosten der Staatsführung nicht bestreiten. Im Verlauf der Geschichte der Tudors kam der Gesetzgebung über «Statute Law» (parlamentarisch verabschiedete Gesetze) eine immer höhere Bedeutung zu. Damit erweiterte sich auch die Zuständigkeit des Parlaments auf die wichtigsten Lebensfragen der Nation, ob es sich nun um Finanz- und Wirtschaftspolitik, um Verteidigungs- und Außenpolitik, um Religions- oder um Sozialpolitik handelte. Zwar besaß die Königin auch die Möglichkeit, die Bestimmungen der geltenden Gesetze durch Proklamationen auszusetzen, zu verändern oder auszuweiten, doch wurde damit der Grundsatz nicht aufgegeben, demzufolge die Krone in Bezug auf ihre wichtige Gesetzgebung vom Parlament abhängig war. Zwischen der Krone und dem Parlament herrschte ein Wechselspiel von Verhandlung, Druck, Einfluß, Widerstreben und Hartnäckigkeit.

Zum Tudor-System – und dies gilt auch für die Ära Königin Elisabeths – gehörte selbstverständlich eine schon ziemlich komplizierte Regierungsmaschinerie, die verschiedene Funktionen bediente: die Übermittlung von Entscheidungen in die politische Praxis, die Legitimation von Vorgängen, die Ausführung von Entscheidungen, die in den oberen Etagen des Systems getroffen worden waren und die Ausführung wiederkehrender Routineaufgaben. Das heißt: Die ständige Bewegung der Verwaltung kennzeichnete den Alltag des Staates. Die Entscheidungen von Monarch und «Privy Council» wurden von drei Institutionen in die Praxis umgesetzt: a) das «Signet» (privates Siegel des Monarchen), gehandhabt von seinem persönlichen Sekretär; b) das «Privy Seal» – ihm war ein eigenes Amt zugeordnet. Hier wurden die administrativen Anordnungen des Monarchen und des «Privy Council» in traditionelle Rechtssprache umgesetzt und durch das «Privy Seal» autorisiert; c) «The Chancery» (Kanzleigericht), die älteste Regierungsinstanz – hier konnten exklusiv Dokumente durch das «Great Seal» autorisiert werden (z.B. Belehnung mit Land, Ernennungen zu hohen Ämtern, Verträge mit fremden Staaten).

Dem «Exchequer» (Schatzamt) kamen verschiedene Funktionen zu: Es war verantwortlich für das Eintreiben der königlichen Steuern, fungierte aber auch als Bank für das liquide Vermögen der Krone. Zahlungen an die Gläubiger der Krone gingen vom Schatzamt aus, und es war auch für die Prüfung aller öffentlichen Abrechnungen zuständig.

Getrennt vom «Exchequer» arbeitete das «Lower Exchequer» (Unteres Schatzamt). Ihm waren die königlichen Steuerbeamten unterstellt, welche die Steuern im Lande einzunehmen hatten. Zudem stellte das Untere Schatzamt Quittungen in Form von Cupons aus, die dem Oberen Schatzamt bei der Rechnungsprüfung vorgelegt werden konnten. Auszahlungen des Schatzamtes geschahen nur durch abgezeichnete Auszahlungsanordnungen, die von der «Chancery» (Kanzleigericht) oder vom «Privy Seal» (Geheimsiegelbewahrer) stammten.

Die Hauptfunktion des Schatzamtes lag darin, die Krone vor dem Betrug durch die eigenen Beamten zu bewahren. Der Erfolg in dieser Hinsicht war beträchtlich: Es bestand für einen Beamten kaum eine Chance, königliche Gelder zu veruntreuen, ohne zumindest auf längere Sicht entdeckt zu werden. Das Berechnungssystem des Amtes versorgte den Herrscher mit ziemlich realistischen Angaben über Steuern, Ausgaben und Schulden. Die zweite Funktion des Schatzamtes bestand darin, die Außenstände der Krone zu begleichen.

\*

Das elisabethanische Regierungssystem beruhte danach unter der Prämisse der nationalen Souveränität auf einem komplizierten, dynamischen Netzwerk, das deutlich durch Flexibilität gekennzeichnet war. Entscheidungsprozesse konnten nur zustande kommen vermittelst vielfältiger Überschneidungen und Interaktionen der beteiligten Instanzen. So konnte sich die Königin auf einen Staatsrat verlassen, dessen Mitglieder häufig wichtige Hofämter innehatten. Die Querbeziehungen zwischen Regierung und Hof stärkten Elisabeths Regierungsweise; es wirkte ein Wechsel von Offenheit und Geschlossenheit sowie von Vernetzung und Funktionalität. Aufgrund der erwähnten Verknüpfung der Regierungsebenen zeichnete sich das Elisabethanische System eher durch Homogenität als durch Konflikt aus.

Es steht außer Frage, daß mit dem Zusammentreten des ersten Parlaments am 25. Januar 1559 der Beginn der Elisabethanischen Politik angesetzt werden kann. Die Aufgaben für das neue Regime waren so groß, daß sie nur mit Mühe und Geduld abgearbeitet werden konnten. Was fand Königin Elisabeth im Lande vor? Die Staatsfinanzen waren zerrüttet, große Forts wie Portsmouth und Berwick upon Tweed baufällig. Die aus Marias Zeiten stammende englisch-spanische Allianz war gefährdet seit England seine letzten Besitzungen in Frankreich (vor allem Calais) verloren hatte, und schließlich blieben die Herrschaftsrechte Elisabeths aufgrund der Thronansprüche Maria Stuarts nicht unangefochten. Es nimmt daher nicht Wunder, daß noch für längere Zeit Unsicherheit darüber herrschte, ob das neue Regime überhaupt Bestand haben könnte.

*Elisabeths Günstlinge*

In der Ära Königin Elisabeths spielte nicht nur das «Privy Council» als engster Zirkel der Macht um die Monarchin eine große Rolle, sondern auch der Hof. Im Laufe ihrer Regierungszeit standen der Königin hochgestellte Männer nahe, die als ihre Günstlinge oder Favoriten bezeichnet wurden. Sie rekrutierten sich aus dem Aktionsfeld zwischen «Privy Council» und Hof, so daß drei ihrer wichtigsten Favoriten auch Mitglieder des Staatsrats waren: Leicester, Essex und Hatton. Raleigh hatte als Hauptmann der Königlichen Garde ein hohes Hofamt inne, gehörte aber nicht zum «Privy Council». Lord Burleigh, Sir Robert Cecil und Sir Francis Walsingham kann man wohl kaum in die Gruppe der Günstlinge einordnen; sie galten und gelten als große Staatsmänner der Zeit.

Günstlinge wurden von der Königin ausgewählt nach Neigung, Aussehen und Kompetenz. Wie immer die Mischung zustande gekommen sein mag, werden wir nie erkunden können. Wichtig bleibt, daß die Königin ihren Favoriten im totalen «Spiel» des Hoflebens und der politischen Arena ein Rollenrepertoire zuwies, das sie klug nutzen mußten im Sinne der Möglichkeiten, die sich aus einem geschickten Rollenwechsel ergeben konnten. Nur eines war für alle Spieler tabu: Sie durften nicht «aus der Rolle fallen».

Elisabeths Günstlinge gehörten allesamt zu den privilegierten Aristokraten. Auch kam ihnen häufig die gnädig erteilte Berechtigung zu, nicht nur in der «Privy Chamber», sondern selbst in der «Withdrawing Chamber» der Königin anwesend zu sein, sei es zum Gespräch, zum Karten- oder zum Würfelspiel. Es wurde gemunkelt, die Königin spiele mit präparierten Würfeln, um die Gewinne einstreichen zu können. Ihren engsten Beratern, ihren Favoriten, aber auch den Bewerbern um ihre Hand gab Elisabeth Spitznamen. Da war nicht nur der «Herr Geist» (Lord Burleigh), sondern auch noch Leicester, der «Augen» hieß, Hatton, genannt «Augenlider» oder «Schaf» und Walsingham, den die Königin wegen seines dunklen Teints als «Mohr» bezeichnete.

Sir William Cecil, später Lord Burleigh, gehörte nicht zu Elisabeths Günstlingen im engeren Sinne, da hier kaum erotische Konnotationen im Spiel gewesen sein dürften, doch er war über Jahrzehnte der Vertraute der Königin. Er diente ihr fast vierzig Jahre und damit erwies sich am Ende, daß die Einsetzungsworte für Burleigh aus dem Jahre 1558 prophetisch gewesen waren: «Dieses Urteil habe ich von Euch, daß Ihr durch keinerlei Geschenk korrumpiert werdet und daß Ihr dem Staat treu sein werdet, und daß Ihr ohne Rücksicht auf meinen eigenen Willen mir den Rat geben werdet, den Ihr für den besten haltet.»[2]

Das Band des Vertrauens zwischen Königin und Erstem Sekretär, später «Lord Treasurer» vertiefte sich Jahr um Jahr, es kennzeichnet die Nähe zweier Menschen, die vieles miteinander gemein hatten. Beide bevorzugten stets kalte und klare Analysen politischer Sach- und Problemlagen, auch wenn Elisabeth nicht vor Zornesausbrüchen und leidenschaftlichen Auftritten gefeit war. Beide, Königin und Sekretär, hielten innere Distanz zum Katholizismus, Cecil, weil er den katholischen Glauben als Aberglaube und Götzendienst verachtete, Elisabeth, weil sie keinen Sinn in der Dogmatik sah. Cecil war ein Moralist im altrömischen Sinn, und auch Elisabeth sympathisierte mit römischer Sittenstrenge.

Bei allem Vertrauen blieb die Ehrfurcht gegenüber Elisabeth I. für Cecil zeitlebens Gesetz. Er hielt stets fest an dem Rangunterschied zwischen dem höchsten Diener des Staates und einer gesalbten Königin.[3]

Lord Robert Dudley, später Earl of Leicester, gilt als der erste Günstling der jungen Königin. Er war Gesellschafter, Berater und – wie immer wieder betont wird – der Liebhaber Elisabeths. Diesem ansehnlichen Edelmann hat die Königin Geschenke in erstaunlicher Höhe gemacht, zu nennen sind etwa zwei vormalige Klöster in Yorkshire, ein Haus in Kew, Lordschaft und Schloß Kenilworth, Lordschaft und Schloß Denbigh sowie kleinere Landsitze in mehr als zwanzig Grafschaften. Elisabeths provokantestes Geschenk an Leicester war die Abtretung aller öffentlich bis dahin nicht bekannten königlichen Rechte am Forest of Snowdon.[4] Leicester gelang es, seine Rolle als Favorit der Königin in ihren jungen Jahren allmählich umzuwandeln und sich langfristig als ihr verläßlicher Berater zu etablieren. Obwohl Cecil Leicester nie völlig traute, hatte sich dieser tatsächlich in seine Rolle als Staatsmann gefunden und sich Kompetenzen erarbeitet, die ihm am Anfang seiner Laufbahn noch keineswegs zu Gebote standen. Es ist heute bekannt, daß Leicester einer der wichtigsten Patrone des Protestantismus in England gewesen ist und daß er auf breiter Basis ein Förderer der Künste und Wissenschaften war, ohne selbst ein Intellektueller zu sein.

Robert Devereux, der zweite Earl of Essex, spielte im Umkreis Königin Elisabeths zwei wichtige Rollen: einmal die des seriösen Staatsrats und zum anderen die des militärischen Befehlshabers. Ihm gelang es im Umgang mit der Königin nicht, die Rollen angemessen zu wechseln, oder sie den Erwartungen seiner Herrscherin anzupassen. Zudem hatte Essex in seinem Stolz und seiner Anfälligkeit für öffentliche Beliebtheit nicht erkannt, daß er als Favorit Rollen zu spielen hatte – und dies im Sinne der Königin, aber nicht nach eigenem Gutdünken, nur um den Beifall der Galerie zu gewinnen. Elisabeth duldete keine Konkurrenz. Wenn das Theater der Zeit die Höflinge imitierte und die Höflinge wie Schauspieler auftraten, so lag das Schicksal des Favoriten Essex auch darin, daß er nie wußte, wann er welche Rolle mit Erfolg spielen konnte.

Der dritte Favorit, der am Ende seines Lebens auf eine Jahrzehnte währende Beziehung zur Königin zurückblicken konnte, war Sir Christopher Hatton (1540–1591). Hatton, der Sohn eines Edelmanns, studierte die Rechte in der Londoner Juristeninnung des «Inner Temple». Schon 1561 fiel er Elisabeth dort als Tänzer in einem allegorischen Spiel oder einer «Masque» wegen seiner Eleganz und seines *wit* auf. Drei Jahre später wurde Hatton einer der fünfzig «Gentlemen Pensioners», der Königlichen Elitegarde. Am Hof faszinierte er als Teilnehmer in den Ritterturnieren. Die Königin betraute ihn ab 1566 mit wechselnden vertraulichen und repräsentativen Aufgaben. Nicht lange darauf wurden Hatton durch die Königin Vergünstigungen zuteil, auch wurde er ein Kandidat für Hof- und Staatsämter. 1568 überließ ihm Elisabeth einen kleineren Landbesitz, und 1572 erhielt er die Güter, die zu Corfe Castle in Devonshire gehörten. Im selben Jahr wurde Hatton Hauptmann der «Yeomen Guard» und nahm damit sein erstes festes Hofamt ein. 1577 folgte die Berufung zum Zweiten Kammerherrn und die Aufnahme in das «Privy Council». Hatton, der um einige Jahre jünger war als die Königin, ließ sich auf das Spiel des schmachtenden Verehrers seiner unerreichbaren Dame ein. Doch er war zugleich auch für gute Arbeit bekannt. Er hielt sich aus dem Parteigezänk heraus und baute trotz Neigungen zur katholischen Seite nie eine eigene Klientel auf. In der Kriegsfrage stand er auf der Seite von Burleigh und Sussex, plädierte also für Frieden im Gegensatz zu Walsingham und Essex. 1587 wurde Sir Christopher Hatton ein erfolgreicher Lordkanzler, der die Amtsgeschäfte mit Hilfe seines gesunden Menschenverstands aufs beste führte, in Zweifelsfragen aber klug die Entscheidung aussetzte, bis er Rat bei Experten eingeholt hatte. Seine Karriere hatte insgesamt eine solide Basis: zum einen in der persönlichen Hochachtung, welche die Königin ihm entgegenbrachte, und zum anderen in seiner Loyalität und Zuverlässigkeit als Staatsmann, der nicht nur die Befehle der Königin gewissenhaft und kompetent ausführte, sondern auch im Parlament der angesehene Sprecher für ihre Politik war.

Im Verhältnis zu Hatton war Sir Walter Raleigh sicherlich der weniger bedeutende Favorit. Hattons Glanz und Urbanität hatte er nicht aufzubieten, dafür aber eine tiefe Neugier, die sich sowohl auf die Wissenschaften bezog als auch auf die Erkenntnis der realen Welt. Der Aufstieg des Selfmademan beruhte allein auf der königlichen Gunst, die Elisabeth Raleigh seit 1581 zuteil werden ließ. Obwohl er 1587 Hauptmann der königlichen Wache wurde, hat er nie einen Platz im «Privy Council» eingenommen. Raleigh erhielt aber große Ländereien zu Lehen, er wurde Aufseher der Zinnminen von Cornwall und besaß das Monopol für Spielkarten. Die Sympathie, welche die Königin für ihn hegte, zerstörte Raleigh selbst, als er Elizabeth Throckmorton, eine der Ehrendamen der Königin verführte und heimlich heiratete. Für fünf Jahre blieb er vom Hof verbannt. Auch unter James I. hatte Raleigh keine glückliche Hand. Mangelndes diplomatisches und fehlgeleitetes politisches Feingefühl führten ihn dazu, dem König die Fortführung des Krieges gegen Spanien anzuraten.

Die Königin konnte durchaus großzügig sein, aber sie achtete darauf, daß ihre Gunst zwar dem Bittsteller oder Begünstigten half, ihr aber zugleich möglichst keine Kosten entstanden. Daher war es selten, daß Elisabeth Land verschenkte. Die schon übermäßigen Übereignungen an Leicester blieben die bemerkenswerte Ausnahme. Der Umverteilung von Kirchenland kam hingegen eine wichtige Rolle zu. Hier meldeten sich aber auch Gegner und Kritiker der Königin. Um den rigorosen Umgang der Königin mit Kirchenland zu brandmarken, scheute sich Richard Cox, der Bischof von Ely, 1575 nicht, die Königin als «Blutsaugerin» zu bezeichnen, und ein anderer hoher Geistlicher sprach von ihr als einem «reißenden Wolf».[5] Die Kirchenfürsten fühlten sich durch die Politik der Krone und der Regierung düpiert, weil sie seit den Tagen Heinrichs VIII. beständig an ökonomischer und politischer Selbständigkeit verloren und Elisabeth nicht das geringste Interesse hatte, diesen Machtverlust der Kirche aufzuhalten. Insofern ist die bischöfliche Verbitterung zu verstehen, zumal angesichts der steilen Karrieren der Favoriten und deren neuen Reichtums, die königliche Gunst aus Kirchenbesitz an sie vergab.

*Geheimdienst und Verschwörungen*

Verschwörungen gegen die Regierung Elisabeths und Pläne für Anschläge auf das Leben der Königin hat das Zeitalter viele gesehen. Daher nimmt es nicht Wunder, daß die englische Regierung in der sich nach 1570 zuspitzenden außenpolitischen Krise ein schlagkräftiges System zur Spionage und Spionageabwehr aufbaute. Maßgebend für den Geheimdienst Elisabeths war Sir Francis Walsingham.[6]

Walsingham gehörte zu den Protestanten, die während der Regierungszeit Maria Tudors auf den Kontinent geflüchtet waren. Im Ausland erwarb Walsingham seine hervorragenden Kenntnisse in den modernen Fremdsprachen, die für seine Karriere entscheidend wurden. Als er nach dem Regierungsantritt Königin Elisabeths 1558 nach England zurückgekehrt war, arbeitete er zunächst als politischer Agent für Burleigh, vor allem in außenpolitischen Angelegenheiten. Im Jahre 1569 war Walsingham Burleighs Chefagent, der den «Ridolfi-Plot» aufdeckte. In den frühen 70er Jahren diente Walsingham seiner Königin als Botschafter in Paris. Er war nicht nur in die Heiratsverhandlungen Elisabeths mit Franz von Anjou einbezogen, sondern er wurde im Jahre 1572 auch Augenzeuge der schrecklichen Geschehnisse der Bartholomäusnacht. Dieses Erlebnis festigte in Walsingham die Auffassung, daß man in England nicht pessimistisch, skeptisch und wachsam genug sein könne gegenüber den politischen Absichten der katholischen Kräfte in Europa. 1573 rief die Königin Walsingham nach London zurück. Sie gab ihm nicht nur einen Sitz im «Privy Council», sondern bestallte ihn zudem als Staatssekretär, ein Amt, das er bis zu seinem Tode im Jahre 1590 innehatte.

In den Jahren 1573 bis 1581 sind keine einschlägigen Aktivitäten Walsinghams bekannt, die mit dem Aufspüren und der Verfolgung katholischer Verschwörer oder Rebellen zu tun gehabt hätten. Erst im letzten Jahrzehnt seines Lebens (1580–1590) hat er seine Arbeit auch darauf konzentriert, durch geheimdienstliche Tätigkeit die

*Sir Francis Walsingham (um 1532–1590), The Queen's Spymaster, zugeschrieben Johan Critz, d. Ä., um 1585. (National Portrait Gallery)*

Gefahren, die England aus den eingeschleusten katholischen Priestern entstanden, zu begrenzen. Walsinghams «Amt» darf dabei nicht mit dem Apparat eines modernen Geheimdiensts verglichen werden. Er beschäftigte zwei hauptamtliche Sekretäre und bezahlte ihre

Tätigkeiten zunächst aus seiner eigenen Tasche. Doch schon 1582 erhielt er vom Großsiegel eine Summe von 750 Pfund Sterling jährlich für die Organisation der Spionage, ein Betrag, der 1585 – beim Ausbruch des Krieges in den Niederlanden – auf 2000 Pfund Sterling pro Jahr aufgestockt wurde.[7] Nur sechs Inlandsspione sind aktenkundig, wohingegen die Anzahl der Spione, die auf dem Kontinent arbeiteten, wahrscheinlich wesentlich größer war.[8] Walsinghams Agenten in England selbst spürten die infiltrierten katholischen Priester, die Jesuiten und die Seminaristen auf und versuchten, etwas über Verschwörungen zu erfahren, damit die Regierung solchen Aktivitäten zuvorkommen konnte. Diese Informationen setzten sich aus Berichten zusammen, die aus den englischen Botschaften des Kontinents kamen, aber auch aus Briefen halboffizieller Agenten in Europa sowie von Beobachtern, die an allen Häfen und Küsten Englands postiert waren: Walsingham ließ kontinuierlich jeden Küstenort in England überwachen, an dem jemals ein Priester gelandet war.

Vor allem in den achtziger Jahren liefen die Tätigkeiten von Walsinghams Amt nahezu ohne Pause, zumal sich die außenpolitische Situation seit der Exkommunikation der englischen Königin kaum entspannt hatte. Die Throckmorton-Verschwörung von 1583 wurde für die Regierung zum Fanal. Das Gefahrenpotential, das sich aus den komplizierten Beziehungen zwischen den katholischen Staaten Frankreich und Spanien ergab, richtete sich nicht zuletzt auf England. Dies war insofern logisch, als Maria Stuart, deren Anspruch auf Thronfolge ein Dauerproblem für Elisabeth blieb, mit den Gegnern der englischen Königin paktierte und auch jeden Komplott unterstützte. Auf der anderen Seite stand Königin Elisabeth, unterstützt von ihren besten Staatsmännern, dauerhaft vor der Aufgabe, die raffiniertesten Verschwörungen aufzudecken. Throckmorton war auf alle Fälle mit den Jesuiten und mit Spanien im Bunde, er nutzte aber in erster Linie die Londoner Residenz des französischen Botschafters Castelnau als Poststelle für seine internationale und nationale Geheimkorrespondenz mit Verschworenen in Frankreich, England und mit Maria Stuart. Der spanische Botschafter Mendoza war ebenso über die Untergrundarbeit Throckmortons im Bilde wie Maria Stuart. Es handelte sich um Pläne zur Vorbereitung einer Invasion Englands, was für Königin Elisabeth und Walsingham zum «Weihnachtsschock» 1583 führte, da sie bislang von der Korrespondenz zwischen Maria Stuart und Paris ebensowenig wußten wie vom Kontakt zwischen Maria und dem spanischen Botschafter Mendoza. Für diese Kontakte war Salisbury Court, die französische Botschaft in London, die Umschlagstelle. Also konnten die Königin und ihr Meister der Spione an keinerlei Informationen über Invasions- und Umsturzpläne gelangen. Dies änderte sich mit der Verhaftung Throckmortons, der zwar noch eine Reihe von Geheimdokumenten in Sicherheit bringen konnte, nicht aber die Liste englischer Häfen für die Invasion. Dieses Dokument erfüllte Elisabeth mit Entsetzen: Nun mußte ihr eine Großverschwörung der katholischen Staaten gegen England und damit gegen ihre Herrschaft als Gewißheit erscheinen.[9] Es war Walter Williams, ein «Maulwurf» Sir Francis Walsinghams in der französischen Botschaft, der schließlich den Informationsrückstand beseitigte. Es stellte sich heraus, daß der französische König Heinrich III. mit Throckmortons Plänen nichts zu tun hatte, wohl aber der Herzog von Guise. Ängste hinsichtlich eines Doppelkriegs mit Spanien und Frankreich blieben Elisabeth jedoch. Die Situation entspannte sich erst, als ein Mitarbeiter Castelnaus Auszüge der Korrespondenz seines Chefs mit Maria Stuart an Walsingham schickte. Diese Dokumente entlasteten Castelnau, und so konnte Walsingham auf die Königin einwirken, bloß keine Auseinandersetzung mit Frankreich zu provozieren, da die neuen Erkenntnisse die Verdachtsmomente gegen Castelnau gegenstandslos werden ließen. Castelnau hatte Maria Stuart zwar stets geholfen, mit der Außenwelt zu kommunizieren. Er war aber kein aktiver Verschwörer gegen Königin Elisabeth, der im Bunde mit der schottischen Königin stand wie der spanische Botschafter Mendoza.

Ein erster Verdacht, daß eine Verschwörung gegen Elisabeth im Gange sei, kam 1582 auf, als Walsinghams Leute einem Boten, der von Mendoza nach Schottland geschickt worden war, Briefe abnahmen, die auf «große Unternehmen» hindeuteten. Walsingham ging der Sache systematisch nach und entdeckte schließlich die regelmäßige Korrespondenz zwischen Maria Stuart und Repräsentanten der Mächte, die England feindlich gesinnt waren. Durch den von Walsingham eingesetzten «Maulwurf» kam man Throckmorton auf die Spur, der vor seiner Verhaftung gefährliche Dokumente beim spanischen Botschafter sicher unterbringen konnte. Nach Verhören unter der Folter legte Throckmorton ein umfassendes Geständnis ab, so daß es zur Enthüllung des gesamten Komplotts gegen England und die Königin kam.

Im Jahre 1584 wurde Mendoza vor das «Privy Council» geladen, wegen Beihilfe zur Verschwörung angeklagt und des Landes verwiesen. Mendoza war der letzte spanische Botschafter während der Regierungszeit Elisabeths in England. Mit der Entlastung Castelnaus und der Ausweisung Mendozas konnte weder die Königin noch das «Privy Council» beruhigt zur Tagesordnung übergehen. Die Tatsache, daß auf einen Beschwerdebrief über Mendoza, den Königin Elisabeth an Philipp II. schrieb, keine Antwort eintraf, wurde zu Recht als Alarmzeichen gedeutet. Die Gefahren, die England von außen drohten, waren keineswegs gebannt.

Insgesamt hatte die Affäre um Throckmorton gezeigt, wie schwierig es für die englische Regierung war, die inneren Feinde unter Kontrolle zu halten, die zugleich mit fremden Mächten im Bunde standen. Throckmorton hatte sich in seinem Prozeß sehr gut verteidigt, so daß die Gründe für seine Verurteilung nicht sehr gravierend waren. Walsingham unterdrückte eine beträchtliche Anzahl von Dokumenten, die den französischen Botschafter Castelnau belasteten. Dieser sollte aus dem Prozeß völlig herausgehalten werden, weil die englische Regierung das Verhältnis zu Frankreich zu verbessern beabsichtigte.[10] Da die Öffentlichkeit an der Rechtmäßigkeit der Anklage gegen Throckmorton wegen Hochverrat zweifelte, wurde sogar eigens ein Staatspamphlet in Auftrag gegeben, das seine Schuld belegen sollte. Mittlerweile hatte Walsingham den französischen Botschafter dazu gezwungen, seine Geheimkorrespondenz von ihm kontrollieren zu lassen. Dies galt besonders für den Briefwechsel mit Maria Stuart. Damit verlor Castelnau aus der Sicht der französischen Regierung, die ihn im November 1584 zurückrief, seine Bedeutung. Die Regierung trug dafür Sorge, daß Maria Stuart die ungehinderte Kommunikation mit der Außenwelt beschnitten wurde. Man brachte sie von Sheffield nach Tutbury, wo sie unter der Aufsicht des strengen Puritaners Sir Amyas Paulet stand.

## 3.2 Religionspolitik und religiöse Strömungen

### Religionskompromiß und Supremat

Als Heinrich VIII. durch seine Scheidung von Katharina von Aragon den Bruch mit Rom herbeiführte und die Anglikanische Kirche begründete, leitete er eine wechselvolle Religionsgeschichte in England ein. Zwischen seiner Herrschaft und dem Regierungsantritt seiner Tochter Elisabeth mußten die englischen Untertanen mehrmals das Bekenntnis wechseln: von einem eher konservativen Lutheranismus unter Heinrich VIII. zum calvinistisch geprägten Puritanismus unter Edward VI., sodann zum strikten Katholizismus Maria Tudors und schließlich zum gemäßigten Protestantismus Elisabeths. Es nimmt nicht Wunder, daß das Land religiös zerrissen war, daß die verschiedenen Bekenntnisse nebeneinander existierten, daß aber auch viele Menschen ihr Interesse an der christlichen Religion verloren hatten. Für ihre Herrschaft war es wichtig, daß Elisabeth klar erkannte, daß auch der Adel und die führenden Schichten in der Religionsfrage uneins waren: Starke katholische Tendenzen gab es im Norden Englands und im Nordwesten Schottlands, aber auch in Wales und in Irland. Die Macht der Zentralregierung war nur dann zu sichern, wenn eine religiöse Uniformität durchgesetzt wurde.

Die elisabethanische Kompromißpolitik in Kirchenangelegenheiten sollte weder einer päpstlichen noch einer calvinistischen Orientierung folgen. Da der Papst Paul IV. ein Konkordat mit Rom nach englischen Prämissen nicht zugelassen hätte und die Thronfolge Maria Stuarts, der Gemahlin des Dauphin, begünstigte, konnte sich Königin Elisabeth keine gefährliche Auseinandersetzung mit Rom leisten: Sie wußte, daß England für einen Großkonflikt noch viel zu schwach war.

Bei der Krönung Elisabeths am 15. Januar 1559 wurde letztmalig vom römisch-katholischen Ritus Gebrauch gemacht. Die Königin zog sich während der Wandlung zurück, da sie als Protestantin die katholische Auffassung der Transsubstantiation (in der Messe: Verwandlung von Brot und Wein in das wahre Blut und den wahren Leib Christi) ablehnte. Aus Vorsicht – und um nicht zu provozieren – hat Elisabeth jedoch vor den grundlegenden Entscheidungen in Religionsfragen, die nach Zulassung des Themas durch die Krone Sache des Parlaments waren, keine aggressive anti-katholische Politik begründet. Es ging ihr zunächst darum, die katholischen Mächte glauben zu machen, England habe – trotz leichter Änderungen – mehr oder weniger den alten Kurs beibehalten.

Elisabeth hat, nachdem sie die Staatsgewalt übernommen hatte, innenpolitisch sofort auf die Herrschaftsweise Maria Tudors reagiert: Im Dezember 1558 wurden die Ketzerprozesse eingestellt, alle Verfolgungen und Verurteilungen ab 1555 wurden geprüft, überlebende Gefangene entlassen. Die Geistlichen erhielten zunächst ein Predigtverbot, um die religiöse Situation nicht sogleich zu einem Quell der Unruhe und möglicher Rebellion zu machen. Daher wurde auch der katholische Kirchenritus Königin Marias bis auf weiteres beibehalten. Allerdings wurde die Litanei Heinrichs VIII. in englischer Sprache zugelassen; ebenso durften Vaterunser und Glaubensbekenntnis in Englisch gesprochen werden. Auch beließ Elisabeth den Botschafter ihrer Vorgängerin beim Vatikan im Amt und hielt den Kontakt zur römischen Kirche aufrecht.

Das erste Parlament Königin Elisabeths wurde am 25. Januar 1559 eröffnet. Es war klar, daß die Religionsfrage zur Debatte stehen würde. Die Königin hatte bei ihrer Amtsübernahme sogleich die Erhebung (*elevatio*) der Hostie verboten, weil sie die Transsubstantiation ablehnte. Die sakramentalen Worte beim Abendmahl mußten in englischer Sprache formuliert werden. – Cecil betrieb im Parlament umgehend die Wiedereinführung des königlichen Supremats und des «Prayer Books» Edwards VI. von 1552. Der Charakter des Buches war in der Orientierung zwar reformiert, vor allem hinsichtlich der Abendmahlslehre, doch ist der Text nicht von einem kämpferisch anti-katholischen Ton geprägt wie der 1563 im Druck erschienene Heidelberger Katechismus. Das Abendmahl wurde von Elisabeth in beiderlei Gestalt zugelassen, aber es wurde ausschließlich als Gedächtnisfeier im Sinne Zwinglis verstanden. Damit entfiel die Lehre von der realen Präsenz Christi in Wein und Brot. Das «Prayer Book» von 1552 wurde von einer Kommission aus Theologen und Politikern einer Revision unterzogen und dann vom Parlament genehmigt. Das Parlament beschloß, die noch aus der Zeit Maria Tudors im Amt befindlichen Bischöfe und Beamten genau beobachten zu lassen; gleichzeitig wurde aber auch die Überwachung der puritanischen Extremisten beschlossen.

Der königliche Supremat, wie er von der Anglikanischen Kirche verstanden wurde und diese zugleich begründete, muß als Kompromiß zwischen protestantischer Lehre und katholischem Ritus gesehen werden. Das Schicksal des Suprematsgesetzes war mit der Wiedereinführung des «Prayer Books» aufs engste verbunden. Cecil wollte beide Innovationen zusammen durchsetzen; er brachte also einen Gesetzentwurf ein, der den Supremat und die Wiedereinführung des «Book of Common Prayer» simultan festlegen sollte. Er konnte die «Commons» überzeugen, doch das Gesetz stieß auf Widerstand bei den Lords, nicht nur bei den Bischöfen Marias, sondern auch bei katholisch gesinnten säkularen Lords, die gegen das Gebetbuch Edwards VI. opponierten. Selbst ein Anti-Ketzer-Gesetz, das die Häresiegesetze Königin Marias abschaffen sollte, fiel bei den Lords durch. Erst als Cecil die Gesetzesvorlagen bei der zweiten Sitzung des Parlaments trennte, konnte er sich durchsetzen. Jedoch waren Überarbeitungen und Abänderungen der Gesetzentwürfe erforderlich, auch wurde die Formulierung «Supreme Head» für die Königin in diejenige vom «Supreme Governor» der Kirche gemildert. In der zweiten Fassung absolvierte das Suprematsgesetz die Verfahren zur parlamentarischen Zustimmung und konnte am 8. Mai 1559 nach dem «Royal Assent» wirksam werden. Damit waren ab sofort auch alle anti-papistischen Gesetze Heinrichs VIII. wieder in Kraft gesetzt. Das Uniformitätsgesetz reaktivierte nun auch das Edwardianische «Book of Common Prayer» für die öffentliche Religionsausübung. Beide Gesetze wurden durch eine entsprechende strafrechtliche Ergänzungsvereinbarung abgesichert.

Wer den Suprematseid verweigerte, verlor sein Amt. Jede mündliche oder schriftliche Einlassung zugunsten ausländischer Fürsten oder Prälaten – gedacht war vor allem an den Papst – galt als Hochverrat, der im dritten Übertretungsfall mit der Todesstrafe geahndet wurde. Der Eid war verpflichtend für: den Klerus, die Richter, die Schöffen und Bürgermeister, für die königlichen Beamten und vor der Ordination stehende zukünftige Geistliche, aber auch für diejenigen, die einen akademischen Grad an den Universitäten erwerben wollten.

Geistliche, die gegen die Vorschriften des «Prayer Books» verstießen, konnten bei der dritten Wiederholung zu lebenslanger Haft verurteilt werden. Mit Blick auf ihre Sanktionierung des Suprematsgesetzes hat die Königin betont, daß ihre Position in der Substanz mit der ihres Vaters übereinstimme. Sie verstand daher die königliche Gewalt über den Klerus als Angelegenheit der Jurisdiktion *(potestas iurisdictionis)* oder (im Sinne der 39 Artikel) als das Recht, «über alle Stände und Ränge zu herrschen [...], ob sie geistlich oder weltlich seien, und mit dem weltlichen Schwert die Starrsinnigen und die Übeltäter zu zähmen». Der Supremat schloß also nicht den Transfer der spirituellen Autorität an die Krone ein *(potestas ordinis)*, wenn sie auch de facto das Recht besaß, die religiösen Riten zu bestimmen. Klarsichtige Politiker erkannten, daß die Macht der Königin in Kirchenangelegenheiten des Landes derjenigen des Papstes vergleichbar war, doch nach außen hin wurde diese Tatsache geschickt verschleiert. Selbst wenn Elisabeth aus Gründen der politischen Außenwirkung auf internationaler Ebene auf den Titel «Oberhaupt» der englischen Kirche verzichtete und sich, wie geschildert, mit dem Titel «Oberster Verwalter» *(supreme governor)* zufriedengab, besaß diese «oberste Verwalterin» die Macht in allen geistlichen und weltlichen Angelegenheiten zunächst mehr de jure als de facto. Wann würde sie die ganze, ungeteilte Macht in Händen halten?

\*

Nach der Verabschiedung des Suprematis- sowie des Uniformitätsgesetzes ging die Regierung daran, deren Verankerung in der politischen Praxis zu betreiben. Die meisten Bischöfe fühlten sich der alten Ordnung verpflichtet und lehnten den Suprematseid sowie das «Book of Common Prayer» von 1552 ab. Sie verloren ihre Ämter, ohne jedoch das Schicksal von Märtyrern erleiden zu müssen. Manche wurden in leichtem Gewahrsam gehalten, andere wurden unter die Aufsicht der neu ernannten Bischöfe gestellt. Nur fünf Bischöfe wurden tatsächlich im Tower in Haft genommen.

Die protestantischen Theologen, die während der Herrschaft Maria Tudors ins Exil gegangen waren, kehrten nunmehr vom Kontinent nach England zurück: Sie waren es, die jetzt mit den neuen Kirchenämtern betraut wurden. In dieser Situation unterwarfen sich viele Katholiken dem Schein nach der Konformität, ohne jedoch im Inneren ihren alten Glauben aufzugeben. Diese «Alt-Katholiken» stellten die Gruppe derjenigen Engländer, die einen erneuten politischen Übergang zum Katholizismus erhofften. Die Pfarrer in den Grafschaften übernahmen weitgehend den elisabethanischen

Anglikanismus, doch war der religionspolitische Erfolg der Regierung nicht in allen Landesteilen gleich. Dies hing auch mit dem Verfall des kirchlichen Lebens im Lande zusammen. Die Geistlichen verfügten über geringe Kompetenz und waren wegen schlechter Bezahlung kaum motiviert. Erst durch Elisabeths Religionspolitik wurde die Ausbreitung des Christentums verbessert und damit die Grundlage geschaffen für das mehrheitliche Einverständnis der Bevölkerung in Glaubensfragen. Innerhalb Englands neigten der Süden, der Südosten und die Midlands dem anglikanischen Bekenntnis zu. Dagegen blieben vor allem die Grafschaften im Norden und Nordwesten katholisch gesinnt; dies galt auch für Durham und Carlisle. Das «Privy Council» war sich darüber im klaren, daß Gefahren einer religiös motivierten Rebellion in erster Linie aus dem Norden kommen würden. Katholische Priester hielten Messen entweder auf dem Felde oder in den Privatkapellen katholischer Adliger. Die neuen Bischöfe waren daher nicht in der Lage, eine flächendeckende Erfolgsmeldung über die «Anglikanisierung» an das «Privy Council» zu senden.

Statt dessen sah Rom für die englischen Katholiken den Ausweg der geteilten oder doppelten Loyalität vor: nach außen hin sollten die Katholiken sich der englischen Krone gegenüber gehorsam zeigen, tatsächlich aber sich gegenüber dem Papst loyal erweisen. Diese Taktik wurde in der Praxis auch von Geistlichen ausgeübt, die öffentlich als anglikanische Pfarrer, im geheimen jedoch als katholische Priester wirkten.

Zunächst sah Elisabeth von Gewissenserforschungen ihrer Untertanen nach den Verfahrensweisen Maria Tudors ab und ließ verschärfte Verhöre ganz außer Betracht. Die Königin wollte «keine Fenster in die Seelen der Menschen machen noch ihr Gewissen zwingen».[11] Dies mochte für den Beginn der Regierung Elisabeths die richtige Einstellung sein. Die Situation in England sollte sich aber Schritt für Schritt verschärfen – nicht nur aufgrund der spanischen Politik und der Angriffe durch Rom, sondern auch durch den Zulauf, den der katholische «Untergrund» samt seinen Plänen zur Ermordung Königin Elisabeths erfuhr.

Im zweiten Parlament Elisabeths, einberufen 1563, wurde Unzufriedenheit mit der bisher erreichten Festigung des politischen Systems deutlich. Cecil, der Erste Sekretär, war bereit, alles zu unternehmen, um die Gefahr eines katholischen Aufstands zu bannen:

Zu viele einflußreiche Engländer hatten den Suprematseid umgangen. Da Gewissensangelegenheiten nicht mit objektiven Verfahren zu erkunden sind, kamen die Bischöfe in Schwierigkeiten, wenn sie das Mittel der Exkommunikation einsetzen wollten. Das Parlament ging deshalb daran, die Gesetzgebung in Religionsangelegenheiten zu revidieren. Das «Gesetz über die Zusicherung der Macht der Königin» setzte das Strafmaß für diejenigen deutlich herauf, die an der Autorität des Papstes festhielten. Auch erweiterte man die Liste der Gruppen, für welche der Suprematseid verbindlich war. Er galt fortan auch für Mitglieder des Unterhauses, Schulmeister, Rechtsanwälte und Sheriffs sowie alle Inhaber von Staatsämtern. Die Verwaltung des Suprematseids wurde dem Erzbischof von Canterbury und seinen Bischofsbrüdern übertragen. Doch die Gesetze von 1563 reichten nicht aus, um die religiösen Differenzen zu überwinden und das Land zu einen. In einer Untersuchung über den Stand der religiösen Verhältnisse aus dem Jahr 1564 stellte sich heraus, daß praktisch die Hälfte der Richter in den Grafschaften der Regierungspolitik feindlich gegenüberstanden, besonders im englischen Norden.

Auch bei den theologischen Richtlinien kam es während der Zeit des zweiten Parlaments zu Neuerungen. Bislang hatte man sich allein an der Bibel sowie an den Beschlüssen der ersten vier Konzilien orientiert. Jetzt kamen die Neununddreißig Artikel der Anglikanischen Kirche hinzu, die 1563 von der Kirchenversammlung (*convocation*) angenommen wurden. Auf königlichen Befehl wurden diese Neununddreißig Artikel, die auf Cranmers Zweiundvierzig Artikeln aus dem Jahre 1552 basierten, zur offiziellen anglikanischen Kirchenlehre erhoben. Fegefeuer und Messe als Lehr- und Glaubenselemente der Kirche wurden gestrichen, die Rechtfertigung durch den Glauben hervorgehoben und die Prädestinationslehre zum Bestandteil anglikanischer Kirchendoktrin gemacht.[12] Gesetzeskraft im Sinne des «Statute Law» erhielten die Neununddreißig Artikel aber erst durch die parlamentarische Ratifizierung im Jahre 1571.

## Königin Elisabeth und der Papst

Die nun mehr verschärfte Religionspolitik Elisabeths provozierte eine katholische Reaktion in ganz Europa. Der Papst als Wächter der Christenheit stellte sich unter Berufung auf das geltende römische Kirchenrecht gegen die englische Politik. Papst Paul IV. plante bereits, die englische Königin zu exkommunizieren, doch zeigten sich hier massive Probleme. Einerseits war die Stellung des Papstes nicht unabhängig, da er kaum gegen die katholische Führungsmacht Spanien agieren konnte, zum anderen war es im 16. Jahrhundert längst fraglich, ob eine solche Exkommunikation, die den Bann implizierte, überhaupt durchsetzbar war. Die Fürsten der Zeit standen nicht mehr in der Furcht vor päpstlichen Bullen, wie dies noch für die Herrscher des Mittelalters gegolten hatte.

Philipp II. von Spanien, die Allerkatholischste Majestät, folgte der päpstlichen Politik zunächst nicht, weil er der Anwendung diplomatischer Mittel einer kriegerischen Auseinandersetzung mit England den Vorrang gab. Philipp schwebte ganz allgemein die Rekatholisierung Englands als Ziel vor – bei unbedingter Vermeidung einer französischen Invasion Englands.[13] Er hoffte mittelfristig auf die Stärkung der katholischen Kräfte in England, so daß die Wahrscheinlichkeit eines inneren Umsturzes wachsen würde. Dem spanischen König nachgebend, unterließ Paul IV. (1555–1559) die Ausfertigung einer Bulle gegen Königin Elisabeth. Papst Pius IV. (1560–1565) seinerseits ersann zwischen 1559 und 1565 drei Strategien, die eine katholische Erneuerung in England fördern sollten: Zunächst entsandte er im Frühjahr 1560 den Nuntius Parpaglia nach London mit einem Brief an die Königin, in dem sie gebeten wurde, zur katholischen Kirche zurückzukehren. Diese Botschaft wurde aber schon in Brüssel von den Spaniern abgefangen.

Im Jahr darauf schickte der Papst nach Versendung der Einladungsschreiben zum Konzil von Trient seinen Gesandten, den Abt Martinengo, nach England, mit der Bitte an Königin Elisabeth, Vertreter zum Konzil zu entsenden. Gemeinsam mit den deutschen Protestanten lehnte England jedoch jegliche Beteiligung an dem Konzil ab, da schon die Anwesenheit eines ihrer Gesandten die Legitimität des Konzils unterstrichen hätte, für die gesamte Christenheit zu sprechen. Der päpstlichen Gesandtschaft wurde daher schon die Einreise nach England verweigert, zumal der Papst die Königin nicht einmal konsultiert hatte, bevor er zum Konzil aufrief. Die englische Seite bekundete daher im Gegenzug ihre Zweifel, ob das Konzil frei, fromm und christlich sei. Nach dieser Reaktion kam das Thema Bannfluch erneut auf die Tagesordnung, wurde aber wiederum von den Spaniern abgewendet.

Dennoch wurde die Frage der Exkommunikation der englischen Königin dem Konzil von Trient vorgelegt. Das Haus Habsburg achtete jedoch darauf, daß in dieser Angelegenheit keine Schritte unternommen wurden. Philipp II. verzichtete also zum Wohle Elisabeths auf eine Einflußnahme zugunsten der englischen Katholiken.

\*

Elisabeth plante schon als Prinzessin, die Religionsgesetze Marias zugunsten der erneuten Begründung des Protestantismus zu revidieren. Daß dies negative Folgen für die katholischen Geistlichen wie für die Laien haben würde, ließ sich nicht leugnen. Dennoch versuchte Elisabeth, dem spanischen Botschafter einzureden, England könne als Bekundung des wahren Konservatismus zu den Regelungen Heinrichs VIII. zurückkehren. Schon dies deutet auf politisches Kalkül, nicht auf Frömmigkeit: Die Rückführung des Protestantismus in das englische Staatswesen erschien Elisabeth als unverzichtbar. Als Ausgangspunkt[14] wählte sie zunächst die «Confessio Augustana»[15]. Sie erweiterte ihr «Privy Council» durch Protestanten, die auch im Parlament stärker vertreten waren. Regierung und Parlament brachten die Supremats- und Uniformitätsgesetzgebung auf den Weg, so daß in Kürze ein neues englisches kodifiziertes Recht in Kirchenangelegenheiten vorhanden war. Keine historische Analyse der Zeit vor 1570 weist einen nennenswerten katholischen Widerstand gegen die englische Krone nach.

Thronbesteigung und Gesetzgebung des ersten Parlaments stellten den Supremat der englischen Monarchie wieder her. Er blieb aber keinesfalls unangefochten. Fast alle Bischöfe aus der Zeit Maria Tudors verweigerten den Eid auf die neue Königin. So wurde sie zur Einsetzung protestantischer Bischöfe gezwungen, Männer, die aus dem Exil nach England zurückgekehrt waren. Nun aber zeigten sich erste deutliche Reaktionen bei katholischen Engländern: Eine beträchtliche Anzahl von Katholiken flüchtete auf den Kontinent, und unzufriedene Exil-Engländer schlossen Bündnisse zur Bewahrung des alten Glaubens.

## Reformer und Puritaner

Die Königin achtete streng darauf, daß die Kirchenpolitik Sache ihrer Prärogative blieb. Debatten im Parlament zu Religions- und Kirchenfragen waren untersagt oder konnten nur mit dem Einverständnis der Königin geführt werden. Dies zeigte sich in den siebziger Jahren, aber auch noch in den späteren Phasen der elisabethanischen Regierung. Elisabeth verhielt sich oft intolerant gegenüber ihren Bischöfen, die sie als Staatsbeamte ohne Selbständigkeit betrachtete, und konzedierte ihnen daher nur dann Entscheidungen in rein religiösen Angelegenheiten, wenn diese mit ihren eigenen Wünschen und Zielen übereinstimmten.

Bereits in den sechziger Jahren begann die Kritik am elisabethanischen Kompromiß. Hier waren die Puritaner führend als diejenigen, welche die englische Kirche im Sinne des fortgeschrittenen Protestantismus reformieren wollten, also im Sinne des calvinistischen Presbyterianismus. Im Zentrum der Debatte stand vor allem Thomas Cartwright, Professor der Theologie in Cambridge, der aufgrund seines reformatorischen Engagements seinen Posten verlor und 1570 nach Genf emigrierte. Cartwright hatte in seiner Schrift «Ermahnung an das Parlament» ein dezidiertes Vorgehen gegen die Mißbräuche in den Kirchen gefordert, aber auch eine Neustrukturierung der Kirchenpolitik vorgeschlagen,[16] vor allem einen strengen Presbyterianismus und Kongregationalismus. Jede Gemeinde sollte das Recht haben, sich ihren eigenen Pfarrer auszusuchen. Cartwright entfachte damit eine Debatte zwischen radikalen und gemäßigten Calvinisten, welche die Anglikanische Kirche in eine kritische Phase brachte.

Das Problem der Reformer und Puritaner lag in Elisabeths Religionskompromiß selbst begründet, da sie die protestantische Lehre mit einem traditionellen, katholisch anmutenden äußeren Erscheinungsbild verknüpfte (Ritus, Gewänder). Damit entstand auf der Seite der strengen Protestanten ein langlebiges Potential zur Rebellion gegen den Kompromiß. Kurzfristig führten die neuen Bestimmungen Elisabeths sogar zu chaotischen Verhältnissen: «Einige [Geistliche] trugen weiterhin katholische Gewänder, andere legten sie beiseite; die Abendmahlsgemeinde empfing das Sakrament sitzend, stehend oder kniend, je nach dem Gusto des Pfarrers; einige tauften im Taufbecken, andere in einer Schale; einige mit dem Zeichen des Kreuzes, andere ohne. Die Menschen in London und in anderen Städten, die mit den Puritanern sympathisierten, verunglimpften die Geistlichen, welche die vorgeschriebene Ordnung einhielten.»[17]

Insgesamt waren die englischen Puritaner an den heiligen Texten der Bibel und an Predigten orientiert. Sie verspürten geradezu einen Hunger nach Predigten, sahen sie in diesen doch das einzige Mittel, die Gnade Gottes zu erlangen. Man kann hier durchaus von einem Bibelfundamentalismus sprechen. Die Puritaner erkannten für sich in der alttestamentlichen Gesetzesstrenge die Richtschnur für ihr eigenes Verhalten. Im Laufe der Regierungszeit Elisabeths sollte sich die Kritik der Puritaner an der Anglikanischen Kirche verschärfen. Wenn sie zunächst forderten, katholisch anmutende Gewänder und Rituale abzuschaffen, so ging es dabei tatsächlich um Tiefgreifendes: die Auflösung der Bischofs- und Staatskirche. Die Uniformität des Anglikanismus blieb den Puritanern ein Dorn im Auge, da sie hierin das Zurücktreten der christlichen Wahrheit und des evangelischen Gewissens hinter die Konformität sahen.[18] Es erwies sich zwar, daß Elisabeth diese Haltung ablehnte, daß aber auch der Puritanismus als Credo der «Erwählten» mit dem Parlament als der Versammlung der «Gewählten» nicht in Einklang zu bringen war. Die Puritaner lehnten jede Bilderverehrung als Götzendienst ab, als vorbildlich galt der gottesfürchtige Haushalt, in dem der Patriarch regelmäßig aus der Bibel vorlas; hier begann in England das große Zeitalter der Familienbibeln und der Familiengebete. Solche strikt religiöse Haltung ging zusammen mit der Verinnerlichung von Genußverzicht und Arbeitsfleiß. Dementsprechend verteufelten die Puritaner den Müßiggang und nahmen eine abweisende Haltung den Armen und Arbeitslosen gegenüber ein. Obwohl es in der Theologie Calvins und Bezas hierfür keinen Rückhalt gibt, betrachteten die englischen Puritaner ihren Wohlstand als Zeichen der göttlichen Auserwähltheit.[19]

*Ideologie und Staatskirche. Grindal und Whitgift*

Auch wenn die Aktivitäten der katholischen Missionspriester in England seit 1574 nicht unterschätzt werden sollten, läßt sich kaum daran zweifeln, daß das Land seit 1580 mehrheitlich protestantisch war. Die Auseinandersetzung mit dem Katholizismus begleitete die

Regierungszeit der Königin, doch blieb ihr primäres Interesse auf die Sicherung der anglikanischen Kirche gerichtet. Auch wenn Elisabeth I. nicht viel für die Haarspaltereien der dogmatischen und systematischen Theologie übrig hatte, sah sie darauf, daß ihr ausgleichender Mittelweg durchgesetzt wurde: sowohl gegen die Katholiken als auch gegen die Puritaner. Für die puritanische Partei gilt jedoch einschränkend, daß die Königin nicht umhin kam, im Laufe der Jahre zunehmendem Druck nachzugeben, wobei es ihr jedoch stets gelang, das Gesicht zu wahren.

Bereits im Elisabethanischen Zeitalter war es schwierig, die Bezeichnung Puritaner genau zu bestimmen. Ungeachtet der Frage, ob Puritanismus den kirchenpolitischen Presbyterianismus einschließen sollte oder nicht, neigten sehr viele Engländer aus der mittleren, aber auch aus der oberen Schicht einem Bekenntnis zu, das von einer calvinistischen Tendenz geprägt war. Exponent dieser Glaubensrichtung war Edmund Grindal, der 1575 – nach dem Tode von Matthew Parker – zum Erzbischof von Canterbury ernannt wurde, sich aber bald scharfen Angriffen ausgesetzt sah, weil er die *prophesyings* unterstützte. Es handelte sich hierbei um öffentliche Zusammenkünfte von Protestanten, zumeist von Geistlichen, die unter Anleitung eines kompetenten Theologen – manchmal eines Bischofs – gemeinsam ausgewählte biblische Texte lasen und diskutierten. Die *prophesyings* waren in erster Linie dafür gedacht, das theologische Unwissen der Pfarrer zu mindern. Bereits vor 1575 wollte die Königin diese Veranstaltungen unbedingt abgeschafft wissen, und sie hatte schon bei Erzbischof Parker auf eine Durchsetzung des Verbots gedrungen.

Grindals Eintreten für die reformierte Religion wurde von bedeutenden Persönlichkeiten am Hof, wie dem Earl of Leicester, Sir Francis Knollys und Sir Francis Walsingham geschätzt, doch ihre Fürsprache für den Erzbischof konnte die Königin nicht beeindrucken. Er wurde de facto seines Amtes enthoben, wenn er auch bis zu seinem Todesjahr 1583 nominell Erzbischof blieb. Sein Nachfolger John Whitgift entsprach eher der Linie der Königin, weil er den Presbyterianismus ablehnte und Neuerungen ihm nur dann willkommen waren, wenn sie in das elisabethanische System der «rechtmäßigen und wahren Monarchie»[20] paßten. Auch leitete Whitgift die Autorität der Königin über Kirche und Staat direkt von Gott her. Extreme puritanische Prediger wurden nicht geduldet;

ansonsten forschte der Erzbischof nicht weiter nach, wenn Geistliche die Sakramente ordnungsgemäß verwalteten, Gebete sprachen und es bei Musterpredigten bewenden ließen. Es kam jedoch zu einer Welle des Protests in der anglikanischen Kirche, als Whitgift von allen Geistlichen folgende drei Punkte unterschreiben ließ: Anerkennung von Elisabeths Supremat, Rechtmäßigkeit des «Book of Common Prayer» und des Ordinationsgottesdienstes sowie die Wahrheit aller Neununddreißig Artikel.[21]

Die Kirche der achtziger und neunziger Jahre des 16. Jahrhunderts wurde von solchen Auffassungen geprägt, wie sie Whitgift, aber auch Richard Bancroft und Thomas Bilson vertraten. In den letzten Regierungsjahren Königin Elisabeths sind es Bischöfe vom Typus Whitgifts gewesen, die bewußt eine Rechtswendung der anglikanischen Kirche begünstigt und gefördert haben. Die Verknüpfung von Monarchie und Episkopat wurde als eng und unauflöslich dargestellt, so daß Ideen einer Trennung von Staat und Kirche, wie sie von führenden Presbyterianern wie Thomas Cartwright vertreten wurden, als völlig unannehmbar erschienen. Whitgift seinerseits hat deshalb alles getan, um Cartwright mundtot zu machen. Er erreichte dessen Entfernung aus der Professur und danach den Ausschluß Cartwrights aus dem Lehrkörper des Trinity College. Diese Haltung wurde von der Mehrheit der Regierung und auch von der Königin begrüßt, da man die Puritaner zunehmend als subversive Mitglieder der Gesellschaft ansah. Offizielle Politik und Gegnerschaft zu den Puritanern gingen zusammen, nicht zuletzt im Anschluß an die Jagd auf den antikonservativen und pro-puritanischen anonymen Propagandisten Martin Marprelate schon Ende der achtziger Jahre. Im 5. Traktat des Martin Marprelate vom 22. Juli 1588 wurde Whitgift satirisch als Papst von Lambeth (Lambeth Palace: Sitz des Erzbischofs von Canterbury in London) bezeichnet.[22]

Als Gegner der Puritaner im «Privy Council» zeigten sich besonders Hatton (Lordkanzler), Whitgift und später Großsiegelbewahrer Puckering (vor allem in den neunziger Jahren), wohingegen Burleigh und Knollys sich gemäßigt verhielten. Bei der Verfolgung der Puritaner wurden auch inquisitorisch anmutende Verfahren benutzt, indem man Verdächtige zunächst vereidigte und danach diffizilen Verhören durch geistliche Richter unterzog, ohne für die Beweisaufnahme Zeugen vernommen zu haben. Insgesamt läßt sich in den letzten Jahren von Elisabeths Regierung von einer absolutistischen

Tendenz reden, die auch die Rolle und Funktion des Parlaments nicht unangetastet ließ.[23]

Die Bibel wurde zur Verteidigung des Gottesgnadentums und der Notwendigkeit eines Episkopats genutzt. Regierung und Establishment der englischen Kirche betrachteten die Bischöfe als von Christus eingesetzt. Wenn das galt, mußte die presbyterianische Reform als unchristlich bekämpft werden. Whitgift blieb dennoch stets ein strenger Calvinist: In seinen Lambeth-Artikeln von 1595 kritisierte er die Doktrin vom freien Willen und stellte sich auf die Seite einer rigorosen Prädestinationslehre. Als sich Whitgift 1599 aus Altersgründen aus dem Amt zurückzog, wurde Richard Bancroft, der vormalige Bischof von London, sein Nachfolger als Erzbischof von Canterbury. Auch Bancroft orientierte sich am Calvinismus, ja er begünstigte eine Kombination von Calvinismus und Bischofskirche.

### *Königin Elisabeth und ihre katholischen Untertanen*

Die Wirkung des elisabethanischen Kompromisses auf die Katholiken war weitreichend, da wesentliche katholische Glaubensinhalte – wie z. B. das Dogma von der Messe – angetastet wurden. Gewissensprobleme aufgrund des staatlich geforderten Konformismus waren die Folge, aber auch Aktivitäten des Papstes, der seinen Widerstand durch alle nachgeordneten Formationen der römischen Kirche spürbar machen sollte. Schon in den sechziger Jahren kursierten in England Gerüchte, die Königin solle ermordet werden und das Land damit ins Chaos stürzen. Die Regierung hob um so deutlicher hervor, sie werde die Festigung der Herrschaft Elisabeths durchsetzen. Immerhin gewährte die Krone trotz Suprimats- und Uniformitätsgesetz über vierzehn Jahre in aller Praxis Religionsfreiheit, bevor die Kontrolle und Beschränkung der Katholiken strikter betrieben wurden.

Nach dem Aufstand im Norden, der Verkündung der Bulle «Regnans in excelsis» (1570) gegen Königin Elisabeth sowie Versuchen in den siebziger Jahren, Maria Stuart zu befreien, verschärfte die englische Regierung die Überwachung und Verfolgung der Katholiken. Erst die katholische Infiltration vom Kontinent aus verdüsterte die Situation. Die Katholikenverfolgung hingegen schürte die Doppeldeutigkeit von äußerer Konformität und Entschlossenheit zur Rebellion, zumindest zur Arbeit im Untergrund. Was die englische Königin immer wieder beschäftigt haben muß, war, daß sie zwar einen Thronfolger brauchte, aber keinen benennen oder bestätigen durfte, wenn sie weiterhin allein und kontinuierlich regieren wollte. Nach 1570 hatte das Parlament gesetzliche Verbote beschlossen, denen zufolge kein Untertan Elisabeths die Sache des Papstes vertreten oder die Absetzung der regierenden Königin zugunsten Maria Stuarts fordern durfte. Die Regierung hatte aber kaum vor Mitte der siebziger Jahre hinreichende Kenntnisse von den Untergrundaktionen katholischer Propagandisten. Außerdem folgte die Königin nicht den puritanischen Gesetzesvorlagen im Parlament von 1571, welche Kirchgang und Abendmahl im Verständnis der Anglikanischen Kirche für alle Engländer verbindlich machen sollten. Gegen diese Vorlage legte Elisabeth ihr Veto ein und ließ durch eine Regierungsverlautbarung («Declaration of the Queen's Proceedings in Church and State») erklären, daß die Politik der Milde fortgesetzt würde, der zufolge ihre Untertanen frei von Verfolgung leben könnten, ohne Furcht vor Verhören. Statt einen aggressiven öffentlichen antikatholischen Kurs zu verfolgen, gewährte die Königin private Toleranz.[24] Dies änderte sich erst mit dem Eintritt Walsinghams in die Regierung, doch kam auch dies nur allmählich. Im Zusammenhang mit der Aufdeckung der Babington-Verschwörung reagierte der Staat jedoch energisch. Dies äußerte sich nicht nur darin, daß aufgrund des dabei ans Licht gekommenen Materials Maria Stuart Hochverrat nachgewiesen werden konnte, was zu ihrer Verurteilung führte. Auch wurden schärfere antipapistische Gesetze wirksam, die «Säuberungsaktionen» unter allen geistlichen und weltlichen Amtsträgern ermöglichten.

Die englische Regierung versuchte im Zeitalter von Protestantismus und Gegenreformation mit dem Problem des Katholizismus fertig zu werden, indem ein kirchenrechtlicher Straftatbestand in das säkulare Recht verschoben wurde. Aufgrund der Suprematsgesetze und ihrer Absicherung durch die Strafgesetzgebung konnte der Tatbestand der Ketzerei (*heresy*), der ursprünglich unter das kanonische Recht fiel, nunmehr als Hochverrat (*treason*) definiert werden. Wurden katholische Seminaristen aus den eigens für Flüchtlinge neu gegründeten englischen Jesuitenkollegien verhaftet, so zwang man sie im Verhör auf Fragen zu antworten wie: «Wenn der Papst und der König von Spanien in England landen würden, für wen würdet Ihr kämpfen?«²⁵ Die Unterdrückung und Verfolgung der Katholiken in England provozierte eine verstärkte Subversion der katholischen Missionspriester und Propagandisten, die aber ihrerseits den Prozeß der Rückdrängung des Katholizismus nicht gravierend aufhalten konnten. Dies war den katholischen Propagandisten einer Invasion Englands, William Allen und Robert Parsons, völlig klar. William Allen war eine Schlüsselfigur der katholischen Gegner Elisabeths. Er hatte die Englischen Kollegien in Douai und Rom gegründet und leitete diese über Jahre. Allen versuchte mit allen Mitteln, die Invasion Englands durch katholische Mächte, vor allem durch die Spanier, durchzusetzen. In den achtziger Jahren arbeitete er mit dem Jesuiten Robert Parsons zusammen und ist für die Geschichte der Auseinandersetzung zwischen Anglikanern und Katholiken eine zentrale Figur.

Allen und Parsons wußten, daß eine Invasion nur erfolgreich sein konnte, wenn sie durch die katholische Bevölkerung Englands entschlossen mitgetragen wurde. Mit der Zeit akzeptierten die Engländer Elisabeths Kirchenkonzept aber so weit, daß kaum noch realistische Chancen auf eine erfolgreiche Landung in England bestanden. Deshalb war es in erster Linie Allen, der die Entscheidungsträger in dieser Sache, also vornehmlich Philipp II., zum Angriff auf die Ketzerin Elisabeth und ihren Staat drängte.

Schon im Jahre 1579 entwickelte Lord Burleigh Pläne für eine schärfere Kontrolle der Katholiken in England, die er durch entsprechende gesetzliche Grundlagen erreichen wollte. In diesem Zusammenhang stand auch die Debatte darüber, ob Elisabeth den Herzog von Anjou (Alençon) heiraten sollte. Nach langen und anstrengenden Sitzungen kamen die Mitglieder des Staatsrates, vor allem Burleigh, zu dem Ergebnis, daß diese Heirat weder für die Königin noch für das Land wünschenswert sei. Angesichts dieser Lage müßten Schutzmaßnahmen für die Königin im Lande geschaffen werden. Alleinstehend und ohne Erben sei Elisabeth besonders bedroht durch katholische Attentäter, durch Komplotte und katholische Rebellionen. Also war es geboten, unverzüglich die Gesetze gegen den religiösen Dissens zu verschärfen, besonders die Gesetze gegen die Katholiken. Burleigh forderte in diesem Zusammenhang auch eine strengere Überwachung Maria Stuarts und ihrer Anhänger.²⁶

Auf die Maßnahmen der englischen Regierung gegen die Katholiken reagierte Papst Gregor XIII. (1572–1585) im Jahre 1580, indem er eine Erklärung der Bulle seines Vorgängers veröffentlichte. Damit brachte er in England die Königin und ihr «Privy Council» gleichermaßen in Bedrängnis. Es entstand eine Gefahr, die niemand einschätzen konnte. Der Papst gestattete den englischen Katholiken, Königin Elisabeth Gehorsam zu leisten – solange die Dinge so standen, wie sie waren, d. h. bis der Zeitpunkt gekommen war, in dem die Bulle durch eine katholische Rebellion umgesetzt werden konnte. Die Vorgänge erschienen Burleigh so alarmierend, daß er darauf zielte, den Katholiken neue Tatbestände des Hochverrats nachzuweisen und entsprechende Gesetze zu erlassen, die sich auf «die geheimen Hochverratsfälle des Geistes und des Herzens» bezogen.[27]

Als Antwort auf die päpstliche Politik versuchte die englische Regierung also, wirksame Mittel zur Bekämpfung des Katholizismus zu schaffen, vor allem deshalb, weil die Spannungen im Verhältnis zu Spanien wieder angewachsen waren. 1580 verabschiedete das Parlament ein Gesetz, das englischen Untertanen verbot, zum Katholizismus zu konvertieren. Hielt ein Engländer am alten Glauben fest, ohne Bemühungen um Konformität zu zeigen, d. h. blieb er vom anglikanischen Gottesdienst fern, so konnte er zunächst mit einer Geldstrafe belegt werden, im Wiederholungsfall aber zwei Drittel seines Vermögens verlieren. Die Jesuiten haben sich propagandistisch gegen diese Entwicklungen gewehrt und Broschüren gegen die «unrechtmäßige Herrschaft» Königin Elisabeths verbreitet.[28] Überall in Europa wurde Elisabeth durch diese Pamphletproduktion als Ketzerin und Usurpatorin bekämpft. Diese Entwicklung hat ab 1583 die englische Reaktion nur verhärtet. Die Verfolgungen und Strafen wurden grausamer. Burleigh setzte zur Rechtfertigung der Strafmaße ein Pamphlet «The Execution of Justice in England for Maintenance of Public and Private Peace» auf. Diskutiert wurden darin vor allem die mit Folterungen verbundenen Hinrichtungsmethoden für Katholiken, die des Hochverrats überführt worden waren. Doch Elisabeth selbst untersagte diese, sobald sie über solche Praktiken informiert worden war. William Cecil schlug sogar vor, die Situation der Katholiken zu erleichtern und von der Gewissensprüfung beim Suprematseid abzusehen, da jeder Katholik daran verzweifeln müsse, weil er entweder eine unrechte Handlung gegen seinen Glauben begehen – wenn er den Eid schwört –

oder zum Hochverräter werden müsse – wenn er den Eid verweigert. Cecil hielt es für ausreichend, zu prüfen, ob ein Verdächtiger im Verhör zugeben würde, im Kriegsfall für den Papst oder für eine feindliche katholische Macht kämpfen zu wollen. Nur dann müsse man Hochverrat konstatieren.

Cecil wie Walsingham wußten nur zu genau, daß Hinrichtungen das Katholikenproblem nicht lösen, sondern durch den Märtyrer-Effekt nur verschärfen würden. Um solchen Verfolgungsmustern auszuweichen, wurde 1584 per Gesetz allen Jesuiten, Seminarpriestern und anderen katholischen Geistlichen prinzipiell die Einreise nach England verboten. Für Verstöße gegen das Gesetz wurden Höchststrafen festgesetzt. Aus dieser Situation zogen englische Katholiken den Schluß, England sei nur zu retten, wenn die Königin und ihre Regierung beseitigt würden. Damit stand fest, daß sich das «Privy Council» auf weitere Verschwörungen gegen die Königin einzustellen hatte.

Im «Gesetz für die Sicherheit der Person der Königin» von 1585[29] wurden die bisherigen Argumente zur Abwehr von religiös motivierten Rebellionen und Komplotten zusammengetragen, aber es findet sich dort auch ein aufschlußreiches Junktim: Eine Person, die das Recht der Thronfolge besitzt, verliert dieses Recht unwiderruflich, wenn ihr hochverräterische Aktivitäten nachgewiesen werden können. Doch der Gesetzestext reicht sogar noch weiter: Wem es gelingt, die regierende Königin zu ermorden, verliert damit nicht nur selbst – wie auch alle seine Nachkommen – für immer jedes Recht, die Krone zu tragen, sondern wird im gleichen Moment vogelfrei und des Todes würdig.

Aktionen zur Kontrolle der Katholiken sowie Vorkehrungen gegen eine katholische Rebellion in England waren bereits in den Parlamentsdebatten von 1584 thematisiert worden. Aus ihnen gingen sowohl der freiwillige Bund zum Schutz der Königin als auch das besagte Gesetz über die Sicherheit der Königin von 1585 hervor. Insofern hatte sich in diesem Jahr aus der Sicht Elisabeths und ihres «Privy Council» eine neue politische Krise abgezeichnet. Der Zusammenschluß zum Schutz der Königin aus demselben Jahr («Bond of Association») gehört in diesen Zusammenhang ebenso hinein wie die Bemühungen, den Einfluß Maria Stuarts einzuschränken.

Die Katholiken wehrten sich gegen die Unterdrückung ihres Glaubens auf verschiedene Weise: Viele blieben loyal gegenüber der

Krone, andere ließen sich von den zur Rebellion antreibenden subversiven Tätigkeiten der Kollegien, Missionare und Jesuiten beeinflussen, wieder andere gehörten zu den Zirkeln von Rebellen und Angehörigen des organisierten Widerstands im engeren Sinne. Die ins Land geschmuggelten Reisepriester hatten keine einfache Aufgabe, da ihnen überall Verfolgung drohte. Dennoch arbeiteten sie höchst wirkungsvoll, weil ein katholischer Priester mit seinen rituellen und symbolischen Handlungen, vor allem der Meßfeier, viel mehr erreichen kann als ein protestantischer Geistlicher, dem allein die Predigt zur Verfügung steht.

Der Tod Maria Stuarts löschte die Hoffnungen des Papstes auf eine Rückführung Englands zum Katholizismus aus. Es erscheint erstaunlich, daß im Armadajahr 1588 die meisten englischen Katholiken loyal zu ihrer Königin standen, ganz anders, als dies ihre Führer und ihre Gegner glaubten.[30] Die Katholiken zeigten sich am Ende von Elisabeths Regierungszeit eher zurückhaltend, wohl nicht zuletzt deshalb, weil die Verteidigung der Königin und des Landes ein echtes Anliegen aller Engländer ohne Rücksicht auf die Religion war. Daraus läßt sich schließen, daß sich das Nationalgefühl durch die langjährige Regierungszeit Elisabeths erheblich gesteigert und gefestigt hatte. Die Regierung war allerdings klug genug – aufgrund der langjährigen Erfahrungen mit aufwühlerischen Katholiken, auch mit verräterischen Offizieren –, keine Militärkommandos an katholische Adlige zu vergeben. Immerhin hat das Parlament noch 1591 weitere Beschränkungsgesetze für die fanatisierten Katholiken *(recusants)* erlassen, die sich auf die Freizügigkeit und die politische Kontrolle bezogen – basierend auf der Tatsache, daß die Regierung mittlerweile sehr genau beobachten ließ, in welchem Verhältnis die Katholiken in der alltäglichen Lebenspraxis zum Staate standen. Nicht alle englischen Katholiken waren dabei von den Jesuiten beeinflußt worden, die als die wirksamsten «Soldaten» des Papstes angesehen werden müssen, da sie sich mit aller Macht und mit großer intellektueller Kraft gegen die Flut der europäischen Reformation stemmten.

## 3.3 Gesellschaftliche und wirtschaftliche Entwicklungen

### Gesellschaft

Betrachtet man die Schichten und damit die Gesellschaft der Zeit, so zeigt sich, daß der Adel im Zeitalter Königin Elisabeths schon längst die direkte Kontrolle über die Waffen verloren hatte, da seit Heinrich VII. das Halten von Adelsarmeen verboten war. Die Macht der Aristokratie hatte Bestand in anderer Form. Sie verdeutlichte sich ökonomisch durch die Größe des Landbesitzes sowie durch die einträgliche massenhafte Schafhaltung zur Wollproduktion. Die Zentralgewalt der Regierung dehnte sich aus, so daß die Krone auf der einen Seite stand, die im Parlament vertretenen regionalen Interessen (*vested interest*) auf der anderen Seite. Beide Seiten bildeten die Konstitution. Die Grafschaften wurden entsprechend organisiert durch Lord Lieutenants als regionale Befehlshaber und durch die von der Krone berufenen Friedensrichter («Justices of Peace»). Die Lord Lieutenants hatten für die Verteidigung sowie für die öffentliche Ordnung zu sorgen, während die Friedensrichter Recht sprachen (Zivil- und Strafrecht), aber auch für die Soldatenaushebung, die Instandhaltung der Straßen, die Marktordnung und die Warenqualitätskontrollen zuständig waren. Doch damit nicht genug: Die Friedensrichter mußten Löhne und Preise kontrollieren sowie die Landstreicher bekämpfen. Für das gefährliche Grenzland im Norden und in Wales richtete man Regionalregierungen ein, die bei Krisen unmittelbar als Vertretung der Krone handeln sollten («Council of the North», «Council of Wales»).

Im Verlauf des 16. Jahrhunderts übernahmen immer mehr Angehörige des Mittelstandes Regierungsämter, nachdem sie eine höhere Standardausbildung erhalten hatten: Diese Ausbildung begann mit dem Besuch der Lateinschule, setzte sich fort in der Universität und/oder den Juristenschulen Londons und wurde manchmal durch eine Bildungsreise nach Europa (*Grand Tour*) abgerundet. Zu den Aufsteigern aus der Mittelschicht zählten Thomas Wolsey, Thomas Cromwell (beide Kanzler Heinrichs VIII.) und William Cecil. Unter den Vertretern akademischer Berufe erlangten die Juristen ein hohes Ansehen, da sie in den sich immer mehr spezialisierenden Staatsverwaltungen benötigt wurden, aber auch Posten bei den Gerichten oder Arbeit im Privatrecht als Anwälte fanden. Das England Elisabeths war durch die Fluktuation der Schichten gekennzeichnet. Auch wenn das Rad der Fortuna nicht mehr die letzte Erklärung menschlicher Lebenswege abgab, so konnten doch Aufstieg und Abstieg im Handumdrehen wechseln. Erwarb ein Bürger Landbesitz, konnte er in den Adel aufsteigen; verlor ein Adliger seine Ländereien, blieb ihm meist nur der Weg, sich als Bürger in einer Stadt niederzulassen. Diese soziale Flexibilität kennzeichnete die englische Gesellschaft, anders als in Kontinentaleuropa. Allein in den Niederlanden herrschte eine ähnlich rasante soziale Dynamik. Und dennoch: Immer wieder verschaffte Landbesitz den höchsten sozialen Status, ein Phänomen, dessen Häufigkeit sich vor allem auf die englischen Klosterauflösungen zurückführen läßt.

In der elisabethanischen Gesellschaft unterschied man den Adel, die Bürger, die freien Bauern mit eigenem Landbesitz («Yeomen») und als vierten Stand die Arbeiter, Handwerker sowie die ärmeren Menschen ohne festen oder beweglichen Besitz. Der Adel hatte einen Machtverlust durch die Entwaffnung per Gesetz hinnehmen müssen. Er hatte in der Folge auch an militärischer Kompetenz eingebüßt, aber immerhin seine Adelsprivilegien gerettet. Wenn der Adel die wirtschaftlichen Gepflogenheiten der Zeit beherrschte, konnte er seinen Reichtum und damit seine Macht steigern. Stand aber wirtschaftliche Kompetenz in niedrigem Kurs und überwog der luxuriöse Lebensstil die Einnahmen aus den Gütern, so drohten Konkurs und sozialer Abstieg. Der niedere Adel (die Gentry) lernte rasch, sich in das Geschäftsleben hineinzudenken. So definierte Sir Walter Raleigh die Angehörigen der Gentry als «die Festungen der guten Ordnung durch das ganze Land».[31]

Die bürgerliche Schicht erweiterte und spezialisierte sich in ihren beruflichen und wirtschaftlichen Tätigkeiten, so daß ein komplexes System von sozialen Abstufungen in dieser Schicht entstand. Es gab einige Londoner Kaufleute, die so reich waren wie die großen Lords. Es gab aber auch am anderen Ende des Spektrums Kleinbürger mit sehr wenig Besitz.

Die «Yeomen» oder freien Bauern trugen als soziale Gruppe zur Modernisierung Englands in besonderem Maße bei, verfügten sie doch über Landbesitz und über Bildung. Puritanische Tendenz und Selbständigkeit bestimmten sie dazu, die Kerntruppe der Bürgerkriegspartei im 17. Jahrhundert zu stellen, nämlich die berühmten

Cromwellschen «Ironsides», schwer gerüstete Reitersoldaten, die ihre Ausstattung selbst bezahlten.

Die Arbeiter, Handwerker sowie die Menschen an der Armutsgrenze bzw. die Armen selbst bildeten eine große Gruppe in der Gesellschaft. Zu ihr gehörten die ungelernten und die gelernten Arbeiter, aber auch die Vagabunden und Bettler. Seit 1563 gab es eine nationale Ausbildungsordnung für Lehrlinge (*apprentices*), die sich an den in London bekannten Formen der Berufseinweisung orientierte. Handwerker vermochten durch harte Arbeit und sparsame Haushaltsführung innerhalb des Bürgertums aufzusteigen, auch wenn nicht viele die Kraft besaßen, ihre Not zu überwinden. Diejenigen, die den Kampf aufgaben, wurden zu Fällen für die kirchliche und staatliche Armenfürsorge. Die private Armenfürsorge hatte sich durch die Reformation abgeschwächt. Es entstand eine Versorgungslücke, die nur Schritt für Schritt durch Parlamentsgesetze und praktische Umsetzung ausgefüllt werden konnte.

Die Friedensrichter organisierten und verwalteten die Unterstützung der «würdigen» Armen. Dies geschah nach den Möglichkeiten regionaler Armensteuern (York, 1561; London, 1572) sowie im Hinblick auf das Armengesetz von 1552, das den Gemeinden die Registratur der Armen vorschrieb. In späteren Jahren (1597, 1601) wurden die Armengesetze überarbeitet. Die (Pfarr-)Gemeinden galten als Einheiten der sozialen Fürsorge. Sie erhoben die Steuern und nahmen die Lohnzahlungen an die arbeitsfähigen Armen vor. Das sogenannte «Old Poor Law» blieb in England bis 1834 in Kraft.

Die englische Gesellschaft fürchtete besonders die arbeitsunfähigen Armen, denn aus ihren Reihen kamen die Vagabunden und Kriminellen. Der Protestantismus, besonders in der puritanischen Version, unterstellte Müßiggängern – ohne Prüfung der Gründe – erst einmal böse Absicht. Er propagierte Selbsthilfe als Mittel zur Besserung von Notsituationen. Auf der einen Seite hielten die Protestanten das Prinzip der Prädestination hoch, auf der anderen Seite verkündeten sie die Maxime: «Hilf Dir selbst, so hilft Dir Gott.» Diese Haltung liefert kaum einen Beleg für Frömmigkeit oder gar christliche Nächstenliebe, sondern zeugt eher von sozialer Grausamkeit. Für Max Weber ist im elisabethanischen England «die Arbeit [...] vor allem von Gott vorgeschriebener Selbstzweck des Lebens überhaupt. Der Satz des Paulus: ‹Wer nicht arbeitet, soll nicht essen›, gilt bedingungslos und für jedermann. Die Arbeitsunlust ist Symptom fehlenden Gnadenstandes.»[32] In diesen Zusammenhang gehört auch Christopher Hills Beobachtung: «Der puritanische Horror vor der Zeitverschwendung half nicht nur die Anstrengung zu konzentrieren, die Aufmerksamkeit auf das Detail zu richten, sondern auch die Rhythmen einer Industriegesellschaft vorzubereiten, unserer Gesellschaft des Weckers und der Fabrikpfeife.»[33] Tatsache ist, daß im England Elisabeths die Armut merklich zunahm, einmal bedingt durch die Klosterauflösungen, sodann durch den Zusammenbruch großfeudaler Haushalte und die Beseitigung ländlicher Gemeinwirtschaft. Die großen Haushalte konnten bis zu mehreren hundert Personen umfassen: die Angehörigen der Familie selbst, deren Klientel, ihre eigens beauftragten Beamten und Diener. Zeitweilig gehörten auch Nachbarn und Gäste zum Haushalt. Bettler wurden nicht verjagt, sondern vor den Toren mit den Überresten der Tafel versorgt. Verloren die Menschen den direkten Bezug zu den auf dem Lande noch notablen sozialen Gefügen, so wurden sie völlig abhängig von Wirtschaftskrisen, Katastrophen, Mißernten, Preis- und Lohnschwankungen.

Mit dem Aufstieg der Mittelklasse ging eine Verschiebung der Sozialstruktur einher. Der Abbau der alten Landgesellschaft vollzog sich im Rahmen der Rationalisierung und Kapitalisierung. Verschiedene Aspekte dieses Prozesses – künstlich erhöhte Pachtraten, Vertreibung der Pächter, Absinken der Landleute zu Landstreichern, Auflösung der großen Häuser, Landflucht der Armen in die Städte – führten zu einer Basisverbreiterung der sozialen Pyramide, d. h. zu Massenarmut und Massenhunger. Die wichtigste Neuerung war mit der Tatsache verbunden, daß die statischen und feudalrechtlich geregelten Besitz- und Einkommensverhältnisse ersetzt wurden durch die Dynamik des Marktgeschehens. Für Shakespeare waren alle Menschen im Tode gleich. Mit dem Tod fielen auch in der Ära Elisabeths alle Klassenschranken, doch das Leben bot ein farbiges Bild, wobei das gesamte Spektrum ausgeleuchtet wurde, von den strahlenden Grundfarben adliger Gewandung zum schmutzigen Grau-Braun zerrissener Bettlerlumpen. Kleidung und Fortbewegungsart waren Anzeiger für Klassendifferenzen. Man vergleiche nur Holbeins Gemälde «Die Gesandten» (1533) mit Darstellungen des Volkslebens in Holzschnitten aus der zweiten Hälfte des Jahrhunderts – etwa mit Abbildungen in Spensers «The Shepheardes Calender» (1581). Die Adligen trugen feines Leinen, aber auch

Seide, Samt und Brokat. Dazu kam ein reicher Besatz aus Goldfäden, Edelstein- und Goldknöpfen, Ketten und Ringen, während die Mittelschicht Kleidung aus Wolltuchen trug. Die Handwerker, die Arbeiter und die Armen fertigten ihre Kleider aus Leder oder sogar aus Lumpen an. Ähnliche Unterschiede zeigten sich in der Ernährung: Aßen die Adligen Weißbrot, so begnügten sich die Landleute mit Brot aus Roggen und Gerste. Waren die Zeiten besonders hart, so gingen die Armen dazu über, Brot aus Bohnen, Erbsen oder Hafer zu backen.

Die Ärmsten hausten in überfüllten und unhygienischen Fachwerkbauten, während die Epoche einen bislang nie gesehenen «Bauboom» verzeichnete. Immer mehr reiche Kaufleute und «Industrielle» erwarben Landbesitz, um den Lebensstil des Adels nachzuahmen. Die Oberschicht baute große, stattliche Steinpaläste mit überdimensionalen Fenstern, großen Hallen und großzügig konzipierten Nebengebäuden. Häuser dieser Art repräsentierten alten Reichtum oder sozialen Aufstieg.

Seit 1538 kennt man die Bevölkerungsfluktuationen, weil Thomas Cromwell, der Kanzler Heinrichs VIII., das Führen von Geburts-, Tauf- und Sterberegistern für das ganze Land angeordnet hatte. Der immer wieder berufene große Bevölkerungsanstieg war in den Jahren zwischen 1563 und 1603 zu beobachten. Doch in das Jahrhundertende fielen auch mehrere Mißernten, die hohe Preise für die Grundnahrungsmittel zur Folge hatten, was die soziale Situation anspannte. Zwar gab es für die Grafschaften, die besonders schlimm betroffen waren, Nahrungszuteilungen und Preisbindungen, doch mußte auch die Metropole London versorgt werden, deren Nahrungs- und Gebrauchsmittel aus den umgebenden Grafschaften kamen. Dadurch wurde die englische Binnenwirtschaft strukturiert. Sie gewann durch die zunehmende Arbeitsteilung und die straffe Organisation durch Staat und Unternehmer eine rationale Form.

In London wurde das Leben durch die Flußgeographie bestimmt. Alle wichtigen Adelspaläste lagen an der Themse und zogen sich von der City bis nach Westminster, dem Ort des Parlaments und des Hofes. Neben dem Fluß waren die Märkte Zentren von Handel und Wandel und damit wichtig für die Verteilung spezieller Warengruppen: in Leadenhall Market gab es Geflügel und Hausrat, in Queenhythe und Billingsgate Fisch und Agrarprodukte, in Smithfield

Fleisch.³⁴ Handel, Geschäfte und Vergnügen gingen in London oft eine enge Verbindung ein, wie wir von Bartholomew Fair wissen. Und trotz der Universitäten Oxford und Cambridge galt noch die kulturelle Vormachtstellung Londons. Hier konzentrierten sich die Buchdrucker, die Theater, die Erfinder und Naturwissenschaftler, die sich etwa in Gresham College zusammenfanden oder in privaten Laboratorien arbeiteten. Die Londoner Kaufleute waren sehr daran interessiert, den Zugang zum Wissen zu intensivieren und zu verbreitern, aber zu einem Wissen, das stichhaltig und nützlich war. Denn man hatte längst erkannt, daß Wissenschaft und Technik für die Ausweitung des nationalen und internationalen Wirtschaftswesens unverzichtbar geworden waren.

*Wirtschaft*

Die Sparsamkeit Königin Elisabeths war in ihrer Zeit so sprichwörtlich wie die ihres Großvaters Heinrich VII., stieß aber bei vielen Zeitgenossen auf wenig Verständnis. Dabei mahnten die während ihrer gesamten Regierungszeit stetig anwachsenden Finanzierungsprobleme eines sich in vielen Bereichen modernisierenden Staates zur Sparsamkeit. Zu Beginn von Elisabeths Regierungszeit harrte ein ganzes Bündel ökonomischer Schwierigkeiten der Lösung: Chaos der öffentlichen Finanzen, instabile Währung, Preisinflation, angespannte Versorgungslage, hohe Arbeitslosigkeit mit der Folge von Armut und Vagabundieren – zugleich mußte der strukturelle Wandel von Landwirtschaft und Industrie bewältigt werden.³⁵ Später hatte England die Finanzierung der kostspieligen Kriege zu tragen, deren «Rechnung» in Elisabeths letzten Regierungsjahren in die Millionenhöhe ging. Die Königin wußte zu gut um die Gefahren staatlicher Insolvenz, als daß sie die Wechselbeziehung zwischen Finanzaufkommen und Kriegskosten übersehen hätte.

Dennoch war die Epoche Königin Elisabeths insgesamt ein Zeitalter relativen Wohlstands, auch wenn es bisweilen erschreckende Einbrüche gab, vor allem am Ende ihrer Regierungszeit. Sie wurden verursacht durch Mißernten und Pest einerseits, aber auch durch damit verbundene Folgeerscheinungen wie Inflation, Preisanstieg und ein im Verhältnis zu den Preisen zu niedriges Lohnniveau. Der Wohlstand zeigte sich vor allem auch in der mittleren Schicht. Es waren der niedere Adel und das Bürgertum, welche zur Zeit Elisabeths aufstiegen, weil sie sich als die dynamischen Elemente der Gesellschaft erwiesen.³⁶ Geringe Besteuerung, vor allem der mittleren und höheren Schichten, wirkte sich höchst positiv auf die wirtschaftliche Entwicklung aus.

In die Phase der Jahre 1560/61 fiel eine wichtige finanzpolitische Entscheidung der Krone. Es ging um das Ersetzen des in Umlauf befindlichen «schlechten» Geldes durch «gutes» Geld. Damit war gemeint, daß die gültigen Münzen durch ihren zu niedrigen Edelmetallgehalt ihrem Nennwert nicht entsprachen und somit inflationäres Geld darstellten. Die Münzreform ging auf die Anregung von Elisabeths Antwerpener Finanzagenten Sir Thomas Gresham zurück. In der Folgezeit wurde eine Königliche Kommission gebildet, der außer Cecil fünf weitere hochrangige Mitglieder angehörten. Die Kommission arbeitete zügig und, ohne großes Aufsehen zu erregen, erfolgreich. So zog die Münze Ende September 1560 das schlechte Geld ein, das eingeschmolzen und mit dem korrekten Feingehalt an Edelmetall neu geprägt werden sollte. Die Aktion wurde schon im April 1561 erfolgreich beendet: 700 000 Pfund Sterling alten Geldes waren der Münzreform unterzogen worden.

Die Königin trieb bewußt eine Wirtschafts- und Finanzpolitik zur Förderung der ökonomischen Lage ihrer Untertanen. Der allgemeine Wohlstand hing eben mit der Art und Höhe der Besteuerung zusammen. Elisabeths Finanzsorgen waren schon deshalb gerechtfertigt, weil sie Tausende und Abertausende von Pfund Sterling in die holländischen Kriege gegen die Spanier investiert hatte. Das Geld schwand dahin, und es blieb offen, ob der politische Gewinn überhaupt als Rendite gelten konnte. Ähnliches mußte für Irland angenommen werden. Hierhin flossen erhebliche Summen, Ausgaben, die auf lange Sicht nicht durch Einnahmen aus florierendem Handel und Wandel wettgemacht werden konnten. Das Parlament von 1562/63 befaßte sich aber auch mit einer Reihe von grundlegenden Strukturfragen zur Wirtschafts-, Finanz- und Rüstungspolitik, die weitreichende Folgen für die Zukunft haben sollten. Es regelte auch das Fischereiwesen, erließ ein Gesetz über Lohnfestsetzung nach Maßgabe der Preisentwicklung und regelte vor allem die Erweiterung und den Aufbau von Kriegs- und Handelsmarine.³⁷ Dazu gehörte die Verabschiedung einer Navigationsakte, die den englischen Handel fördern sollte. Waren jeder Art durften nunmehr nur auf englischen Schiffen ins Land gebracht werden. Da in England das Fischereiwesen gleichsam in Auflösung begriffen war und andere Nationen die englischen Hoheitsgebiete befischten, beschloß das Parlament auf der Basis eines Entwurfs von Cecil ein Gesetz (im Volksmund «Cecil's Fast» genannt), das allen Engländern den Genuß von Fisch am Freitag, Samstag, sowie zu einer Mahlzeit am Mittwoch vorschrieb. Bei Nichtbeachtung war eine spürbare Geldstrafe vorgesehen.[38] Festzuhalten ist aber auch, daß das Parlament einer großzügigen Steuerbewilligung für die Krone zustimmte.

Die Zeit war zu bewegt, als daß die Mitglieder lange etablierter Klassen ihren Status hätten durchgängig halten können. Selbst die Aristokratie mußte zwischen Aufstieg und Abstieg balancieren. So stiegen etwa die Berkeleys ab, während die Russells und Spencers im 16. Jahrhundert erheblich an Macht und Einfluß gewannen. Im Zeitalter Elisabeths erlebten die Tüchtigen, Fleißigen und Risikofreudigen, welche die großen Gewinne erwirtschafteten, eine goldene Epoche. Die Wertvorstellungen des Puritanismus wirkten dynamisch und initiativ,[39] doch auch die Regierung förderte die ökonomische Aktivität des Einzelnen. Natürliche Energie, Unternehmungslust und Zielstrebigkeit verband man mit dem Bild des Elisabethaners. Kontinentaleuropäische kastenbezogene Überreglementierungen kannte England nicht, dafür aber unternehmerische Freiräume.

Die englische Landwirtschaft wurde rapide modernisiert und kommerzialisiert. Feudale Grundherrschaften wurden durch die Einhegungs-Politik (*enclosures*) drastisch verändert, so daß die Gefahren deutlich wurden, die bereits Thomas Morus in seiner «Utopia» formuliert hatte: «Die Schaffe fressen die Menschen auf». Durch den Strukturwandel der Landwirtschaft wurden die Profite der Grundbesitzer gesteigert. Schafzucht im großen Stil erzeugte – neben Landbesitz und Handel – wachsenden Reichtum und Kapitalakkumulation. John Fitzherbert hat daher in seinem «Handbuch der Landwirtschaft» («Book of Husbandry») von 1579 betont: «unter aller Viehhaltung ist die Schafzucht am einträglichsten».[40] Das Beispiel der Spencers, die zu den Aufsteigern gehörten, ist evident: Dank der guten Profitmöglichkeiten brachten sie es auf den Besitz von 13 000 Schafen.

Diese Entwicklungen fielen in den Regionen Englands unterschiedlich aus. Sie ergaben sich vor allem durch die erhöhte Nachfrage nach landwirtschaftlichen Produkten aufgrund des Bevölkerungswachstums schon im 16. Jahrhundert. Man erweiterte die Anbauflächen durch Landgewinnung in Ostengland, durch Rodung von Wäldern in Wiltshire, Gloucestershire, Worcestershire und Leicestershire sowie durch Entwässerung der Fenlands. Hinzu kamen die Verbesserungen der landwirtschaftlichen Anbaumethoden (neue Verfahren der Feldwirtschaft; Anbau «neuer» Pflanzen) sowie die Umstrukturierung von landwirtschaftlichen Nutzflächen durch Einhegungen und Besitzkonzentrationen.[41] Das Finanz- und Industriewesen wuchs und vernetzte sich. Der Geldverleih wurde zur einträglichen Gewinnquelle, was Shakespeare im «Kaufmann von Venedig» drastisch vor Augen führte. Man stritt über die erlaubte Zinshöhe und beklagte, daß das Geld die soziale Polarisierung zwischen Arm und Reich begünstigte. Diese Prozesse förderten den Aufstieg der Mittelklasse, die aus dem Bürgertum wie aus dem niederen Adel hervorging. Die alte englische Gesellschaft verschwand.

Die Produktionstechniken in der Tuch-, Kohle- und Eisenindustrie wurden weiterentwickelt. In der Tuchindustrie entstand ein Verlagssystem. Die Tuchproduzenten im großen Stil (*clothiers*) holten Aufträge ein und vermieteten sodann Webrahmen, lieferten die Wolle aus und sammelten die Fertigwaren wieder ein. Zwischen 1559 und 1603 stellten englische Tuche den wichtigsten Exportartikel des Landes. Die Fertigwarenherstellung hielt das Kapital im Lande und förderte dessen Zustrom über den Handel. Dieser neue Reichtum machte England unabhängig von ausländischen Kapitalmärkten. Vor allem Sir Thomas Gresham setzte sich dafür ein, daß London einen eigenen Kapitalmarkt bekam. Auch erkannte er die zerstörerische Wirkung der Münzverschlechterung auf Handel und Wandel.[42]

Zur Ausweitung des Warenangebots hatten die englischen Tuchproduzenten neben den schweren Qualitäten (*broadcloth*) mittlerweile neue Stoffe ins Angebot genommen, die in Massenproduktion hergestellt wurden. Sie waren billiger, leichter, aber auch nicht selten weniger haltbar. Doch der Export stieg rapide an, weil diese Stoffe im Mittelmeerraum wie in Übersee begehrt waren. Erst in der Mitte der neunziger Jahre zeigte sich Burleigh besorgt über die niederländische Konkurrenz in der Tuchindustrie, was zu einer Unterstützung der englischen Unternehmer durch das «Privy Council» führte.[43]

In England begann unter Elisabeth eine Differenzierung der industriellen Produktion. Oft waren Fachleute vom Kontinent die Begründer neuer Branchen, z. B. Papiermacherei, Druckgewerbe, Kanonengießerei und Schießpulverherstellung. Francis Bacon benannte drei epochale Erfindungen: das Schießpulver (die Artillerie), die Druckerpresse und den See-Kompaß.[44] Englische Unternehmer gingen daran, die Ressourcen des eigenen Landes aufzuschließen und auszubeuten; sie wurden von der Regierung gefördert. Die englische Metallindustrie verarbeitete außer Blei und Kupfer nun auch Eisen. Schon Ende des 15. Jahrhunderts hatte man die Gebläseschmelzöfen erfunden, mit denen es möglich wurde, Silber aus dem Kupfererz auszuschmelzen. Die Metallproduktion konzentrierte sich im Weald von Kent und in Sussex. Dort wurden im 16. Jahrhundert für die Roheisenproduktion Hochöfen benutzt, was die Ausbeute erheblich steigerte. Im Bergbau des 16. Jahrhunderts wirkten ebenfalls Neuerer, welche die Abbaumethoden verfeinerten und die Minenentwässerung modernisierten. Ausländische Meister verbesserten die Verfahren der Herstellung von Metallegierungen, die für die Messingproduktion wichtig waren. Als übliches Verfahren der Erzausschmelzung galt die Holzkohleverhüttung, auch wenn die Grafschaft Durham bereits Kohle in beträchtlicher Menge förderte (1563/64 33 000 t von Newcastle nach London auf dem Seeweg; 1597/98 163 000 t). Die Kohleindustrie war durch die vom Schiffsbau hervorgerufene Bauholzkrise ausgebaut worden. Die Gebiete der Kohlegewinnung lagen bei Newcastle, Südwales und in den Midlands.

Die Kohle wurde in England für die Glasherstellung benötigt, aber auch für die Stahl- und Ziegelerzeugung oder zum Malztrocknen in den Brauereien. In London benutzte man das «schwarze Gold» auch zum Heizen in Privathaushalten, und prompt gab es Klagen über Gestank und Schmutz des neuen Brennstoffs. Die erste Stahlproduktion erfolgte 1565 mit Hilfe deutscher Handwerker. Immer wieder haben sich bei englischen Industrieunternehmungen Investoren aus Flandern, Frankreich, Italien und Deutschland beteiligt. Die schon ältere Eisenindustrie entstand gleichsam «dezentral» in der Nähe der Orte, an denen das Erz abgebaut wurde, vor allem im Weald und im Forest of Dean. Steinkohle wurde anfangs nicht gebraucht, da man sich bei der Erzverhüttung der Holzkohle bediente. Doch die Holzknappheit, die sich im Verlauf des Jahrhunderts einstellte, zwang die Unternehmer zur Nutzung der Mineralkohle: «Wo immer es gelang, eine Industriebranche von Holz auf Kohle umzustellen, wurde diese dadurch in die Lage versetzt, ihre Produktionskapazität zu vergrößern.»[45]

Auch wenn die englische Gesellschaft aus sozioökonomischer Sicht zur Zeit Elisabeths alles andere als perfekt war, gibt es eine Reihe von Anzeichen dafür, daß sich im 16. Jahrhundert das Zentrum der europäischen Naturwissenschaft und der technischen Neuerungen nach England verlagert hatte.[46] Diese Umbrüche und Veränderungen riefen in den englischen Städten zwischen 1520 und 1570 eine Krise hervor. Die korporativ nach Gilden organisierten Städte erlebten zeitweilig einen massiven wirtschaftlichen Rückgang und einen Abstieg, wie das Beispiel von Coventry belegt. Kleinere, nicht korporativ organisierte Städte wie Birmingham stiegen dagegen auf. Auch Winchester und Lincoln gehörten zu den «Verlierern», während York die Modernisierungsprozesse so gut bewältigte, daß es Verwaltungssitz für den Staatsrat im Norden wurde. Norwich stieg auf als neues Zentrum der Tuchproduktion.

In der Regel erteilte die Krone das Recht zum Handel- und Gewerbetreiben. Wurde solch ein Recht an eine Korporation gegeben, etwa an städtische Gilden, so unterlag der Zugang zur ökonomischen Aktivität der Kontrolle und wurde oft restriktiv gehandhabt. Dies führte zur Verringerung des Wirtschaftswachstums. Im 16. Jahrhundert versuchten daher viele unternehmungsfreudige Industriemeister und Händler, die korporativen Gründungen in den Städten zu umgehen. So wurden die Rohstoffe, fand man sie in einer Grafschaft, an Ort und Stelle abgebaut und auch weiterverarbeitet. Damit entstanden Anfänge einer dezentralen Industrie.

Manche Städte im Süden, zum Beispiel Southampton, verloren an Wirtschaftskraft, während Kommunen im Norden oder in den Midlands wie Newcastle upon Tyne und Manchester an Bedeutung zunahmen. London blieb indessen das Wunder des Zeitalters, denn die Bevölkerung verdreifachte sich zwischen 1520 (70000 Einwohner) und 1600 (200000 Einwohner). John Stow hat in seiner Beschreibung Londons von 1598 die Verbindung der Extreme in dieser Stadt zwischen «schön», «schmutzig» und «häßlich» betont. Die Zuwanderung aus den Grafschaften steigerte das Menschengedränge Londons so sehr, daß 1580 und 1602 königliche Proklamationen Neubauten in einer Drei-Meilen-Zone um die Stadttore untersagten.

Die Debatten über Monopole in den Parlamenten von 1597 und 1601 führten zu ernsthaften Zusammenstößen hinsichtlich der Formulierung politischer Leitlinien für das zukünftige England. Die Lage war im Parlament von 1597 besonders angespannt, da sich das Land in einer Krise befand. Durch Mißernten, die drei Jahre aufeinander gefolgt waren, hatten die Kornpreise eine solche Steigerung erfahren, daß es zu Demonstrationen der hungernden Bauern kam. In einer solchen Situation konnte der durch Monopole bedingte Reichtum nur die sozialen Spannungen verschärfen. Auch in der Tuchindustrie gab es Einbrüche durch Stagnation. Es erwies sich als zunächst unlösbares Problem, daß die Patente auf der königlichen Prärogative beruhten. Damit besaßen die Gerichtshöfe des «Common Law» keine Handhabe gegen die Inhaber von Patenten und Monopolen, die unter dem Schutz von «Privy Council» und der Stern-Kammer standen. Ein besonders anschauliches Beispiel für eine durch Monopole privilegierte Persönlichkeit der Zeit bietet Sir Walter Raleigh, der die Monopole auf Zinn, Spielkarten und Lizenzen für Tavernen besaß.

Die Vergabe der Monopole zeitigte als Konsequenz immense Preiserhöhungen für wichtige Waren des alltäglichen Gebrauchs oder der Weiterverarbeitung: Der Preis von Stahl verdoppelte sich, für Stärke verdreifachte er sich, während importiertes Glas um das Vierfache teurer wurde, der Salzpreis sogar um das Elffache anstieg. Es verwundert daher nicht, wenn die Monopolisten in England in den Debatten des Unterhauses als «Blutsauger des Königreichs» bezeichnet wurden. Die Königin trat in Bezug auf das Problem der Monopole einen klugen Rückzug an, weil sie deren wirtschaftshemmende Wirkung begriff. Dennoch konnte die Kritik der Mitglieder des Unterhauses an den ökonomischen Verhältnissen keinen Sieg auf der ganzen Linie begründen.

Die Königin war also mit dem Wirtschaftsgeschehen vertraut. Sie versuchte, aus allen möglichen Quellen Geldmittel zu erhalten, weil ihre Kassen die Staatsausgaben nicht abdecken konnten. Kriegskosten konnten daher nur auf der Grundlage von parlamentarischen Steuergesetzen beglichen werden. Da Elisabeth jahrelang Krieg führen mußte – bis zum Ende ihres Lebens –, hinterließ sie eine Staatsschuld in Höhe eines Jahresetats.[47] Bei solcher Finanzlage der Krone verhielt sich das Unterhaus in Steuerfragen zurückhaltend, hat aber deren Regierungsfähigkeit nie in Frage gestellt. Erst als die

«Commons» ihren eigenen wirtschaftlichen Spielraum durch die nicht parlamentarisch ratifizierten Monopole gefährdet sahen, gingen sie 1593, 1597 und 1601 massiv dagegen vor. Die Schiffssteuer hingegen zog das Parlament nicht in Zweifel.

Am Ende der Tudor-Zeit wurden die Anzeichen nationaler Integration zwischen London und den Grafschaften unverkennbar. Es war eine komplementäre Wirtschaftstätigkeit entstanden. Zudem nahm England an der maritimen Expansion teil, damit aber auch an der Spannung zwischen großen Gewinnen und immensen Verlusten. Doch der Kaufmann und Produzent, der im Lande blieb, hatte ebenfalls die Möglichkeit, reich zu werden. Hier gab es deutlich begünstigende Faktoren, etwa freie Verkehrswege und einen ungehinderten Binnenmarkt. Die Flüsse durften ohne Zoll befahren werden, und der Küstenhandel blühte. Die große Freihandelszone England balancierte Insularität und gesunden Menschenverstand aus – in Richtung auf Fortschritt und Modernisierung. So bedeutete die Modernisierung Englands zur Weltmacht einerseits die Sanktionierung des Besitzrechts in Verbindung mit einer Expansions- und Profitorientierung. Andererseits zeitigte diese Entwicklung die politische und ökonomische Lenkung der Gesellschaft durch die aufsteigende Mittelklasse, mit der bedeutende Leistungen in der Literatur, der Wissenschaft, der Technologie sowie in der praktischen Weltbeherrschung verbunden bleiben.[48]

## 3.4 Inszenierung und politische Symbolik

Elisabeths Psychologie der Herrscherin zeigte sich in ihrer Schauspielkunst ebenso deutlich wie in ihrer Rhetorik. In beiden Ausdrucksweisen brillierte sie – und förderte damit ihre Zwecke. Die Theatermetapher umschließt das Rollenspiel als wesentliche Erscheinungsform des höfischen und damit auch des politischen Lebens. Sir Walter Raleigh überhöhte diese Metapher, wenn er vom Leben als einem Schauspiel sprach, das am Ende von Gott als solches betrachtet und beurteilt wird. Für den Hof wie für die Politik Elisabeths gilt, daß es die Königin war, die als Spielleiterin die Rahmenbedingungen für die diversen Inszenierungen vorgab.[49] Sie durfte sich das Vergnügen gönnen, die dramatis personae auszusuchen, zusammenzustellen, die Akteure zu benennen und ihnen ihren Part in dem königlichen Schauspiel zuzuschreiben.

In all der Widersprüchlichkeit Elisabeths lag doch ein gerüttelt Maß an Konsistenz, denn sie nutzte stets das Gebot der Stunde. Die Zeit, so erkannte sie, löst Verwicklungen auf, enthüllt aber auch Verschiebungen der Muster in einer kaleidoskopischen Welt. So blieb die Königin immer dieselbe, indem sie sich permanent wandelte. Für europäische Beobachter war Elisabeth undurchschaubar in ihren Absichten, einmalig in ihrer Fähigkeit, ausweichend zu handeln und zu reden. Sie suchte immer wieder den idealen Punkt für eine notwendige Reaktion, so daß man von der «Wahrheit der Situation» reden könnte und lag offenbar dem nicht so fern, was Francis Bacon in seinem Satz «Die Wahrheit ist die Tochter der Zeit» *(veritas filia temporis)* formulierte. Die Zeitgenossen und die Historiker der nachfolgenden Generationen haben Königin Elisabeth immer wieder die Unnachahmlichkeit attestiert, mit der sie stets darauf bedacht war, ihren unabhängigen Willen durchzusetzen. Niemand, noch nicht einmal ihre Staatsräte, weder Burleigh noch ihre Günstlinge, vermochten ihre eigentlichen Absichten zu enträtseln. Und doch hat diese Leistung des Staatsschauspiels Elisabeth ihre wohl wichtigste Rolle nicht versagt, nämlich die, als Mutter ihres Volkes aufzutreten. Sie stand für ihre Zeit und für ihr Land durch vieles: Wagemut und Entschlossenheit – und dies trotz ihres notorischen Zögerns. Bei alledem hegte Elisabeth keine Sympathie für glühende Religiosität, sei sie katholisch oder puritanisch eingefärbt gewesen. Solche Frömmigkeit hätte im Widerspruch zu ihrem kühlen, skeptischen, distanzierten Geist gestanden. Elisabeths Psychologie des Herrschens hatte viele Wurzeln und beruhte auch auf bekannten Verfahrensweisen, die vor allem der Rhetorik entnommen waren, die selbstverständlich Bestandteil ihrer sorgfältigen Ausbildung gewesen war.

Der starke Wille der Königin, nicht nur ihre Untertanen, sondern auch ausländische Politiker, Diplomaten, Herrscher für ihre eigenen Ziele zu gewinnen und einzuspannen, speiste sich aus dem Bestreben, das Gleichgewicht der Macht in Europa zu erhalten. Dabei half Elisabeth einerseits ihr rhetorisches Geschick, aber auch ihre Sprachbegabung in Wort und Schrift – im Englischen, in den alten Sprachen ebenso wie in den modernen Fremdsprachen –, die ihr die Möglichkeit gab, ihre Gesprächs- und Briefpartner unmittelbar zu beeinflussen. «Die Kunst des Politikers Worte zu gebrauchen und deren Bedeutung zu verbergen, beherrschte sie perfekt. Über öffentliche Fragen und persönliche Beziehungen bedeckte sie Bogen um Bogen mit ihrem kräftigen Gekritzel, ihre Sätze windend wie ein verknäuelter Schlangenhaufen über ihre geheimen Schlußfolgerungen, hinweisend, andeutend, versprechend, verneinend und schließlich vom Thema weggleitend ohne mehr gesagt zu haben als ihrem Vorsatz entsprochen hatte.»[50]

\*

Mit Königin Elisabeth, der Symbolfigur ihrer Zeit, identifizierten sich viele Engländer: Ihre Untertanen bekannten, sie seien vom Herrscherglanz ihrer Königin so geblendet gewesen, daß sie sich als unfähig erwiesen, über die Zeit ihrer Königin hinauszublicken oder sich gar eine Konstellation vorzustellen, in welcher ihre politische Kultur etwas anderes präsentierte als Elisabeths strahlende Gegenwart.[51] Die in ihrer Regierungszeit spürbaren gesellschaftlichen Verbesserungen und politischen Erfolge stärkten auf jeden Fall das Ansehen der Königin. Das Land erlebte einen sozioökonomischen Aufschwung und in überschaubarer Zeit eine deutliche Beteiligung am Welthandel. Die Ozeane wurden als Quelle des wirtschaftlichen Reichtums wie als Basis militärischer Macht entdeckt. Als beredter Ausdruck dieses Aufbruchs gelten die großen Entdeckungen und Weltumsegelung, die mit den Namen Sir Walter Raleigh und Sir Francis Drake verbunden sind.[52]

In der Epoche Königin Elisabeths blühten die Wissenschaften und Künste; es entfaltete sich ein stolzer, insularer Stil mit einer bis dahin unbekannten Pracht sowie eine facettenreiche, vom Menschen ausgehende Literatur. Die Verbindung dieser Epochenzüge schuf zwischen 1558 und 1603 die Grundlagen des englischen Nationalbewußtseins. Als Höhepunkt der Symbolisierung und Idealisierung der Astraea gilt das Jahr 1588. Die größte Bedrohung Englands durch die spanische Armada verwandelte sich in einen Sieg, durch den England seine nationale Unabhängigkeit ebenso begründen konnte wie die Selbstbehauptung in der Weltpolitik. Elisabeth hat nicht zuletzt aus Gründen der Staatsräson den Kult der königlichen Jungfrau gepflegt. Das Volk war von diesem Kult angetan, der einer höchst wirkungsvollen Reminiszenz an die katholische Marienverehrung gleichkam und äußerst massenwirksam war.[53]

Im Bild der Sternenkönigin Astraea verknüpften sich ein kompliziertes Charakterbild, historische Bedeutung und antike Mythologie. Da sich nach der Weltalterlehre die Zeitalter vom goldenen zum silbernen über das bronzene bis zum eisernen verschlechtern, so lieferte die antike Geschichtsvorstellung keine optimistischen Auspizien für eine kommende Zeit. Auch wurden mit dem eisernen Zeitalter die Vorstellungen vom Bösen und vom Krieg verbunden mit der Konsequenz, daß die Jungfrau Astraea als letzte die zerstörerische Erde verläßt. Dagegen stand eine versöhnliche Deutung des Astraea-Mythos mit Blick auf einen günstigen Geschichtsverlauf. Wenn Astraea zur Erde zurückkehren wird, steigt das Goldene Zeitalter mit Frieden, Gerechtigkeit und Wohlstand wieder empor.[54]

In den Göttervorstellungen von Antike und Renaissance werden Astraea eine ganze Reihe von Bezügen zugeschrieben. Sie wird mit dem Sternbild der Jungfrau in Verbindung gebracht und mit Flügeln dargestellt, eine Kornähre in der linken Hand haltend. In der Mondmythe galt sie als fruchtbar und unfruchtbar zugleich – ein Widerspruch, der auch auf die englische Königin bezogen wurde: Sie gewährte ihrem Land sein Goldenes Zeitalter unter Verzicht auf persönliches Glück. Die Verherrlichung Elisabeths als Astraea lebt aus diesem Widerspruch und ist dementsprechend in ein Netz von literarischen, historischen und mythologischen Überlieferungen eingesponnen. Astraea wurde in der Antike wie im Christentum mit Jungfräulichkeit verbunden, etwa als Vorstellung der wiederkehrenden und friedenbringenden Jungfrau Maria. Der Astraea-Mythos erlebte den radikalsten Wandel in der Reichstheorie Dantes sowie bei Marsilio von Padua: Astraea verkörpert hier eine Epoche des Friedens unter der Herrschaft des Kaisers, der die Ansprüche des Papstes zurückgewiesen hat und ein Regiment der Gerechtigkeit führt.[55] Schon Konstantin der Große behauptete sich als Herrscher über Reich *und* Kirche.[56] Die englische Loslösung von Rom und der Suprematder Tudor-Könige seit Heinrich VIII. fand somit eine Bestätigung in der Mythendeutung. Diese brachte auch für die Geschichte des Protestantismus Früchte, denn erst im Protestantismus konnten die von Luther und den Schweizer Reformatoren geprägten Kritikpunkte an der römischen Kirche aufgenommen und angewendet werden. Die Anwendung des Mythos bezog sich auf das englische Staatsverständnis sowie auf die Leidensgeschichte des Protestantismus.

Unter Königin Elisabeth I. bahnte sich aber auch die Verweltlichung des Astraea-Gedankens an: Der protestantische Glaube begünstigte die Beschäftigung mit den wahren und nützlichen Wissenschaften. Der Gedanke an das Ausmaß dessen, was der Mensch theoretisch und praktisch leisten kann, führte bei den Elisabethanern zur Vorstellung, man könne das Reich der Sternenkönigin weit über die Grenzen Englands hinaus ausdehnen.

Die Beliebtheit der Königin beim Volk, ihr Geschick im Umgang mit Menschen aller Art wie ihre Selbstinszenierung am Hofe und im ganzen Lande gehörten zusammen und boten ein lebendiges und künstliches Bild zugleich. Dieser Widerspruch prägte den Hof, der kunstliebend, geistreich, sittenstreng und prunkvoll gehalten war. Im großen Spiel königlichen Glanzes bekamen die Günstlinge ihre Rollen zugewiesen, aber auch das Volk spielte bereitwillig, ja oft leidenschaftlich mit, sei es auch nur an den Straßenrändern während des jährlichen «Progress» der Königin durch die englischen Grafschaften.

Die elisabethanische Musik war ein Ausdruck der Epoche.[57] Höfische Feste lebten von Musik und Tanz, letztgenannter eine Kunst, in welcher die Königin selbst brillierte. So gab es am Hofe wie während der jährlichen Reise durchs Land *masques*, Theater- und Musikaufführungen sowie rhetorische Darbietungen, die Literatur mit Philosophie verbanden. Die zahlreichen Feste zu Ehren der Astraea, Cynthia, Gloriana boten Hof und Adel stets Gelegenheiten, sich zu präsentieren. Vor allem wollte die Königin gesehen werden – und dieser Wunsch begründete die Regelmäßigkeit ihrer zwei Monate dauernden Sommerrundreisen. Elisabeth reiste mit ihrem Hof von Schloß zu Schloß. Die Queen reiste zu Pferde oder in einer offenen Sänfte, damit sie immer wieder anhalten konnte, um mit den Menschen zu reden. Sie stattete auch den Universitäten Oxford und Cambridge Besuche ab, nahm jedoch in benachbarten Landsitzen ihre Unterkunft. Berühmt geworden ist Elisabeths Aufenthalt im Hause Leicesters im Jahre 1575 («Die Fürstlichen Lustbarkeiten»), aber auch ihr Verweilen beim Earl of Hertford im Jahre 1591. Die Aufenthalte der Königin auf den Schlössern der Aristokraten bedeuteten, daß die Serie der allegorischen Spiele, der Dichterlesungen und Feuerwerke nicht abreißen wollte.

Der Hof Elisabeths galt als Zentrum höchster und verwickeltster Machtpolitik, doch er setzte kulturelle Maßstäbe. Es gab ein verbindliches Ideal des Höflings (*cortegiano*) oder des Universalmenschen (*uomo universale*), wie es Graf Baldassare Castiglione in seinem Buch «Der Hofmann» dargestellt hatte. Männer wie Leicester und Sidney verkörperten diesen Typus in eleganter Vollendung. Ritterliche Übungen wurden ebenso gefordert wie sportliche Leistung (Wettlauf, Ringen, Springen, Tanzen), aber auch die Kenntnis mehrerer Sprachen, umfassende Belesenheit in alter und neuer Literatur, Virtuosität im Gesang und im Spiel der Laute. Mit all diesen Erscheinungsformen war aber keine literarische Patronage durch die Königin im engeren Sinne verbunden, schon gar nicht in den letzten Jahren nach 1590. Das berühmteste Beispiel ist hier dasjenige des großen Dichters Edmund Spenser, der lange Jahre vergeblich versuchte, durch die Königin am Hofe gefördert zu werden. In der Satire «Colin Clouts Come Home Againe» beklagt er die Unaufrichtigkeit der Höflinge, ihre Hohlheit, den gleißenden, aber nichtssagenden Witz, die «Maskierung durch schöne täuschende Höflichkeit».[58]

Die Königin stand einem *uomo universale* nicht nach. Sie liebte Tanz und Spiel, war eine glänzende Reiterin und Jägerin und besaß bekanntlich herausragende Kenntnisse und Fähigkeiten in den Sprachen und den humanistischen Fächern. Künstler, Literaten und Gelehrte schrieben mit guten Gründen ihre Elogen auf ihre Sternenkönigin als Sinnbild für die heimgekehrte Gerechtigkeit und für die wahre Religiosität. Schließlich bescherte die jungfräuliche Königin England sein fruchtbares, goldenes Zeitalter. Man huldigte ihr als Muse der Künste und Wissenschaften. In seinem Fragment gebliebenen Nationalepos von der Feenkönigin («The Faerie Queene») hat Edmund Spenser den Kult um Königin Elisabeth in den Mittelpunkt gestellt. Alle Tugenden umkreisen sie wie die Planeten die Sonne. Spenser schrieb am 23. Januar 1589 an Sir Walter Raleigh, daß es sein allgemeines Ziel sei, mit seiner Dichtung Ruhm zum Vorschein zu bringen in Bezug auf «die hervorragendste und glorreiche Person unseres Souveräns der Königin, und ihrem Reich in der Märchenwelt».[59]

Fülle und Einfallsreichtum der Lobpreisungen, mit denen die Königin erhöht wurde, erstaunen immer wieder. Einmal gilt sie im Sinne der aristotelisch-ptolemäischen Kosmologie als Erster Beweger des Universums, dann wieder als große Herrscherin. Das goldene Zeitalter Saturns war endlich zurückgekehrt: Tugend wurde zum allgemeinen Wert, es herrschte universaler Friede, denn diese Königin regierte zum Wohle ihres Volkes, so daß selbst ihre Gegner ihr die Hochachtung nicht verweigerten. Die Königin wurde sogar mit Gott verglichen, dessen Herrschergewalt Vorbild und Vermächtnis für sie sein mußte. Zu Füßen der thronenden Königin legten zeitgenössische Künstler das Schwert der Gerechtigkeit und das des Krieges. Elisabeth konnte es sich leisten, das Schwert des Krieges unbenutzt zu lassen, war aber jederzeit in der Lage, es zum Schutze ihres Landes aufzunehmen.

Doch die Verherrlichung Königin Elisabeths war in ihrer Zeit und in nachfolgenden Epochen eine Sache, die Realität ihres Zeitalters jedoch durchaus eine andere. Unter Berücksichtigung dieser doppelten Perspektive spricht Giordano Bruno «von dieser irdischen Gottheit, dieser einzigartigen und einmaligen Frau [...], die vom kalten nördlichen Himmel aus ihr helles Licht über den ganzen Erdball verbreitet. Ich meine Königin Elisabeth, die an Namen und Würde keinem König nachsteht, und die es mit jedem, der auf der Erde ein Zepter trägt, an Verstand, Weisheit, Rat und Regierung aufnehmen kann. Im Verständnis der Künste, in der Kenntnis der Wissenschaften, in der Beherrschung aller Sprachen, ist sie ohne Zweifel allen Fürsten voraus, und ihre Überlegenheit ist so groß, daß sie die einzige Herrscherin des Erdkreises sein würde, wenn ihre weltliche Herrschaft der Kraft ihres erhabenen Geistes angemessen wäre.»[60]

All diese Glorifizierungen der Königin besaßen stets eine reale Gegenseite: Hofkultur war immer zugleich politisch. Auch wenn niemand leugnen konnte, daß die Königin alterte, wurden die Lobpreisungen ihrer Schönheit beibehalten. Der schöne Teint und die Blüte der Jugend gerieten zur Fassade, die durch Schminke und Kleidung produziert wurde. Die Schönheitsfeier wurde also zum politischen Ritual, an dem nicht nur die Höflinge festhalten mußten. Es behielt im Machtspiel um die «Faerie Queene» Gewicht, so daß diejenigen, die Einfluß an höchster Stelle halten oder gewinnen wollten, die mittlerweile normierten Formen sehr wohl zu beachten hatten.[61]

## 4. Außenpolitik von den Anfängen bis zur Hinrichtung Maria Stuarts

*Das europäische Mächtesystem des 16. Jahrhunderts*

Die Konflikte protestantischer und katholischer Nationen und Territorien im Europa des 16. Jahrhunderts waren mit der Entstehung des Staatensystems verbunden und folglich auch mit der Machtverteilung, zu deren Hauptmerkmalen «die wachsende Differenzierung der nationalen Individualitäten»[1] gehört. In diesem Sinne bildete Spaniens Hegemonialmacht, zunehmend gegründet auf die Beherrschung eines Weltreichs, das sich 1580 durch die Annexion Portugals de jure nach dem Vertrag von Tordesillas (1494) verdoppelte, in Europa einen Brennpunkt der Politik.[2] Die nach Kastilien fließenden Gold- und Silberströme aus den südamerikanischen Kolonien beeinträchtigten das europäische Wirtschaftssystem, machten aber auch die Stärke der spanischen Universalmonarchie aus.[3] Das spanische Königreich beruhte auf einer ständisch strukturierten Herrschaftsordnung, in der die Tradition der *monarchia universalis* eng mit der gedanklichen Klammer zwischen Kaiseridee und Kolonialreich verbunden war. Die Universalmonarchie wurde zusammengehalten durch die Dynastie, das spanische Hofzeremoniell sowie durch den Herrschaftsanspruch des Adels von Kastilien, aber auch durch eine effiziente Bürokratie und ein schlagkräftiges Heer. Probleme ergaben sich durch die Zentralisierung und den harten gegenreformatorischen Kurs, der sich in der Ausbeutung der unterworfenen und abhängigen Länder zeigte, sowie durch eine bedenkliche Finanz- und Wirtschaftspolitik. Die Folge der Zahlungsunfähigkeiten des Staates ist ein ebenso deutliches Indiz dafür wie die Fälle von Münzverschlechterungen oder aber der generelle Niedergang von Gewerbe und Landwirtschaft in Kastilien. Spanien konnte kein dauerhaftes Herrschaftssystem errichten, weil eine Gesamtrepräsentation aller Stände und Länder ebenso fehlte wie eine Politik der Re-Investition überseeischen Reichtums in Spanien selbst. Die Folge war eine weitreichende Verarmung der spanischen Bevölkerung, geprägt von der Paradoxie, daß die Menschen in dem Maße ärmer wurden, je mehr Geld ins Land kam. Spanien besaß keine mit England und den Niederlanden vergleichbare Mittelschicht und der Fernhandel befand sich in Händen des Staates.

Das Papsttum fungierte in dieser Zeit als ideologische und reale Macht des gesamten katholischen Lagers. Frankreich war verunsichert durch Religionskriege und Kriege der führenden Adelshäuser mit territorialer Basis (Guise, Montmorency, Bourbon). Die religiösen und ideologischen Auseinandersetzungen im frühneuzeitlichen Europa standen aber auch in Beziehung zur Ausbildung der drei wichtigsten Herrschaftsformen: absolutistischer Staat (Frankreich), libertärer Staat (England, Vereinigte Niederlande) und adliger Ständestaat (z. B. Polen). Bedeutend erscheint, daß das Konzept des Staates[4] überhaupt europaweit an Relevanz gewonnen hatte, und zwar als Größe, die «unabhängig vom Staatsträger gesehen wurde».[5] Machiavelli hatte schon früh die Emanzipation des Staates von der Religion propagiert.[6] Sein Freund, der Florentiner Staatsmann und Historiker Francesco Guicciardini (1483–1540), war der erste, der den Begriff Staatsräson (*ragione di stato*) verwendete.[7] Es stellte sich heraus, daß nicht jede der drei Staatsformen in gleicher Weise geeignet war, die staatlichen öffentlichen Aufgaben zu lösen. Spanien besaß zwar eine absolutistische Tendenz, war aber kein absolutistischer Staat wie Frankreich seit dem 17. Jahrhundert. Frankreich hatte im 16. Jahrhundert zwischen absoluter Fürstenherrschaft und ständischer Adelsgesellschaft osziliert, sich dann aber stabilisiert durch Heinrichs IV. Ausgleichspolitik, die Toleranz übte und auf Distanz zu Rom ging, dabei aber die eigene nationale Souveränität betonte.

England unter Elisabeth war als protestantisches Land durch die Entwicklung der päpstlichen und spanischen Politik verunsichert. Spanien suchte mit allen Mitteln seine Herrschaft über die Niederlande zu sichern, deren protestantische Bevölkerung einen jahrelangen Freiheitskampf führte. England gewann als aufstrebende Macht in der europäischen Außenpolitik langsam an Gewicht und bestimmte die Balance der Macht mit, während es bei einer Fortschreibung der gewaltsamen Rekatholisierung Englands durch Maria Tudor in der Gefahr gestanden hätte, zum Teilstaat des Habsburgerreichs herabzusinken. Das elisabethanische England kämpfte für eine riskante und aufwendige Stärkung der außenpolitischen Position. Die erneute Etablierung eines gemäßigten Protestantismus, der evangelische Lehre mit katholischem Ritus verband, wurde von Königin und Parlament durchgesetzt. Zwar verband sich die protestantische Lehre mit der traditionellen Kirchenorganisation, doch die Anglikanische Kirche blieb in der Rechtsordnung abhängig von der höchsten Instanz nationaler Souveränität, der «Queen in Parliament», die zugleich oberste Verwalterin («Supreme Governor») der Kirche blieb. Damit war die Zurückgewinnung der nationalen Integrität aufgrund der Stärkung des elisabethanischen Staates durch die Vereinigung aller politischen Kräfte im Parlament ermöglicht. Diese Stärkung der Nation ist der Tatsache geschuldet, daß im Parlament die Instanz existierte, welche einen Konsens zwischen der Regierung und den Interessen des Landes herstellte, gleichzeitig aber auf die Einhaltung der alten Rechte und Freiheiten achtete. Zugleich erlebte England unter Elisabeth eine Erweiterung des Spielraums für die Außenpolitik bei gleichzeitiger Schwächung der großen Kontinentalmächte: Frankreichs durch die Religionskriege, Spaniens durch den Aufstand der Niederlande. Die Nichteinmischung Englands in diese beiden Konflikte war das Ziel beider Staaten, doch Elisabeth verstand es, zwischen den Fronten eine flexible Außenpolitik zu betreiben. Dabei spielten drei Aspekte eine besonders wichtige Rolle:

Elisabeths Ehelosigkeit: Sie verhinderte Aufstände im eigenen Lande, die im Fall einer Heirat mit einem englischen Aristokraten wahrscheinlich gewesen wären. Ebenso wurden außenpolitische Verwicklungen vermieden durch den Verzicht auf die Ehe mit einem ausländischen Herrscher. Zugleich blieb Elisabeth die begehrteste Heiratskandidatin in Europa, was sie für ihre diplomatischen Aktionen ausnutzte. Der Nachteil dieser Politik war die innenpolitische Unsicherheit wegen der ungeklärten Thronfolge, ein Thema, das vom Parlament immer wieder aufgegriffen und moniert wurde.

Die Aufgabe von Calais 1559: Mit diesem Akt endete die mittelalterlich orientierte englische Außenpolitik. Indem die Bezogenheit auf Europa entfiel, begründete die beginnende politische Insularität eine erhöhte Bewegungsfreiheit und schuf zugleich mit der Öffnung für «die freie Welt der offenen Ozeane»[8] eine fundamentale Voraussetzung für die spätere Errichtung des Britischen Weltreichs.

Spaniens anfängliches Wohlwollen gegenüber England: Aufgrund des Gegensatzes zwischen Frankreich und Spanien war Philipp II. zunächst nicht an einem Angriff auf England interessiert, sondern an der Fortsetzung bisheriger spanischer Politik. Spaniens Interessen führten sogar zu einem Einwirken auf Rom, die Exkommunikation Elisabeths auszusetzen. Dies hat seinen Grund in der englischen Gegnerschaft zu Frankreich, das sich von dieser feindlichen Macht in Schottland befreien wollte. Um die Macht der Regentin Maria von Guise, der Mutter Maria Stuarts, in Schottland zu begrenzen, förderte Elisabeth die Rückkehr des calvinistischen Reformators John Knox in seine Heimat. Vor allem sicherte der Vertrag von Edinburgh mit dem schottischen protestantischen Adel nach dem Tod der Regentin den Abzug der französischen Truppen und stärkte die Reformation, gegen die auch die 1560 zurückkehrende Maria Stuart zunächst nichts ausrichten konnte.

Der kritische Punkt für die Entwicklung der europäischen Außenpolitik und damit auch für die Entwicklung des Staatensystems war der Konflikt um die Niederlande. Philipp II. entsandte 1567 den Herzog von Alba mit einer Armee in die Niederlande, um die dortige Rebellion gegen die spanische Herrschaft niederzuschlagen. Zugleich appellierte Spanien an die Freundschaft mit England, um seine Seeverbindung zu den Niederländern zu sichern. Für England bestand nunmehr die Gefahr der eindeutigen Verschiebung der europäischen Balance der Macht zugunsten Spaniens, so daß eine Wende in der Außenpolitik unausweichlich wurde: England stellte sich jetzt an die Seite der Niederländer, weil ein spanischer Sieg in den Niederlanden eine vorzügliche Ausgangsbasis für eine Invasion Englands sein würde. Und hier zeigte sich wie oft in der Ära Elisabeths: Die Königin steuerte ihre Europapolitik allein nach «nüchterne[r] Abwägung machtpolitischer Gegebenheiten».[9] Ihre Außenpolitik orientierte sich eindeutig an dem Richtmaß der «Balance of Power».

Als 1579 die erste Übersetzung von Francesco Guicciardinis «Istoria d'Italia» in England publiziert wurde, die die kriegerischen Auseinandersetzungen innerhalb der italienischen Staatenwelt von 1492 bis 1530 behandelt, wurde diese Übersetzung der Königin Elisabeth gewidmet, mit der Feststellung, daß «Gott die Balance der Macht und der Gerechtigkeit in Euere Hände gelegt hat, damit Ihr nach Euerem Gutdünken die Handlungen und Absichten aller christlichen Könige Eueres Zeitalters abwägt und miteinander ins Gleichgewicht bringt».[10]

Gleichsam spiegelverkehrt änderte Spanien seine Englandpolitik. Ein wichtiger Faktor in der europäischen Debatte war, daß seit 1568

Elisabeths Rivalin um das englische Thronrecht als «Gefangene» in England weilte und dort ein Zentrum der anti-elisabethanischen katholischen Politik und Verschwörung verkörperte. Dies geschah in Kenntnis und Verbindung mit dem spanischen Botschafter in London. Mit den Rechten Maria Stuarts als potentieller Thronerbin aus Gründen ihrer Legitimität hing auch die katholische Rebellion im Norden Englands von 1569 unter den Herzögen Norfolk und Arundel zusammen, die jedoch zum Scheitern verurteilt war. Die katholischen Mächte unter Führung Spaniens hatten jetzt nichts mehr gegen einen massiven ideologischen Angriff auf die englische Königin einzuwenden. Dies war der Impuls für das Erlassen der bereits erwähnten Bulle «Regnans in Excelsis» im Februar 1570, mit der Elisabeth exkommuniziert, entthront und ihr Volk von der Treuepflicht entbunden werden sollte. Offenbar setzte die katholische Seite nicht zu große Hoffnungen auf diese Bulle, da im selben Jahr die Ridolfi-Verschwörung zur Ermordung Elisabeths geplant wurde, die ebenfalls scheiterte. Auch wenn die Macht der Religion im Europa des 16. Jahrhunderts nicht zu unterschätzen ist, stand sie doch bei den Menschen längst nicht mehr im Zentrum des Interesses.[11]

Um die katholische Front mit Blick auf England zu schwächen, erwog Elisabeth im Februar 1570 eine Heirat mit dem Herzog von Anjou. In der Folge dieser Beschwichtigungspolitik kam es 1572 zum Defensivvertrag von Blois, und trotz der Schrecken der Bartholomäusnacht wählte die Königin als neuen Heiratskandidaten den Herzog von Alençon. Unterdessen erwog Spanien eine Invasion Englands, die durch die subversiven Umtriebe des spanischen Botschafters Mendoza in London, und zwar durch die Organisation des katholischen Widerstands, gestützt wurde. In dieser Lage schloß die englische Regierung 1585 mit den Vereinigten Niederlanden den Vertrag von Nonsuch. Dieses Abkommen zwischen den beiden modernsten protestantischen Staaten hatte die Überwindung des spanischen Vorstoßes im Norden Europas zum Ziel und sollte damit eine Ausbreitung der Gegenreformation unterbinden. Als Folge dieses Vertrages bewies England 1585 ein deutliches militärisches Engagement, als unter dem Kommando Leicesters eine Armee von fast 8000 Mann in die Niederlande entsandt wurde.

Sowohl die Vereinigten Niederlande als auch England hatten Herrschaftssysteme konstituiert, in denen Adel und Bürger an der politischen Willensbildung durch Parlamente und Verwaltung beteiligt waren. In England hatte das nationale Parlament diese Funktion inne, in Holland waren die Regionalparlamente mächtig. Für beide Länder gilt, daß die ökonomisch führenden Bürgerschichten einen gravierenden Anteil an der politischen Macht besaßen. Was das England Elisabeths betrifft, ist daher mit Recht von einer «monarchischen Republik»[12] gesprochen worden.

Die Verdüsterung des Konflikts zwischen den englischen Katholiken, unterstützt von Spanien und Rom, und der Regierung Elisabeths dokumentierte sich im Jahre 1587 in der Aufdeckung der Babington-Verschwörung, an der Maria Stuart hochverräterisch beteiligt war. Nach deren Verurteilung und Hinrichtung traf Spanien noch im selben Jahre Vorbereitung für die Entsendung einer großen Flotte gegen England. Um die Spanier zu schwächen, griff Drake die spanische Küste an und vernichtete 30 Kriegsschiffe. Zur selben Zeit ergab sich im Staatensystem eine härtere Front gegen England durch die Stärkung des Bündnisses zwischen Spanien und der katholischen Liga in Frankreich unter Führung des Herzogs von Guise, dem es gelang, Heinrich III. handlungsunfähig zu machen. Damit war die irreversible Spannungssituation gegeben, in welcher die spanische Armada im Frühjahr 1588 gegen England auslief.

*Parlament, Heiratsforderung, Thronfolge, die Schottlandfrage und Frankreich*

Die Anfänge von Elisabeths Herrschaft standen noch unter den Schatten der Vergangenheit. Da sie wußte, daß ihr Rechtstitel als Königin problematisch war und zwischen klarem Erbfolgerecht und dem Makel eines Bastards schwankte, ließ sie sich auf Anraten Sir Nicholas Bacons in keine Debatte über den Rechtstitel ein. Sie hatte aber nicht nur mit innenpolitischen Schwierigkeiten zu kämpfen, sondern aus der Ära ihrer Vorgängerin gab es auch zahlreiche außenpolitische Probleme, für die es eine Lösung zu finden galt. Mit dem Frieden von Cateau-Cambrésis beendete Königin Elisabeth im Jahre 1559 den unglückseligen und verlustreichen Krieg mit Frankreich, den Maria Tudor geführt hatte, um Calais zurückzugewinnen, das Juwel in der Krone englischer Könige. Beide kriegführenden Nationen waren von den Auseinandersetzungen erschöpft. Dennoch beharrte die englische Königin in ihrer Staatsrhetorik auf der Rückgabe von Calais als Angelegenheit der nationalen Ehre. Die französische Seite spielte die Tatsache gegen Elisabeth aus, daß die Gemahlin des Dauphin, nämlich Maria Stuart, wegen ihrer englischen Thronansprüche das Wappen Englands führte. Man bot Elisabeth einen Privatvertrag zwischen den beiden Königinnen an, doch schließlich kam es nach Konsultation mit Philipp II. von Spanien zu einem offiziellen Friedensvertrag. Der Vertrag besagte, daß Calais nach acht Jahren an England zurückgegeben werden sollte; andernfalls sei der französische König verpflichtet, eine hohe Ablösungssumme zu bezahlen. Elisabeth gelang es bis Ostern 1559, Frieden mit Frankreich und Schottland zu schließen. Dies war ein gutes Ergebnis, zumal die Konsolidierung Englands als gewaltige Zukunftsaufgabe vor ihr lag, eine Aufgabe, die ohne die Sicherung des Friedens und der Macht im Inneren gar nicht zu bewältigen gewesen wäre.

In den Jahren 1559 bis 1560 traten Spannungen zwischen England und Schottland auf, die einerseits mit der «alten Allianz» zwischen Schottland und Frankreich («The Auld Alliance») zu tun hatten, zum andern aber mit der Tatsache, daß Maria Stuart, die Königin von Schottland, deren Erbansprüche auf den englischen Thron bekannt waren, mit dem Dauphin, dem späteren König Franz II., vermählt war. Schottland wurde von der Königinmutter Marie von Guise regiert. Unmittelbar nach dem Tode Maria Tudors, hatte Maria Stuarts Schwiegervater, König Heinrich II. von Frankreich, den englischen Thron für sie eingefordert. Heinrich soll auch versucht haben, in Rom eine Bannbulle gegen Elisabeth zu erwirken. Daher nimmt es aus schottisch-französischer Sicht nicht Wunder, wenn Maria Stuart englische heraldische Embleme im Wappen führte und ihren Thronanspruch, sehr zum Mißfallen Elisabeths, auf diese Weise nach außen dokumentierte.

Die Spannung zwischen Schottland und England wurde zusätzlich durch die Tatsache gesteigert, daß Maria Stuarts Verbindung mit Frankreich ein deutliches Zeichen dafür setzte, daß Schottland zu einem katholischen Staat gemacht werden sollte. Die Anwesenheit französischer Truppen in Schottland und die Erwartung von weiterer Verstärkung boten Anlaß zur Beunruhigung bei den Engländern und beim schottischen Adel sowie einem Großteil des Volkes, da Adel und Volk mehrheitlich der protestantischen Religion zuneigten. Ihre spirituelle und politische Kraft, die sich gegen die katholische Regentin Maria von Guise richtete, nahm nach der Rückkehr von John Knox aus dem Genfer Exil stetig zu. John Knox hatte sich als strenger Calvinist während der Regentschaft Maria Tudors und Maria von Guise ins kontinentaleuropäische Exil begeben. Durch seine Schrift gegen die Herrschaft von Frauen, die sich genau gegen die genannten Fürstinnen richtete («First Blast of the Trumpet against the Monstrous Regiment of Women», 1558), hatte er sich Elisabeth zur Feindin gemacht. Dennoch war die politische Affinität der schottischen Protestanten zu Elisabeth und den englischen Protestanten evident; sie äußerte sich in Allianzbestrebungen mit England gegen die Stuarts und Frankreich. Schon vor der Rückkehr von Knox hatten die schottischen Protestanten Klöster aufgelöst und die katholischen Symbole und Bildwerke in den Kirchen zerstört. Die Adligen der schottischen protestantischen Kongregation unter der Führung des Herzogs von Chatelherault und des Earl of Arran suchten Cecils Hilfe, um das Land von den Franzosen zu befreien, zumal sie fürchteten, daß eine französische Armee auf dem Seeweg in Schottland eingreifen sollte. England distanzierte sich zunächst von direktem Eingreifen in Schottland, wurde aber von den Entwicklungen mitgerissen.

Für Elisabeth entwickelte sich eine schwierige politische Situation: Sie hatte ein Heiratsangebot Philipps II. abgelehnt und damit die englisch-spanische Allianz gefährdet. Nun mußte sie nach Philipps Heirat mit der Tochter des französischen Königs eine französisch-spanische politische Verbindung fürchten. Besonders unliebsam mußte es für Elisabeth sein, daß eine Annäherung Spaniens und Frankreichs stattgefunden hatte, so daß nun Schottland auf alle Fälle von katholischem Einfluß freigehalten werden mußte. Gleichzeitig hatte der Gemahl Maria Stuarts mittlerweile als Franz II. den französischen Thron bestiegen, so daß die Macht des Hauses Guise England gefährlicher werden konnte als je zuvor, doch Franz II. überließ seine schottischen Glaubensbrüder sich selber. Elisabeth und Cecil waren über die Lage zutiefst beunruhigt und verfielen in der Suche nach Verbündeten auf das Projekt der österreichischen Heirat, indem sie Erzherzog Karl, dem Sohn des Kaisers, die Hand Elisabeths anbieten wollten. Doch die englische Königin beendete – wie es ihre übliche Strategie werden sollte – das Heiratsspiel, nachdem sich die Krise etwas gelegt hatte, zumal sich Anfang 1559 der Earl of Arran, der Thronfolgerechte in Schottland besaß, als Bewerber meldete. Die schottischen Protestanten begrüßten eine Ehe Elisabeths mit einem protestantischen schottischen Thronprätendenten, denn eine solche Verbindung hätte ihre politischen Wünsche der Erfüllung nähergebracht.

Der Mittelsmann zwischen den schottischen Protestanten und der englischen Regierung war Cecil. Es ist nur konsequent, wenn die schottische Regentin, Maria von Guise, Beschwerde über die englische Schottlandpolitik bei Noailles, dem französischen Botschafter in London führte. Elisabeth leugnete das schottische Engagement brüsk ab mit der Behauptung, sie wolle die englischen Offiziere bestrafen, die ohne Auftrag mit den schottischen Rebellen verhandelt hätten. Cecil fürchtete einen Kreuzzug der Katholiken zur Ausrottung der Protestanten, während Königin Elisabeth bei den katholischen Mächten nur ein einziges politisches Ziel erkannte: das nationale Interesse.

Cecil hatte die Umrisse der englischen Schottlandpolitik schon längst ausgearbeitet. Für ihn stand ohne Zweifel fest, daß England die Oberhoheit über den nördlichen Nachbarn beanspruchen müsse, auch wenn die Politik auf der Kooperation mit dem protestantischen Adel Schottlands beruhte. Diese Oberhoheit wurde für den Fall der Existenz von zwei Staaten ebenso vorausgesetzt wie im Falle einer Union.

Im Oktober 1559 erklärte die schottische Versammlung des protestantischen Adels Maria von Guise als Regentin für abgesetzt. In eben dieser Zeit wurden von England aus über Berwick Waffen und Subsidien nach Schottland geschmuggelt, um den Rebellen übergeben zu werden. Cecil sicherte zudem die hohen Militärpositionen des «Warden of the East and Middle Marches» und des «Warden of the West Marches» im Blick auf politische und ideologische Zuverlässigkeit: die Katholiken – der Earl of Northumberland und Lord Dacres – wurden ihrer Ämter enthoben und durch protestantisch gesinnte treue Anhänger Königin Elisabeths ersetzt. Zum Schutz Schottlands kam es als Antwort zu einer halbherzigen Intervention Frankreichs, jedoch wurden zwei Expeditionen nach Leith durch Unwetter auf See zurückgeworfen. Daraufhin kündigte Frankreich die Entsendung einer größeren Armee nach Schottland an. Die englischen Gegenmaßnahmen ließen nicht auf sich warten, die Mobilmachung in Nordengland wurde intensiviert, nachdem jenseits des River Trent bereits 4000 Mann unter Waffen standen. Am 16. Dezember 1559 hatte London den Befehl an Admiral Winter gegeben, in den Firth of Forth zu segeln, um gegebenenfalls eine dort eintreffende französische Flotte abzufangen. Elisabeth bat Philipp II. um Unterstützung. Als sie jedoch erfuhr, Spanien beabsichtige die Entsendung von Truppen nach Schottland, ließ sie alle diplomatischen Register ziehen, um diese unerwünschte Entwicklung abzuwenden. Zeitgleich trieb Elisabeth Norfolk an, die englischen Truppen in Bewegung zu setzen, während sie mit dem schottischen Regenten Murray verhandelte. Alle diese Grenzgeplänkel liefen schließlich darauf hinaus, daß das «Privy Council» am Heiligabend 1559 den Beschluß zur Intervention in Schottland faßte. Als unterstützende Maßnahme erging der Befehl an den Herzog von Norfolk, den Schotten militärischen Beistand zu leisten. Winter erreichte in der dritten Januarwoche des Jahres 1560 den Firth of Forth und griff die Franzosen im Fife von See aus an, die sich daraufhin über Dunfermline nach Stirling Castle zurückzogen. Gleichzeitig rückten der Herzog von Norfolk und Lord Grey zur schottischen Grenze vor, wo sie sich mit den schottischen protestantischen Truppen vereinigten und eine Allianz schlossen, die so lange andauern sollte, wie die Ehe Maria Stuarts mit dem französischen König Bestand hatte. In dieser Allianz sollte die englische Königin den Schutz Schottlands in aller Form übernehmen. Die Schotten sicherten bei einem französischen Angriff auf England 2000 Mann Infanterie und 1000 Mann Kavallerie zu.

Im Jahre 1560 beruhigte sich die Lage in Schottland, weil William Cecil an einem Kompromiß mit den Franzosen und den Schotten arbeitete, der im Vertrag von Edinburgh seinen Höhepunkt fand. Der Vertrag sah einen Verzicht Maria Stuarts auf das Führen des englischen Königswappens sowie einen Verzicht auf französische Militärpräsenz in Schottland vor, etablierte das protestantische pro-englische Regime und richtete sich gegen die Guise. Die Regentin Marie von Guise war im Jahre 1559 gestorben – die Regierung lag beim Regenten Murray und seinem zwölfköpfigen «Privy Council». Der Vertrag optierte für eine Allianz zwischen England und Schottland. Diese Option lehnten die französischen Unterhändler mit Blick auf die «Auld Alliance» ab. Nach dem Vertragsschluß vom 5. Juli 1560 wurde öffentlich der Frieden zwischen England und Schottland verkündet. Es läßt sich nicht leugnen, daß dieser von Cecil zustande gebrachte Friede von Edinburgh England zur Schutzmacht für ein protestantisches Schottland formierte.[13]

Inzwischen zeichnete sich in Frankreich der Beginn religiöser

Auseinandersetzungen zwischen den Hugenotten und der katholischen Partei der Guise ab, eine Entwicklung, die offenbar Spanien bestärkte, England von den unter der Regentschaft Margareta von Parmas stehenden Niederlanden aus Drohungen zu übermitteln, die sich aus spanischer Kenntnis der schwachen englischen Verteidigungsbereitschaft speisten. Die englische Regierung begann infolge dieser Drohung mit der systematischen Aufrüstung.

## Dudley

Die außenpolitischen Verwicklungen Englands, immer wieder verquickt mit den heiratspolitischen Überlegungen des «Privy Council» und des Parlaments für Königin Elisabeth, manchmal von der Königin selbst im diplomatischen Spiel eingesetzt, wurden im Jahre 1560 noch zusätzlich durch die bereits angesprochene Liebesaffäre der Königin mit Lord Robert Dudley, (dem späteren Earl of Leicester) kompliziert. Dudley war zu diesem Zeitpunkt bereits zum «Master of the Horse» und zum Ritter des Hosenband-Ordens avanciert. Es ist nie genau nachgewiesen worden, welchen Grad der Intimität diese Beziehung hatte, doch sie ist schon allein deshalb für die Charakterisierung der Königin wie zur Kennzeichnung der politischen Situation wichtig, da sie sofort höchste Beachtung fand.[14] Diese Affäre war für den Ruf der Königin gefährlich, da Dudleys Gemahlin Amy Robsart[15] auf mysteriöse Weise zu Tode gekommen war. Man fand sie mit gebrochenem Genick am Fuße des Treppenhauses des Schlosses Cumnor Place in der Nähe von Oxford. Das Gerücht ging um, Dudley hätte seine Frau umgebracht, um die Königin heiraten zu können. Dudley bestand auf einer gerichtsmedizinischen Untersuchung. Die Resultate des gerichtlichen Leichenbeschauers entlasteten ihn, doch die Gerüchte konnten so nicht zum Schweigen gebracht werden. Dudley versuchte mit Blick auf seine Absicht, Königin Elisabeth zu heiraten, die Unterstützung Philipps II. zu gewinnen. Cecil konnte mit Bezug auf Dudleys Spanienkontakte eine in England vorbereitete katholische Verschwörung aufdecken, mit der man die Regelung der Religionsfrage von 1559 rückgängig zu machen beabsichtigte.[16] Cecil hatte eine denkbar ungünstige Meinung von Dudley und er äußerte diese, zog sich aber dadurch die Ungnade der Königin zu. Dies traf den treu ergebenen Ersten Sekretär so hart, daß er sogar daran dachte, seinen Rücktritt einzureichen.

Was konnte politisch an der Verbindung der Königin mit Dudley so problematisch sein? Cecil sah in Dudley einen Emporkömmling, welcher der Krone weder Ruhm noch Reichtum oder Macht bringen würde. Er besaß keine Freunde, und wegen des mysteriösen Todes seiner Frau eilte ihm ein schlechter Ruf im In- und Ausland voraus. Zudem bewies seine bisherige Ehe, daß man an seiner Fruchtbarkeit zweifeln müsse; auch seine Brüder waren kinderlos. Cecil sah in Dudley nur den Egoisten und Abenteurer, den er mit der Elle seines eigenen unbezweifelbaren Patriotismus maß. Als Cecil erfuhr, daß die Königin von einer Heirat mit Dudley Abstand genommen hatte, entspannte sich die Situation für den Ersten Sekretär.[17] Die Brisanz einer solchen Ehe war zu groß: Hätte Elisabeth Dudley geheiratet, würde sie ihren Thron riskiert haben.[18]

Inzwischen hatte Philipp II. nicht zuletzt aufgrund des Kontaktes zu Dudley den Plan entwickelt, England erneut in die katholischen Interessen einzubeziehen. Die Engländer sollten am Konzil von Trient teilnehmen. Die Königin blockte diese Ambitionen entschieden ab und fühlte sich mittlerweile auch so sicher, daß sie es wagte, den Botschafter beim Papst, Sir Edward Carne, abzuberufen. In den Briefen des spanischen Botschafters in London, De Quadra, an seinen König Philipp II. war die Beziehung zwischen Elisabeth und Lord Robert nicht nur als eine unbezweifelbare Liebesaffäre in der vollen Bedeutung des Wortes hingestellt worden, sondern De Quadra unterstrich auch deren Gefährlichkeit, da den Spaniern Dudleys Eintreten für den Protestantismus nicht verborgen geblieben war. Maria Stuart, die junge Königin von Frankreich, verbreitete Hohn und Spott über die englische Königin, die sich, so spottete sie, so weit erniedrigt hatte, sich mit ihrem Stallmeister einzulassen. Elisabeth muß lange zwischen Leidenschaft und Vernunft mit sich gerungen haben, bevor sie ihre Entscheidung zugunsten des politischen Wohls ihres Landes treffen konnte.[19]

Nachdem eine Eheschließung zwischen Lord Robert und Königin Elisabeth vorerst nicht mehr zur Debatte stand, übernahm Dudley, der spätere Earl of Leicester eine der vielen königlichen Aufgaben: Er wurde der große Mäzen der Künste, Wissenschaften und der protestantischen Theologie.[20] Sein Lebensstil präsentierte sich als eine Mischung von Musenhof oder «Urbino» und einer Ziehstätte für den aristokratischen Nachwuchs. Die Königin be-

*Robert Dudley, Earl of Leicester (1532–88), als Lord Robin langjähriger Favorit der Königin. Steven van der Meulen zugeschrieben, um 1565. (Wallace Collection, London)*

teiligte sich finanziell an Dudleys Aufgaben, zumal sie ihn auch immer wieder für die Betreuung von hohen Staatsgästen in Anspruch nahm.

\*

Mit dem Tode Franz II. von Frankreich im Jahre 1560 verlor die erst achtzehnjährige Maria Stuart den Status einer Königin von Frankreich. Die Schotten besannen sich auf sie als ihre Königin und glaubten sie befreit von den Einflüssen des ultra-katholischen Hauses Guise, mit dem Maria aber durch ihre Mutter blutsverwandt war. Die englische Außenpolitik konzentrierte ihre Aufmerksamkeit auch auf die junge Königin der Schotten und hoffte, sie von den politischen Interessen der Guise isolieren zu können. Zugleich beobachtete die englische Politik die Entwicklungen in Frankreich, nachdem Karl IX. König geworden war und seine Mutter, Katharina von Medici, den Versuch unternahm, eine Allianz mit den Gegnern der Guise aufzubauen, den Bourbonen, den Montmorencis und den Chatillon. Cecil nahm eine abwartende Haltung in der Frankreichpolitik ein, hoffte aber auf eine Mitwirkung der protestantischen Kräfte Frankreichs.

Die Neuverheiratung Marias wurde zum beherrschenden Thema: Alle Thronprätendenten der großen europäischen Reiche waren hier im Gespräch, während Europa über die Affäre Königin Elisabeths mit Lord Robert Dudley spottete. Die Guise favorisierten die Heirat Maria Stuarts mit Don Carlos, dem geistesschwachen Sohn Philipps II. Cecils politische Ziele sahen in diesem Zusammenhang ganz anders aus. Ihm ging es um drei Dinge: die Erhaltung des Protestantismus, die Stärkung der Allianz zwischen England und Schottland, die Vermeidung einer drohenden ausländischen Heirat Maria Stuarts. Für Cecil war die Religion der wichtigste Punkt in diesem Zusammenhang. Inzwischen hatte sich der Protestantismus in Deutschland und Frankreich bedeutend ausgeweitet. In einer ausländischen Heirat Maria Stuarts erkannte Cecil zu Recht eine Gefährdung der protestantischen Sache, zumal die katholische Partei der jungen Königin in Schottland stetigen Zulauf erfuhr. John Knox forderte von Maria, sollte sie zurückkehren, die bedingungslose Anerkennung des schottischen Protestantismus, und er weigerte sich, ihr die private Ausübung ihres Katholizismus zu konzedieren. Die schottische Regierung hingegen, geführt von Marias protestantischem Bruder Lord James Stuart, wollte Maria ihr privates Bekenntnis zugestehen. Vor Maria Stuarts Reise nach Schottland verhandelte Lord James mit Cecil in London über die Art und Weise, wie mit ihr umzugehen sei. Elisabeth erkannte klar, daß die Rückkehr Maria Stuarts auf die Insel eine große Gefahr für die englische Politik bringen würde und versuchte, die Einreise zu verhindern, zumindest zu verzögern. Sie verbot schließlich der schottischen Königin die Durchreise, um das aufständische Potential der englischen Katholiken nicht in Aktion umschlagen zu lassen. So reiste Maria im August 1561 mit dem Schiff von Calais nach Leith. Sie schrieb höflich und liebenswürdig an Elisabeth, woraufhin diese ihr Verhalten ins Gegenteil verkehrte und sogar ein Treffen der beiden Königinnen in Erwägung zog. Es nimmt nicht Wunder, wenn die Ankunft Maria Stuarts ein gespanntes Verhältnis zwischen ihr, dem protestantischen Adel und der von John Knox geführten protestantischen Bevölkerung hervorrief. Knox traute Maria Stuart ganz und gar nicht und betonte 1562 in einem Brief an Cecil, daß er nie einen jungen Menschen von solch unüberbietbarer Verschlagenheit getroffen habe.[21]

In der Frankreichpolitik zeichnete sich ein Eingreifen Englands in Frankreich ab. Dudley sprach sich für eine Intervention aus. Die englische Königin versprach unterdessen dem Prinzen von Condé Truppen und Geld für die Hugenotten als Gegenleistung für die Überlassung Le Havres an die Engländer. Es kam zum Einsatz einer englischen Armee von 6000 Mann unter Warwick und zur Zahlung von 42000 Pfund Sterling. England beabsichtigte zum einen, die Macht des Herzogs von Guise zu brechen, und zum anderen, Calais zurückzugewinnen. Königin Elisabeth versuchte, von deutschen protestantischen Fürsten Rückendeckung für ihre Politik zu gewinnen. Nicht nur Throckmorton agierte als Botschafter in Frankreich, vor allem bei den Hugenotten, sondern auch Sir Thomas Smith, der am Hofe wirkte. Das Unternehmen des französischen Kriegs ging schlecht für England aus, weil Calais verlorenging und Warwick trotz großer Tapferkeit seiner Truppen wegen des Wütens der Pest mit der Garnison von Le Havre im Juli 1563 zur Kapitulation gezwungen wurde. So blieb England nichts anderes übrig, als 1564 im Vertrag von Troyes Frieden mit Frankreich zu schließen. Dieser Vertrag bestätigte schließlich den Verlust von Calais für England. Wie der Vertrag von Cateau-Cambrésis sah er eine französische Entschädigungszahlung für die verlorene Stadt vor.

Die Mehrheit des Parlaments glaubte ebenso wie eine Reihe von Mitgliedern des «Privy Council», vor allem der Staatssekretär Sir William Cecil, daß die Festigung des Systems – vor allem angesichts der ausländischen Feinde sowie der ungeklärten Thronansprüche – am besten durch eine Heirat Königin Elisabeths zu fördern sei. Das zweite Parlament von 1563 befaßte sich eingehend mit dieser Heiratsaufforderung, hat diese auch der Königin mitgeteilt und eine Debatte über die brisante Angelegenheit des Verhältnisses von Eheschließung und Thronfolge, d. h. über die Frage eines legitimen Thronerben der Königin, geführt.[22] Die Notwendigkeit, die Dynastie zu sichern, begründeten die «Commons» mit der Unterscheidung zwischen ihrer sterblichen, individuellen Königin und der Unsterblichkeit des Königtums. Die Protestanten sprachen sich für die Thronfolge von Lady Jane Grey aus, um eine protestantische Alternative zu Maria Stuart ins Spiel zu bringen. Hiermit wurde die Heiratsfrage erstmals an eine längst notwendig gewordene Festlegung der Thronfolge geknüpft. Die Königin war verwirrt und in Sorge zugleich. Sie erklärte vor allem dem Oberhaus, daß es viel mehr Blut kosten würde, wenn sie einen Nachfolger benannte, als wenn sie diese Frage offen ließ. Ihre Politik des Hinauszögerns, Hinhaltens und der Überzeugung der Bittsteller, dies bedürfe weitreichender Überlegungen, setzte die Königin geschickt ein.[23] Fast die gesamte Regierungszeit Elisabeths I. über hat die Frage von Heirat und Thronfolge eine wichtige Rolle gespielt. Heiratspläne und -politik wurden von Elisabeth immer wieder eingesetzt, um in politischen Spannungsphasen hinhaltend zu taktieren.

*Protestantismus im Machtspiel katholischer Monarchien und die Schottlandfrage*

Schon zu Beginn der sechziger Jahre hatte Throckmorton, der englische Botschafter in Paris, enge Kontakte zu Führern der Hugenotten wie Admiral Coligny. Die englische Königin zielte darauf ab, zu verhindern, daß Frankreich am Konzil von Trient teilnahm, und fast wäre sie in dieser Hinsicht erfolgreich gewesen. In Frankreich wurde ein nationales Kirchenkonzil abgehalten, das unter der Teilnahme der Schweizer Protestanten Theodor Beza und Peter Martyr stattfand, und es gab Pläne, England durch Sir Thomas Smith miteinzubeziehen. Elisabeth ventilierte Überlegungen zu einer europäischen Liga protestantischer Fürsten gegen die Guise in Frankreich, gegen Spanien und das Konzil von Trient und hat in dieser Hinsicht bei den deutschen Fürsten vorfühlen lassen – allerdings ohne Erfolg.[24] In den Jahren 1563 bis 1565 verschärfte sich die Situation in Frankreich durch die Steigerung des religiösen Fanatismus, der beide Seiten zu barbarischen Akten hinriß. Die öffentliche Meinung in England favorisierte die Hugenotten. 1562 hatten die Engländer bereits einen Vertrag mit Condé geschlossen, der Unterstützung durch englische Truppen vorsah, die dann auch in Le Havre eintrafen. Doch im Frühling des nächsten Jahres wurde Condé gefangen, und kurz darauf fand der Herzog von Guise seinen Mörder. Die Hugenotten und die Katholiken machten danach gemeinsam Front gegen England. Königin Elisabeth bestand auf der Rückgabe von Calais, doch die Pest machte den Gedanken an einen Feldzug zunichte.

*

Maria Stuart ließ für das «Privy Council» glaubwürdig durchblikken, daß sie das Angebot der englischen Königin, sie mit dem Earl of Leicester zu verheiraten, ernsthaft in Erwägung zöge. Zu gleicher Zeit bereitete Maria aber die Eheschließung mit Lord Darnley vor, dem Sohn des Earls of Lennox. Der Gedanke einer Verheiratung Maria Stuarts mit Leicester beruhte auf dem Kalkül, daß durch die Verbindung der katholischen Schottin mit einem protestantischen englischen Aristokraten die für England unglückliche Konstellation ausgeschaltet werden würde, in der ein katholischer König oder Prinz als Gemahl Marias die politisch-militärische Front gegen England verstärken könnte. Maria Stuarts Plan, eine Ehe mit Darnley einzugehen, beruhte auf einem eigenen Kalkül. Da sie selbst von den Tudors abstammte, würde sich eine Heirat mit Darnley verstärkend auf ihren Thronanspruch, mehr noch auf den eines gemeinsamen Kindes auswirken, da auch Darnley mit den Tudors blutsverwandt war. Darnley erhielt von Königin Elisabeth die Genehmigung, für drei Monate nach Schottland zu reisen. Zu dieser Zeit unterhielt die schottische Königin bereits enge Beziehungen zu ihrem Sekretär David Rizzio, der ihr politischer Berater und Liebhaber war. Die Heiratsüberlegungen mit Blick auf Maria Stuart wurden außerdem noch zusätzlich erschwert, weil die Königinmutter Katharina von Medici sich bei der englischen Königin für eine Verbindung Marias mit dem jugendlichen König Karl IX. von Frankreich eingesetzt hatte.

Darnley kam im Februar nach Edinburgh, während England in derselben Zeit die protestantischen Rebellen gegen Maria Stuart unterstützte. Die englische Königin versuchte zunächst, dieses Eingreifen als offiziöse Strategie herunterzuspielen. Sie wußte hingegen sehr wohl, daß ein Eingriff in die Souveränität Schottlands zugunsten ihrer dortigen protestantischen Glaubensgenossen Philipp II. mit gleichem Recht dazu bringen könnte, den englischen Katholiken massiv gegen Elisabeths Politik beizustehen. Elisabeths arrogante Haltung gegenüber den Schotten zeigte sich auch in ihrer schlechten Behandlung von James Earl of Murray, des illegitimen Bruders Maria Stuarts und Führers der protestantischen Partei der «Congregationalists». Damit schwächte die englische Königin ihr Ansehen bei den schottischen Rebellen in bedrohlicher Weise.

Im Blick auf die bevorstehende Heirat Maria Stuarts mit Lord Darnley traf die Zustimmung Spaniens ein, ohne daß klar war, ob Darnleys Monarchin, die Königin von England, ihm die Heiratserlaubnis erteilen würde. Es zeigte sich bald, daß Marias Wille in dieser Angelegenheit fest und unerschütterlich war, so daß für sie die zustimmenden Voten Philipps II. und des Herzogs von Alba wichtiger erschienen als irgendeine Meinung oder gar Rechtsposition der englischen Königin. Die vom englischen «Privy Council» noch rasch vorgeschlagenen alternativen Heiratskandidaten für die schottische Königin, Arundel, Norfolk und der Prinz von Condé, wurden von Maria überhaupt nicht mehr in Erwägung gezogen. Der schottische Adel unterschrieb die Befürwortung der Heirat ihrer Königin mit Lord Darnley, doch Marias Bruder, der Earl of Murray, verweigerte seine Unterschrift. Murray sah die Gefahr eines Bürgerkriegs in Schottland voraus und riet Maria, in ihrem politischen Aktivismus innezuhalten. Maria schlug diese Warnungen in den Wind und verlieh Darnley am 15. Mai 1565 den Titel eines Earl of Ross. Die Bereitstellung weiterer englischer Truppen in Berwick kam als Antwort auf Marias «Politik», und Bedford, der Kommandant von Berwick, empfahl dem «Privy Council» zur Unterstützung der englischen Mobilisierung die Verhaftung des katholischen Sympathisanten Marias, des Earl of Northumberland, bei gleichzeitiger Festsetzung von Lady Lennox (Darnleys Mutter) und sofortigen Maßnahmen gegen die englischen Katholiken. Die schottische Königin heiratete Darnley in erster Linie aus dynastischen Gründen. Kurz nach der Heirat brachen bereits ernsthafte Spannungen zwischen den Vermählten aus. Maria verlor schnell das Interesse an Darnley, gleichzeitig befestigte sich die Vertrauensstellung ihres Sekretärs und Musiklehrers David Rizzio.

Im Gegenzug zu Maria Stuarts Gunstbezeugungen gegenüber Rizzio schmiedete Darnley ein Komplott mit hochrangigen schottischen Adligen: Rizzio wurde in Gegenwart der Königin ermordet. Nach dieser Bluttat überredete Maria Stuart Darnley, sich von seinen Mitverschworenen loszusagen. Prinzipienlos und weich wie Darnley war, ging er auf den Vorschlag ein und übte Verrat an seinen Bundesgenossen, die nun verfolgt wurden. Um ihre Position zu stärken, entschloß sich die schottische Königin, Murray wieder in Gnaden aufzunehmen.

All diese dramatischen und turbulenten Ereignisse fielen in die Zeit von Maria Stuarts Schwangerschaft. Im Juli des Jahres 1566 wird der Sohn Maria Stuarts geboren, der spätere James VI. von Schottland. Die Geburt von James war für Maria Stuart zweifellos ein Sieg über Elisabeth. Für Elisabeth war die Geburt des Kronprinzen als Erleichterung und als Erschwernis zugleich zu verstehen: als Erleichterung insofern, da Elisabeth bei unlösbaren Schwierigkeiten mit Maria Stuart in der Frage der Thronfolge auf James «zurückgreifen» konnte, als Erschwernis aber deshalb, weil sich durch die Geburt von James der psychologische und politische Druck auf Elisabeth verstärkte, selbst zu heiraten und Kinder zu bekommen, die eine zweifelsfreie Thronfolge garantieren konnten. Elisabeths von «Heiratsphobie» geprägte Heiratspolitik weist sicher auf eine schwache Stelle dieser Frau auf dem Thron, die bislang wenig behandelt wurde. Ihre Haltung läßt sich aber ebensogut politisch begründen und als Beweis höchster Klugheit verstehen. Auch ihre Zeitgenossen haben das nicht alle erkannt und an den vermeintlich naheliegenden persönlichen Motiven festgehalten. Es verwundert daher nicht, daß Königin Elisabeth Patrick Adamson verfolgen ließ, der in einem aufrührerischen Buch James in einer Weise als Erbe des englischen Thrones pries, als ob der Thron schon vakant sei.[25] Wie genau Knox Maria Stuart durchschaut hatte, zeigte sich Ende 1565, als sie mit deutlichem Erfolg militärisch gegen die schottischen Protestanten vorging. Knox hatte Maria Stuart nämlich nicht geglaubt, als sie zu Beginn ihrer Herrschaft das Prinzip der allgemeinen religiösen Toleranz für Schottland verkündet hatte.

Darnley war isoliert, nachdem er alle Mitverschworenen verraten hatte; er sah seinen Untergang voraus, plante seine Flucht nach England, wurde aber vom französischen Botschafter «aufgehalten». Im November 1566 war das Verhältnis von Maria Stuart zu Darnley schon völlig getrübt. Dies beruhte nicht zuletzt auf seiner inkonsequenten Haltung, da er schwankte, ob er um Vergebung bitten oder seine Mitverschworenen denunzieren sollte.[26] Hinzu kam, daß Maria Stuart inzwischen eine Liebesbeziehung mit dem Earl of Bothwell eingegangen war. Nachdem die schottische Königin von einer schweren Krankheit genesen war, ließ sie ihren Sohn James in Stirling taufen. Obwohl Darnley sich im Palast aufhielt, nahm er an der Zeremonie nicht teil. Maria Stuart hatte sich mittlerweile an den Papst gewandt, um einen Scheidungsdispens zu erwirken, blieb aber erfolglos, da der Papst eine Versöhnung mit Darnley wünschte.[27] Auf Betreiben der Königin selbst hatten inzwischen Adlige wie Bothwell, Murray, Maitland und Huntly sich verschworen mit dem Ziel, Darnley zu beseitigen. Eine Scheidung nach schottischem kanonischem Recht wurde verworfen, weil die Königin die Legitimität ihres Sohnes James in keiner Weise beschädigen wollte. Das Geheimnis dieses Mordplans erreichte als Information den spanischen Botschafter De Silva, der seinen König Philipp II. pflichtschuldigst am 18. Januar 1567 davon unterrichtete.

Die Königin wußte, daß Darnley in Glasgow krank lag. Sie reiste mit Bothwell nach Callander, wo sie übernachteten, und begab sich dann nach Glasgow zu Darnley, während Bothwell in Richtung Edinburgh ritt. Darnley hatte von dem Mordplan Nachricht erhalten, ließ sich aber dennoch von Maria Stuart zu einer bevorstehenden Aussöhnung überreden. Die Königin hatte von den Verschwörern gegen ihren Gatten den Auftrag erhalten, Darnley nach Craigmillar zu bringen. Dort sollte der Mord zunächst stattfinden, doch Bothwell und seine Mitverschwörer ließen Maria Stuart wissen, sie möge Darnley nach Kirk o'Field bringen. Das Haus war inzwischen für König und Königin eingerichtet worden. Maria besuchte den rekonvaleszenten Darnley jeden Tag, begab sich aber abends nach Holyrood. So fand also eine scheinbare Versöhnung Marias und Darnleys in diesem einsamen Haus in Kirk o'Field vor den Toren Edinburghs statt. Es hat nie einen vernünftigen Grund gegeben, warum Darnley nicht nach Holyrood kommen konnte. Der einzige stichhaltige Grund war der Mordplan, denn man beabsichtigte, Darnley durch eine Pulverexplosion zu töten.

Am Abend des 9. Februar 1567 verließ Maria Stuart Darnley, um nach Holyrood House zurückzukehren. Sie sah ihn zum letzten Mal, denn am nächsten Tag um zwei Uhr morgens wurde das Haus Kirk o'Field in die Luft gesprengt. Man fand Darnleys Leiche im Garten. Es wurde allgemein angenommen, daß Bothwell zu Darnleys Mördern gehörte und daß die schottische Königin über dieses schreckliche Unterfangen unterrichtet gewesen war. Königin Elisabeth von England schrieb an Maria Stuart am 24. Februar 1567 einen sehr kritischen und deutlichen Brief, in dem sie zum Ausdruck brachte, daß sie glaube, die schottische Königin würde die Fahndung nach den Tätern allzu nachlässig betreiben. Elisabeth empfahl Maria Stuart ferner, den zu verurteilen, der ihr am nächsten stehe, den Earl of Bothwell. Mit dieser Vorgehensweise allein könne sie ihre Ehre retten. Elisabeth betont, daß Maria keine weisere Beraterin haben könne:[28] «Ich schreibe nicht so heftig aus Zweifeln, die ich habe, sondern aus Zuneigung, die ich besonders für Euch hege. Denn ich weiß genau, daß Ihr keinen weiseren Berater habt als mich. So ist es dies, wenn ich erinnere, daß unser Herr einen Judas aus zwölfen hatte, und ich sicher bin daß es niemanden gibt, der loyaler sein könnte als ich, biete ich Euch meine Zuneigung anstelle dieser Klugheit an.»[29]

Maria Stuart schlug Elisabeths Warnungen in den Wind und heiratete am 15. Mai 1567 den Earl of Bothwell nach protestantischem Ritus. Bothwell war gerade von seiner Frau geschieden worden – aber diese Scheidung machte die neue Verbindung in der Öffentlichkeit nicht unantastbarer. Inzwischen kam es zu Aufständen in Schottland wegen des Königsmörders Bothwell. Die englische Königin sah sich in dieser Situation gezwungen, in Schottland einzugreifen und schrieb am 23. Juni 1567 zunächst einen weiteren Brief an Maria Stuart. In diesem Brief spricht Elisabeth noch deutlicher Klartext als in dem vorangegangenen, wenn sie schreibt: «Madame, um schlicht mit Euch zu sprechen, Unser Kummer war nicht gering angesichts der Tatsache, daß in dieser Eurer Heirat so wenig Bedacht gelegen hat, so daß, wie Wir offensichtlich feststellen müssen, kein guter Freund von Euch in der ganzen Welt dies gutheißen kann, und Wir würden mit Euch Mißbrauch treiben, würden Wir anders schreiben. Denn wie konnte eine schlechtere Wahl für Eure Ehre getroffen werden als in solcher Hast einen Untertanen zu heiraten, der neben anderen und notorischen Mängeln der öffentlichen Meinung zufolge des Mordes an Eurem verstorbenen Ehegemahl verdächtig ist ...»[30]

Als Folge von Maria Stuarts verbrecherischer Politik aus Leidenschaft wurde sie von ihren Anhängern im Stich gelassen und stand als Königin ohne Land da. Bothwell wandte sich von ihr ab, um sich selbst vor Verfolgung in Sicherheit zu bringen: Er floh nach Dänemark. Die protestantischen schottischen Aufständischen setzten die Königin gefangen und brachten sie nach Edinburgh. Man bestürmte sie, sie möge sich von Bothwell scheiden lassen, doch sie verweigerte dieses Begehren. Daraufhin brachte man Maria Stuart als Gefangene in das Inselschloß von Loch Leven. Am 24. Juli 1567 wurde sie vom protestantischen Adel des Landes dazu gezwungen, zugunsten ihres einjährigen Sohnes James abzudanken. Fünf Tage später wurde James in Stirling als James VI. zum schottischen König gekrönt. Die Regentschaft übernahm Marias Halbbruder, James Earl of Murray. Die englische Königin verfolgte die Ereignisse in Schottland sehr genau und zeigte sich keineswegs einverstanden mit dem Vorgehen des schottischen Adels gegen Maria Stuart.

Es verwundert nicht, wenn in dem ereignisreichen Jahr, in dem James VI. geboren wurde, im englischen Parlament die Heirats- und die Thronfolgefrage zu einem Hauptthema der Debatten gemacht wurde. Das Parlament trat im Herbst 1566 zusammen, vor allem deshalb, weil die Kassen des Schatzamts wegen des militärischen Engagements in Frankreich und Irland leer waren. Ganz davon abgesehen, daß beide Häuser für eine Eheschließung der Königin eintraten, hegten sie unterschiedliche Auffassungen über die Thronfolge: Das puritanisch gesinnte Unterhaus favorisierte Lady Catherine Grey und ihre Nachkommen, das eher konservative Oberhaus Maria Stuart, obwohl die Lords Mißfallen an den Spannungen zwischen Maria und Darnley äußerten. Das Parlament monierte die schwankende Haltung Königin Elisabeths in diesen wichtigen nationalen Fragen. Die Debatte widerstrebte der Königin zutiefst. Im Unterhaus wurde sogar ein Junktim der Steuerbewilligung mit der Entscheidung der Königin in den Fragen Heirat und Thronfolge gefordert. Der Zorn Königin Elisabeths auf die Mitglieder des Unterhauses, aber auch auf die Lords, besonders die Bischöfe, war unverkennbar. In die Enge getrieben, versprach sie zu heiraten und nahm die Verhandlungen mit dem Kaiser hinsichtlich einer Eheschließung mit dem Erzherzog wieder auf, doch sie verwahrte sich gegen die Debatte dieser Fragen im Parlament, das eigens eine Adresse an die Königin ausgearbeitet hatte. Darin wurde die Regierungsweise Elisabeths gelobt, und das Parlament forderte einerseits die Heirat Elisabeths, andererseits verlangte es die Festlegung der Thronfolge, weil nur so Probleme bei etwaiger Kinderlosigkeit der Königin ausgeschaltet werden könnten. Die Parlamentarier begründeten dies auch mit der schweren Krankheit, die Elisabeth im Jahre 1562 überstanden hatte: Die geforderten Regelungen sollten als Vorsorge in Blick auf die Sicherheit und die Erhaltung der königlichen Person gelten; zugleich ginge es dabei um die Bewahrung der Reichskrone und des Reiches. Die Königin antwortete darauf sehr kühl: Zum einen seien diese Themen keine Angelegenheit öffentlicher Debatte, zum andern habe sie schon längst bewiesen, daß sie im Interesse der gesamten Nation handle. Elisabeth schalt die Mitglieder des Parlaments und warf ihnen politische Dummheit vor, da sie die strukturellen Schwachpunkte der Nation lautstark verkündeten und damit ihrem Land Schaden zufügten, ebenso mit ihrem Sicherheitsargument. Jede Festlegung der Thronfolge würde die Sicherheit des Landes schwächen. Dies war eine kluge Antwort einer weitsichtigen Monarchin, die weiter blicken konnte als ihr bester Minister. Daß Elisabeth auf alle Fälle ihre weibliche Würde und die Souveränität ihrer königlichen Stellung in gleicher Weise gewahrt wissen wollte, war keine Frage.[31] Sie hat sich öffentlich vor den höchsten Adligen Englands mit den oben genannten Argumenten über die Situation beklagt. Die «Commons» ließen in ihren Forderungen nicht nach und debattierten die Rechte und Freiheiten des Parlaments, nachdem die Königin ihnen die Fortführung der Debatte über Heirat und Thronfolge verboten hatte. Es läßt sich somit nicht leugnen, daß man von einer Regierungskrise Ende 1566 reden muß. Die Königin meisterte diese Krise mit einer Taktik, die sie in ihrer politischen Laufbahn oft anzuwenden wußte, nämlich dadurch, daß sie auf dem Höhepunkt des Konflikts mit den «Commons» ihre eigene Position zur rechten Zeit überdachte und umschwenkte. Sie kassierte das Debattenverbot und bestätigte auf diese Weise die Freiheiten des Parlaments. Obwohl sie nachgab, hatte sie zugleich ihre Interessen gewahrt. Es ist dann kaum erstaunlich, daß das Parlament zumindest in mancher Hinsicht mit für Elisabeth positivem Ergebnis schloß. Die «Commons» bewilligten großzügige Steuern für die Krone und verabschiedeten zudem die Bestätigung der Neununddreißig Artikel. Dennoch blieb die politische Situation für geraume Zeit schwierig: Elisabeths Heirat mit dem Erzherzog Karl hätte einen katholischen Fürsten in die Nähe des englischen Throns geführt. Das nicht parlamentarisch bestätigte, aber doch de facto ausgesprochene Thronfolgerecht Maria Stuarts ließ die englischen Katholiken auf eine neuerliche Wendung in der Religionsfrage hoffen; sie atmeten auf. In der Folge wurde die Gefahr einer Rekatholisierung daher von den Protestanten und Puritanern klar gesehen. Diese Tendenz sollte sich erst dann in ihr Gegenteil verkehren, als sich im Frühjahr 1567 herausstellte, wer an der Explosion eines Hauses am Rande von Edinburgh die Schuld trug. Es erscheint hiernach selbstverständlich, daß Königin Elisabeth in solch angespannten Zeiten all ihre Klugheit ebenso wie ihre anderen Stärken, nämlich flexible Reaktion und Umsicht, einsetzen mußte, um den politischen Anforderungen genügen zu können.

Nach zehnmonatiger Gefangenschaft in Loch Leven wagte Maria Stuart die Flucht nach England. Am 16. Mai 1568 landete sie in einem Fischerboot mit nur wenigen Getreuen in Workington und bat in England um Asyl. Damit sollte eine dauernde Gefahr auf Königin Elisabeth I. zukommen, welche die Brisanz der Rebellion im Norden und der Ridolfi-Verschwörung von 1569 für viele Jahre übertraf. Mit der Anwesenheit Maria Stuarts in England war der Brennpunkt aller anti-elisabethanischen Aktivitäten mitten im Lande angesiedelt, koordiniert über die Religions- und die Nachfolgefrage.

Maria Stuart war zunächst trotz ihrer Flucht nach England nicht ohne politische Hoffnungen. Während Elisabeth im selben Jahre eine gefährliche Krankheit zu überstehen hatte, war Maria dagegen höchst energisch und von ihrer Macht überzeugt: Sie genoß ein hohes Ansehen beim englischen Adel, aber auch im englischen Volk. Für jedermann, selbst für Sir William Cecil, war Maria Stuarts Thronfolgerecht unbestritten. Mit diesen Einschätzungen ging allerdings die Ahnung der Gefahr für die protestantische Kirche einher, zumal Maria ihre Kontakte zum katholischen Adel Englands stets aufrechterhalten hatte. Ihre Anwesenheit in England stellte ein revolutionäres Potential dar, hätte sie doch zweifellos durch einen kühnen Schlag den Thron erlangen können.

Königin Elisabeth konnte Maria Stuart nicht nach Schottland zurücksenden, da die Verbündeten Elisabeths dort das Regiment führten. Ebenso war eine Rückkehr nach Frankreich ausgeschlossen, weil Maria Stuart vom Kontinent aus eine massive Thronrechtspolitik zu eigenen Gunsten entfacht hätte. Also blieb sie in England. Nach G. M. Trevelyan drehte sich für lange Zeit «die Politik Englands um die Angeln der Gefängnistüren Marias». Die englische Königin schreckte vor einer blutigen Lösung des Problems um Maria Stuart zurück, weil ihr das göttliche Recht gesalbter Könige heilig war.

Im Folgejahr 1569 erfuhren die Königin von England und ihr «Privy Council» von den Plänen einer Heirat des Herzogs von Norfolk mit Maria Stuart. Gleichzeitig drang durch, daß sich eine Rebellion im katholischen Norden Englands zu formieren begann, unter der Mitwirkung der katholischen Lords in Verbindung mit Protestanten wie Sussex und Leicester. Norfolk stand nachweislich im Kontakt mit dem Herzog von Alba; es war darüber verhandelt worden, daß Alba eine Invasion Englands unternehmen sollte. Auch der Vatikan hatte hier seine Hände im Spiel, indem Pius V. den Protestanten Norfolk ermunterte, den Katholizismus in England wiederherzustellen. Für Königin Elisabeth erwies sich die Lage als äußerst gefährlich, wenn selbst Vertreter des Hochadels gegen die Krone vorgingen. Sie vertraute – auch angesichts der Faszinationskraft Maria Stuarts – der Treue ihres Volkes und der Mehrheit ihres Adels. Das «Privy Council» sah die Gefahr, daß im Falle des Todes von Elisabeth die Frage der Thronfolge mehr als brisant sein würde – und faktisch würde dann zwischen der Suffolk-Linie, also Lady Catherine Grey, und der schottischen Königin zu entscheiden sein.

Die nördliche Rebellion von 1569 war kein spontaner politischer Akt, sondern kann nur verstanden werden, betrachtet man auch die Vorgeschichte.[32] Sie ist verbunden mit dem Zerfall der noch unter Maria Tudor mächtigen aristokratischen katholischen Hofpartei, die einen letzten Versuch machte, diesen Prozeß aufzuhalten. Die Zunahme der Spannungen zwischen England und Spanien, die zum Ende der Entente beider Länder führten, bildete den Hintergrund für diese Entwicklung. Die Rebellen wollten die alte religiöse Ordnung im Norden wiederherstellen, wobei sie ihre Ziele nicht von denen Spaniens trennten, und Maria Stuart spielte dabei eine wichtige Rolle als rechtmäßige Kandidatin auf den englischen Thron. Politisch strebten die Rebellen danach, die Modernisierungstendenzen der Tudor-Monarchie rückgängig zu machen, nämlich Zentralismus, Institutionalisierung und Bürokratisierung, und so den Bedeutungsverlust des alten Hochadels aufzuhalten. Dabei galt Cecil den Rebellen als Verkörperung der zu bekämpfenden neuen Politik und Religion. Er war für sie ebenso Repräsentant der Emporkömmlinge als auch ketzerischer Protestant. Das Ziel der politischen Unzufriedenheit im Norden konzentrierte sich auf die Beseitigung Cecils aus dem Amt, verbunden mit der sich bald als Illusion erweisenden Hoffnung, daß Königin Elisabeth dann besser in die alten Pfade zurückgeführt werden könnte.

Das Verhältnis zu Spanien verschlechterte sich 1568, weil Elisabeth das Gold, das drei in südenglischen Häfen schutzsuchende spanische Schiffe transportiert hatten, an sich genommen hatte. Ein Bankier aus Genua hatte es als Darlehen an Herzog Alba gesandt, nun wurde es aber mit Zustimmung der Genuesen von der englischen Regierung selbst «geliehen». Der spanische Botschafter De Spes dramatisierte den Fall und veranlaßte Alba, alle englischen Schiffe in flandrischen Häfen zu kassieren, wobei er Leicester und Cecil als Kriegstreiber gegen Spanien beschuldigte. Nachdem Alba seine zu scharfe Reaktion erkannt hatte, versuchte er, einen Ausgleich mit England auszuhandeln. Die politische Situation wurde zu Anfang 1569 von Cecil in einem Memorandum zur Lage der Nation («A Short Memorial of the State of the Realm») zusammengefaßt. Hier erwähnte er die Religionskriege in den Niederlanden und in Frankreich, wobei er für die Gründung einer protestantischen Liga plädierte, aber auch die Notwendigkeit unterstrich, das protestantische Regime in Schottland aufrechtzuerhalten und stellte abschließend fest, daß Spanien und Frankreich zweifellos als Feinde anzusehen wären. Die spanische Politik gegen Elisabeth werde von De Spes repräsentiert, der für die Absetzung Elisabeths zugunsten Maria Stuarts arbeite. Aufgrund dieser Einschätzung der Sachlage wurde der spanische Botschafter isoliert. Die Freiheit seiner Kommunikation wurde beschnitten, die Post vom Geheimdienst abgefangen. Es stand außer Frage, daß sich De Spes im Kontakt mit Norfolk und Arundel befand, die ihm zur weiteren Kommunikation einen Geheimcode zukommen ließen. Die Rebellen hatten die Pläne zur Beseitigung Cecils Anfang 1569 geschmiedet und De Spes davon Mitteilung gemacht. Cecil versuchte mit Erfolg, das abgekühlte Verhältnis zu Norfolk, mit dem er in der Vergangenheit gut zusammengearbeitet hatte, in eine Versöhnung umzumünzen, so daß er nun einerseits mit den Rebellen, andererseits mit seiner Königin im ständigen Gespräch war. Leicester, dessen Haß auf Cecil ebenso bekannt war wie Cecils Mißtrauen gegen Leicester, konspirierte mit den Führern der nördlichen Rebellion gegen den Staatssekretär. Auch unterstellte man Cecil die Begünstigung der Suffolk-Linie in der Thronfolge. Die Königin entdeckte dieses Komplott gegen Cecil jedoch rechtzeitig und konnte es niederschlagen. Daß Norfolk und seine Mitstreiter Westmoreland, Northumberland, Pembroke und Arundel Cecil auch seine außenpolitischen Prioritäten vorwarfen, z.B. Hilfe für die niederländischen Protestanten und Unterstützung der Hugenotten, versteht sich von selbst. Leicesters Versuch, bei der Königin gegen Cecil vorzugehen, scheiterte kläglich. Auch gelang es Norfolk und Arundel aufgrund von Leicesters Interventionen nicht, ihren Erzfeind zu verhaften. Damit hatten die Rebellen ihr erstes Ziel verfehlt. Sie faßten darauf den Plan, Norfolk mit Maria Stuart zu verheiraten, um so ihre Ziele durchzusetzen.

Cecil stellte sich so, als begünstige er diesen Heiratsplan, hielt ihn aber vor Elisabeth geheim. Er besprach diesen auch von Leicester unterstützten Plan sogar mit dem Bischof von Ross, einem Vertrauten Maria Stuarts. Als Königin Elisabeth im Juli 1569 von dem Heiratsplan erfuhr, wagte sie zunächst nicht, offen dagegen vorzugehen, weil sie die militärische Stärke des Nordens nicht einzuschätzen vermochte. Norfolk zögerte, sich der Königin zu offenbaren, obwohl er von Cecil gedrängt wurde. Leicester versuchte dagegen mit allen Mitteln, Norfolk zurückzuhalten. Inzwischen war es klar, daß die englische Königin dieser Heirat nie zustimmen würde. Es kam zu einer scharfen Auseinandersetzung zwischen Norfolk und Elisabeth in dieser Sache – und dies führte zum Beginn der Rebellion. Elisabeth ließ die Bewachung Maria Stuarts verstärken und zog sich selbst in das sichere Windsor Castle zurück. Auf ihren Befehl erschien Norfolk bei Hofe, setzte sich aber unerlaubt ab und wurde wieder geladen. Als er in London eintraf, führte man ihn sofort in den Tower. Norfolk und Leicester waren in Ungnade gefallen. Letzterer vermied eine Bestrafung, indem er ein umfassendes Geständnis ablegte. Was hier eigentlich auf dem Spiel stand, hat Cecil klar in seinem Brief an die Königin vom 16. Oktober 1569 formuliert: «Ich bin so kühn, meine Ansicht so darzulegen: Die Königin von Schottland ist und wird immer für Euren Staat eine gefährliche Person sein. Doch es gibt unterschiedliche Grade der Gefahr. Wenn Ihr heiraten würdet, wäre sie geringer; wenn Ihr es nicht tut, wird sie zunehmen. Wenn Ihre Person unter Kuratel gestellt wird, hier oder in Schottland, wird die Gefahr geringer sein, wenn sie frei ist, größer. Wenn sie nach dem Recht nicht heiraten kann, solange Bothwell lebt, ist die Gefahr geringer, wenn sie frei ist zu heiraten, größer. Wenn sie an der Ermordung ihres Gatten für schuldig befunden wird, wird sie eine weniger gefährliche Person sein, wenn man dies in Stillschweigen übergeht, wird die Scharte des Mordes sich glätten und die Gefahr größer werden.»[33]

Somit kam die nördliche Rebellion in Gang. Der im Tower gefangengesetzte Norfolk schickte seinen Verbündeten den Befehl, jeden Aufstand zu unterlassen, weil er um seinen Kopf fürchtete. Doch unter Westmoreland war es bereits zum Truppenaufgebot gekommen. Nach kurzer Zeit versiegte die Unterstützung aus den nördlichen Gebieten, so daß es den Rebellen nicht mehr gelingen konnte, York einzunehmen. Die einzige Chance, die den Rebellen noch blieb, war es, Maria Stuart aus Tutbury zu befreien, doch hatte man sie eilig an einen anderen Ort gebracht. Westmoreland floh in die Niederlande; seine Güter wurden von der Krone eingezogen. Norfolk wurde im Jahre 1572 hingerichtet.

Die Effektivität, mit der die Regierung die Rebellion im Norden niederzuschlagen vermochte, verdeutlicht, daß – entgegen katholischer und päpstlicher Einschätzung – die Mehrheit der Nation hinter Elisabeth stand. Dies traf auch für die meisten Katholiken zu. Die regierende Königin hatte offenbar die Gabe zu herrschen, ohne ihren Untertanen die Lebensmöglichkeiten oder gar die persönliche Entfaltung über Gebühr zu beschneiden. Nach der Niederschlagung der Rebellion im Norden wurde das «Council of the North» reorganisiert. Das Ziel der Reform bestand darin, Yorkshire, Durham, Northumberland, Cumberland und Westmoreland unter die juridische Kontrolle des Council zu stellen. Außerdem ging die Krone dazu über, die Councils in den Grenzmarschen mit königstreuen Aristokraten aus den südlichen Kernlanden zu besetzen.

Mit Bekanntwerden der Rebellion im Norden verbreiteten sich in England antikatholische Ängste in der Bevölkerung. Diese Ängste verstärkten sich noch deutlich, als Cecil die ausgeklügelte Ridolfi-Verschwörung aufdeckte. Diesen Entwicklungen war eine Verschlechterung des Verhältnisses zwischen England und Spanien vorangegangen, ja das Ende der Entente.[34] Schon 1567 war der Herzog von Alba in die spanischen Niederlande einmarschiert, um die Rebellen in Schach zu halten. Etwa zeitgleich hatte man den englischen Botschafter in Madrid des Landes verwiesen, weil er den Papst als «scheinheiligen kleinen Mönch» bezeichnet hatte. Auch der Zusammenbruch der englischen Heiratsverhandlungen mit dem Hause Österreich wirkte sich ungünstig aus. Die Engländer antworteten auf diese Entwicklung mit einer gegen Spanien gerichteten Kaper-Strategie.[35]

Die Ridolfi-Verschwörung war, trotz mancher berechtigter Kritik am Namensgeber, ein «erstklassiges Komplott».[36] Ridolfi war ein Florentiner, eigentlich ein kosmopolitischer Finanzier, der seine Geschäfte in London betrieb. Er plante in Verbindung mit den katholischen Mächten des Kontinents, daß diese sich mit den aufbegehrenden englischen Katholiken vereinen sollten, um die Regierung Elisabeths I. zu stürzen. Mindestens 6000 spanische Soldaten aus den Niederlanden sollten vom Herzog von Alba zu einer Invasion in England abkommandiert werden. Nach der Landung in Harwich sollte Königin Elisabeth abgesetzt und Maria Stuart zur Königin von England erhoben werden. Die spanische Landung war natürlich auch als Signal für die unzufriedenen englischen Katholiken gedacht, sich im Sinne der Bulle des Papstes zu bewaffnen und sich den Spaniern anzuschließen. Für die Interessen der katholischen Nationen und des Papstes war es günstig, daß der kleine Hof der Maria Stuart nach ihrer Flucht nach England als Zentrum für alle Verschwörungen gegen Krone und Regierung fungierte. Daher war dieser Knotenpunkt für Informationen eine interessante Quelle für Walsinghams Geheimdienst, mindestens so lange, bis die Gefahr, die von Marias Hof ausging, den Nutzen überstieg und die englische Regierung eine härtere Gangart einschlug. Die Ridolfi-Verschwörung läßt sich als Ergänzung der Rebellion im Norden begreifen, denn hier wirkten Maria Stuart, Norfolk, der Bischof von Ross, der Namensgeber Roberti di Ridolfi, Philipp II. und der Papst zusammen. Maria Stuart war eine der ersten, die das Komplott unterstützte, nachdem sie sich beim Papst rückversichert hatte. Der einzige scharfblickende, realistische Kritiker Ridolfis war der Herzog von Alba, der Philipp II. vor den Phantastereien des Italieners warnte. Alba erkannte die negativen Auswirkungen des Komplotts auf Spaniens Nordeuropa- und Mittelmeerpolitik. Er lehnte das

Unternehmen rundweg ab, fürchtete auch die Intensivierung der Beziehungen zwischen England und Frankreich im Sinne einer antispanischen Allianz. Alba hegte keinerlei Zweifel an den Folgen eines Fehlschlags: Die katholische Sache in England würde ganz niedergeschlagen oder doch stark geschwächt, Maria Stuart würde sicher mit ihrem Leben zahlen müssen. Die prophetischen Worte Albas sollten sich nicht so schnell erfüllen, doch der Herzog von Norfolk, der 1570 aus dem Tower entlassen worden war, wurde als Mitwirkender der Ridolfi-Verschwörung enttarnt, verhaftet, vor Gericht gestellt und des Hochverrats überführt, worauf unweigerlich die Todesstrafe stand.

Die Folgen der Ridolfi-Verschwörung waren für Maria Stuart mehr als ungünstig. Königin Elisabeth lehnte es hinfort entschieden ab, Maria Stuart als Königin von Schottland wiedereinzusetzen. Dies bezog sich auf ihre Alleinherrschaft ebenso wie auf eine gemeinsame Regierung zusammen mit ihrem Sohn James. Elisabeth beschloß, ihre Feindin niemals mehr auf freien Fuß zu setzen. Nach Elisabeths Thronbesteigung gab es eine ganze Reihe hoher Kleriker in Rom, die ein rigides Vorgehen gegen die englische Königin, wie es schon von Pius IV. geplant wurde, in keiner Weise guthießen. Pius IV. schickte, wie bereits erwähnt, einen Gesandten zu Elisabeth mit der Bitte, England möge Botschafter zum Konzil von Trient entsenden, was die englische Königin kurz und bündig mit einem Einreiseverbot für den päpstlichen Gesandten beantwortete. Schon in dieser Zeit nahmen katholische Propagandisten ihre Arbeit in England auf; sie wirkten dabei zumeist im Verborgenen. Die ersten verschärften Gesetze gegen die Katholiken wurden im Jahre 1562 verabschiedet. Demzufolge war der Suprematseid für alle weltlichen und geistlichen Amtsträger Englands verbindlich. Rigide Konsequenzen waren von all denjenigen zu gewärtigen, welche dem Gesetz nicht Folge leisteten. Es ist immer wieder betont worden, daß dieses Gesetz wie auch die nachfolgenden Gesetze gegen die Katholiken mit zu den Auslösern der Rebellion im Norden gehörten.

Papst Pius V. hatte diese Rebellion im Norden massiv unterstützt. Die von ihm 1570 gegen Elisabeth erlassene Bulle «Regnans in Excelsis»[37] war als wirkungsvolle Maßnahme gedacht, dem Aufstand eine kirchenrechtliche Grundlage zu verschaffen, beinhaltete sie doch die Exkommunikation und Absetzung der englischen Königin und versetzte Elisabeth zugleich in den Stand eines Bastards zurück. Damit waren alle Untertanen des Treueids gegenüber der Königin enthoben. Politisch gesehen, bedeutete die Bulle die Aufhebung der Elisabethanischen Religions- und Kirchenpolitik mitsamt der Verdammung ihrer Urheberin. Wenn der Papst in seiner Bulle den Hochverrat zum notwendigen Teil der religiösen Pflichten jedes englischen Katholiken bestimmte, so kam dies einer radikalen Kriegserklärung an Elisabeth gleich. Erst jetzt hatten die Katholiken mit unerbittlichen, gesetzlich verankerten Gegenschlägen der englischen Königin und ihrer Regierung zu rechnen.

Die Bulle des Papstes wirkte sich demzufolge gerade für diejenigen verderblich aus, die er unterstützen wollte: die englischen Katholiken. Sie basierte auf dem keinesfalls in ganz Europa anerkannten Grundsatz, daß der Papst das Recht habe, Könige wegen ihrer Verbrechen gegen die Kirche abzusetzen. Keine protestantische Staatslehre hätte dies akzeptiert. Ein John Felton heftete die Bulle des Papstes an die Tore des Palasts des Bischofs von London. Er wurde gefaßt und umgehend hingerichtet. Die Regierung ging nun, unter Berufung auf ein Gesetz von 1571 gegen all diejenigen massiv vor, die Verlautbarungen des Papstes, nicht nur Bullen, verbreiteten oder geweihte Devotionalien nach England brachten. In dem Gesetz wurde mit Blick auf die Anhänger Maria Stuarts festgelegt, daß jeder sich des Hochverrats schuldig mache, der behaupte, nicht Elisabeth sollte die Krone tragen. Wichtig bleibt, sich stets wieder vor Augen zu führen, daß in den ersten zehn Jahren der Regierung Königin Elisabeths keine systematische oder aktive Verfolgung der Katholiken betrieben wurde. Krone und Regierung nahmen erst dann eine verschärfte Haltung gegenüber den Katholiken ein, als die Entfernung Königin Elisabeths vom Thron oder ihre Ermordung propagiert wurde. Solche aufrührerischen Reden verdeutlichten die politischen Zusammenhänge zwischen der Rebellion im Norden und den Thronambitionen Maria Stuarts. In diesen Kontext gehört auch die nach Zeitpunkt und politischer Situation ideal plazierte Bulle des Papstes. Die Tatsache, daß sich die Königin der Schotten nach ihrer Flucht in England aufhielt, entfachte die Phantasie aller Gegner Elisabeths. Als dann in den achtziger Jahren die subversive Aktivität der Jesuiten in England ruchbar wurde und die Verfolgung auf sich zog, steuerte die gesamte Politik bereits auf den kriegerischen Konflikt mit Spanien hin.

Die Debatten des im Frühjahr 1571 einberufenen Parlaments hatten verschiedene Themen zum Gegenstand, deren innerer Zusammenhang unbestreitbar ist. Das Thema der Religion war durch die überwundene Rebellion im Norden vorgegeben, in die der Herzog von Norfolk ebenso verwickelt war wie Maria Stuart. So befaßte sich das Parlament mit der Anklage der Rebellenführer, mit der Bewilligung von Steuern zur Finanzierung der Niederschlagung des Aufstands, aber auch mit Überlegungen, wie angesichts der Gefahren, die von Gegnern der Königin vom Zuschnitt Norfolks und Maria Stuarts ausgingen, die nationale Sicherheit erhöht werden könne. Bevor die Ridolfi-Verschwörung aufgedeckt worden war, hatte Thomas Norton dem Parlament bereits vorgeschlagen, Maria Stuart das Recht auf ihren Thronanspruch per Gesetz abzusprechen.

Das nächste Parlament fand im Jahre 1572 – nach der Ridolfi-Verschwörung – statt. Der Sprecher des Unterhauses griff schon in seiner Eröffnungsrede die Immunität Maria Stuarts als Königin an. Das Parlament war einhellig bestrebt, sowohl Maria Stuart als auch dem Herzog von Norfolk den Hochverratsprozeß zu machen, der erwartungsgemäß mit einem Todesurteil enden würde. Für das Parlament stand fest, daß der Herzog von Norfolk durch seine Beteiligung an der Verschwörung zum Verräter geworden war. Da sich die englische Königin sehr vorsichtig im Blick auf Hinrichtungen politischer Gegner verhielt, vor allem wenn es sich um Personen königlichen Geblüts oder um Mitglieder des Hochadels handelte, sah das Parlament nur die Möglichkeit, eine Lösung durch die Arbeit eines gemeinsamen Ausschusses von Mitgliedern des Unter- und Oberhauses zu finden. Vor allem gegen Norfolk wurde argumentiert, er habe durch seinen Hochverrat jedes Vertrauen verspielt und müsse daher als Staatsfeind der Nation zum Tode verurteilt werden. Im gleichen Atemzug wurde behauptet, daß Norfolk und Maria Stuart beide des Hochverrats schuldig seien. Damit wurde Norfolks Verurteilung und Hinrichtung als rechtmäßig anerkannt und in demselben Sinne als rechtmäßig für Maria Stuart gefordert. Inzwischen hatte der französische König Karl IX. bemerkt, Maria Stuart sei eine notorische Unruhestifterin und man müsse davon ausgehen, daß ihre Hinrichtung auch für Frankreich außenpolitisch von Vorteil sei. Es bestünde durchaus die Gefahr, daß Maria Stuart, würde sie denn nach erfolgreichem Putsch den englischen Thron besteigen, sich mit Spanien gegen Frankreich verbinden könnte. Der Parlamentsausschuß sah für die Lösung des Problems um Maria Stuart zwei Möglichkeiten: Man konnte Maria Stuart wegen Hochverrat anklagen oder ihr das Thronfolgerecht absprechen, oder man konnte vorab sicherstellen, daß ihr, sollte es zu neuen Anschlägen auf Königin Elisabeth kommen, der Hochverratsprozeß gemacht würde. Das Parlament votierte für die erste Möglichkeit, doch die Königin wollte sich nur der zweiten anschließen. Das Parlament ließ sich nicht von Elisabeth umstimmen, so daß sie sich auf ihre Weise gegen die beiden Häuser stellte. Als das Parlament Maria Stuart das Thronfolgerecht per Beschluß genommen hatte, verweigerte Elisabeth ihre königliche Zustimmung (*royal assent*), die einem Beschluß erst Gesetzeskraft verleiht. Um das Parlament nicht völlig gegen sich aufzubringen, ließ sich die Königin – auf äußersten Druck hin – dazu bewegen, das Todesurteil für Norfolk zu unterschreiben, der dann 1572 hingerichtet wurde. Für manche radikalen Zeitgenossen galt Norfolk jedoch nur als Sündenbock, stellvertretend verurteilt für die Königin von Schottland, die zumindest zu dieser Zeit noch ganz im Schutz der englischen Königin stand.[38]

### *England und der Kontinent*

Im Jahre 1572 zeichnete sich in der englischen Außenpolitik ein gewandeltes Verhältnis zum europäischen Festland ab. Die politische Krise in Frankreich wurde nach dem Tode Heinrichs II. offensichtlich, als seine halbwüchsigen Brüder nacheinander den Thron bestiegen, angeleitet von der Königin Mutter Katharina von Medici. Als Maria Stuart schließlich im Jahre 1568 in England landete, brach in Frankreich der Bürgerkrieg aus – und auch in den Niederlanden standen die Zeichen auf Sturm, weil die niederländische Rebellion gegen die religiöse Unterdrückung durch die Spanier nicht mehr aufzuhalten war. Protestantische Flüchtlinge aus den Niederlanden flohen ins Ausland, vor allem auch nach England, das aus der Zuwanderung von kompetenten Handwerkern und Geschäftsleuten Nutzen zog. Die englische Regierung achtete bei all diesen Entwicklungen darauf, daß das Gleichgewicht der Mächte in Europa erhalten blieb. So trat etwa Sir William Cecil, der Erste Sekretär der englischen Königin, früh dafür ein, daß England den Hugenotten und den aufständischen Niederländern Hilfe leistete.[39]

In dem Jahr, in dem das englische Parlament über das Schicksal Maria Stuarts debattierte und die Hinrichtung des Herzogs von Norfolk wegen seiner Beteiligung an der Rebellion im Norden stattfand, also 1572, wurde der Vertrag von Blois abgeschlossen, ein Nichtangriffspakt zwischen England und Frankreich, durch den Elisabeths Engagement für die protestantischen niederländischen Aufständischen gegen den Herzog von Alba gestützt wurde. Elisabeth gestattete den nach England geflohenen Holländern die Ausreise, damit sie gegen Alba kämpfen konnten. In der anti-spanischen Politik Englands gegenüber den Niederlanden vereinigten sich verschiedene Interessen: Auf der einen Seite begünstigten die Engländer die niederländische Unabhängigkeit, auf der anderen Seite ging es ihnen darum, ihren Handel mit dem Kontinent zu sichern, der über die Niederlande abgewickelt wurde. England war nicht an einer Ausweitung Frankreichs in Richtung der Niederlande interessiert und verhinderte deshalb Bestrebungen der Hugenotten, nach Flandern vorzudringen.

### *Frankreich, die Guise und die Bartholomäusnacht*

In Frankreich kam es in den sechziger Jahren des 16. Jahrhunderts zum Stagnieren der Hugenottenbewegung, es bildeten sich keine neuen Gemeinden mehr.[40] Auf der Gegenseite erstarkten auch in Frankreich die Vertreter der und Vorkämpfer für die Gegenreformation. Bereits die Guise hatten Katharina von Medici die Ausrottung der Ketzerei angeraten. Man forderte Rache für Franz von Guise. Anschläge auf die Hugenottenführer Coligny und Condé waren ein deutliches Zeichen für die verschärfte religiöse Auseinandersetzung in Frankreich zwischen Katholiken und Protestanten. Nach dem Friedensschluß von 1568 kam es rasch zur Aufhebung des Toleranzedikts und damit zum Verbot protestantischer Gottesdienste unter Androhung der Todesstrafe. Coligny konnte 1570 das letzte Mal in Frankreich einen Religionsfrieden herbeiführen. Er zielte auf eine Allianz gegen die spanische Vorherrschaft, auch im Hinblick auf eine Allianz mit England, das ohnehin schon die Hugenotten unterstützt hatte. Unterdessen führten die Furcht vor Spanien und der Haß auf den Einfluß Colignys Katharina von Medici dazu, der Guise-Partei Gehör zu schenken, nun endlich gegen die Hugenotten vorzugehen.

Die Gelegenheit zum Angriff auf die Hugenotten wurde in der Nacht vor dem Bartholomäustag (Bartholomäusnacht vom 23. auf den 24. August) 1572 ergriffen, und zwar im Gefolge der Hochzeitsfeierlichkeiten in Paris zur Vermählung Heinrichs von Navarra mit der Königstochter Margarete. Ein Mordanschlag auf Coligny schlug fehl, so daß er den jungen König vor den spanischen Agenten Katharinas warnen konnte. Der hugenottische Adel strömte zur Verteidigung der eigenen Sache nach Paris – da beschloß die katholische Partei einen Massenmord an den Hugenotten. Es kam nicht nur in Paris zu einer tagelangen systematischen Mordaktion, deren Scheußlichkeiten immer wieder beschrieben worden sind, und bei der Tausende von Hugenotten starben – man hat von zwölf- bis zwanzigtausend Opfern gesprochen. Französische Gerichte sanktionierten die Ausschreitungen; Papst Gregor XIII., dem man den Kopf Colignys zuschickte, ließ den 24. August 1572 durch Gedenkmünzen und ein Gemälde Vasaris verherrlichen.[41]

Die protestantische Reaktion in Europa auf die Greuel in Frankreich war von Entsetzen gekennzeichnet und in der politischen Beurteilung so eindeutig wie radikal. Die Monarchomachen wie Hotman, die sich zum Revolutionsrecht bekannten, auch zum Recht der Absetzung von Königen,[42] forderten die Religionsfreiheit für die Protestanten. Hugenottische Flüchtlinge eilten in die protestantischen Länder, so auch nach England.

Als Edwin Sandys, der Bischof von London, von diesem Massaker in London hörte, brachte er die Gefühle der meisten Engländer unmittelbar zum Ausdruck, als er dem «Privy Council» empfahl, der Königin von Schottland umgehend «den Kopf abzuschneiden».[43] Andere Bischöfe forderten in Briefen an Burleigh, daß allen Katholiken in England unmittelbar alle Waffen abgenommen werden sollten. Die englische Küste wurde umgehend in Verteidigungsbereitschaft gebracht, und die Schiffe der englischen Kriegsmarine erhielten Befehl, in den Kanal zu segeln. Der französische Botschafter wurde am englischen Hofe auf Distanz gehalten, obwohl die Königin keinen Bruch mit Frankreich herbeiführte.

Die Wahrnehmung der Massaker in Frankreich durch Königin Elisabeth sowie die Beurteilung derselben wird deutlich in dem Brief vom 19. Dezember 1572 an den englischen Botschafter in Paris, Sir Francis Walsingham. Elisabeth hob hier die verbrecherischen Handlungen hervor, die vom französischen König und seinem Hof sanktioniert wurden.⁴⁴ Walsingham konnte nicht in Erfahrung bringen, was das «Privy Council» in London mit Blick auf die Frankreichpolitik beschlossen hatte. Der König von Frankreich wirkte beschwichtigend und die englische Königin entschloß sich, in ihrer Frankreichpolitik große Vorsicht walten zu lassen.

Es blieb nicht aus, daß protestantische Gruppen in London sich angesichts der Greuel in Paris versammelten, wobei die Stimmung gegen die Katholiken immer bedrohlicher wurde. Als Cecil Anfang September nach London kam, tat er alles, um eine Beruhigung der Atmosphäre zu bewirken. Er war über den «allgemeinen Mord» in Frankreich zutiefst entsetzt und schrieb dem Earl of Shrewsbury, daß der Staatsrat darüber verhandle, wie ein Übergreifen solchen Terrors auf England vermieden werden könne.⁴⁵

Die Entwicklung Frankreichs nach der Bartholomäusnacht führte nicht zum Ende des Bürgerkriegs, sondern zu immer neuen Glaubenskämpfen, Parteibildungen, Kämpfen zwischen der Krone und der Guise-Partei, den Hugenotten und Katholiken verschiedenster Gruppierungen, bis sich die Guise-Partei am Ende der siebziger Jahre unter Heinrich von Guise gegen König Heinrich III. durchsetzen konnte, so daß die Protestanten in die Südprovinzen abgedrängt wurden. Die Streitigkeiten um die Krone Frankreichs endeten schließlich nach der Ermordung der Guise und dem Tod des letzten Valois mit der Thronbesteigung Heinrichs von Navarra als Heinrich IV.

### Der Freiheitskampf der Niederlande

Wenn es überhaupt einen Grundsatz der englischen Königin für ihre Politik gegeben hat, so diesen, daß die englische Souveränität und Macht mit allen Mitteln gesichert werden müsse. Daraus folgte, daß alle Bewegungen und Veränderungen der europäischen Politik von Elisabeth und ihrem «Privy Council» mit Argusaugen beobachtet wurden. Auch wenn sich Elisabeth nicht für die Idee des protestantischen «Kreuzzugs» gegen die katholischen Mächte erwärmen ließ, wie sie z.B. von Protestanten des Kontinents entwickelt wurde, so hat sie dennoch immer wieder in die Auseinandersetzung zwischen protestantischen und katholischen Parteien eingegriffen, allerdings nach Maßgabe ihrer politischen Grundsätze.⁴⁶

Die Beziehungen Englands zu den von habsburgischen Fürsten

regierten Staaten verschlechterten sich seit Ende der sechziger Jahre. Philipp II. war im Jahre 1559 aus den Niederlanden nach Spanien zurückgekehrt. Somit ergab sich für Elisabeth die Notwendigkeit, einen Botschafter an den spanischen Hof nach Madrid zu entsenden, um den Kontakt mit Spanien aufrechterhalten zu können. Der empfindlichste Punkt Englands in den Beziehungen zu Spanien betraf den Tuchhandel, der über Flandern (Antwerpen) lief. Dieser Handel war ohne die 400 Schiffe der «Merchant Adventurers» nicht denkbar, denn sie bildeten mit ihren 25 000 Seeleuten und Soldaten den Kern des englischen Handelspotentials. Zwei Drittel des englischen Gesamtexports der Zeit wurden über Antwerpen abgewickelt.[47] Bereits Anfang der sechziger Jahre war es aufgrund spanischer Stapel- und Handelsverbote für die Engländer zu gravierenden Handelshemmnissen für den englischen Tuchexport gekommen, so daß Emden als neuer Stapelort eingerichtet werden mußte. Im Sommer 1561 hatte Wilhelm von Oranien in einem Brief dem spanischen König die Spannungen im niederländischen Adel geschildert und ebenso den Wunsch der Niederländer nach mehr Freiheit von den absolutistischen Zentralisationsbestrebungen Spaniens. Es gab keinen Zweifel daran, daß Philipp II. die Potentiale der niederländischen Provinzen für die spanische Gesamtpolitik benutzen wollte, was den Interessen der «Generalstaaten» zuwiderlief.

Da sich der Widerstand der Niederländer gegen die Spanier im Laufe des Ablösungsprozesses sowohl politisch wie religiös artikulierte, ist es von einiger Bedeutung, daß protestantische Lehren schon in den zwanziger und dreißiger Jahren in die Niederlande vordrangen. Rasch entwickelte sich ein differenzierter Protestantismus, der sowohl Lutheraner, als auch revolutionäre und «stille» Täufer (Mennoniten) und vor allem nach 1545 Calvinisten und Anhänger Zwinglis umfaßte. Ab 1560 nahmen die Calvinisten eine führende Position ein. Die Prediger etwa aus den west-flandrischen Gemeinden[48] kamen aus dem Umkreis der protestantischen holländischen Flüchtlingskirchen in London und Sandwich.

1564 kam es zu Unruhen, weil der holländische Adel unter dem zu dieser Zeit noch katholischen Wilhelm von Oranien[49] und dem Grafen Egmont mehr Macht und Einfluß im Sinne eines ständischen, nicht mehr königlich begründeten Regiments gewinnen wollte. Die Bürger strebten nach religiöser Toleranz im Sinne der Maxime: «die Niederlande den Niederländern». Vor allem die von den Spaniern durchgeführten «Ketzer»-Hinrichtungen führten zum Aufbegehren des holländischen Volkes, das sich verschiedenen protestantischen Glaubensrichtungen angeschlossen hatte und durch die Neigung zu regionalen Synoden Ideen über republikanische Verfahrensweisen in der Politik ventilierte. Die Hauptkritik der Bürger an der spanischen Herrschaft bezog sich allerdings auf die Steuerlasten, die Philipp II., der sich ständig in finanziellen Schwierigkeiten befand, regelmäßig durch seine Generalstatthalter in den Niederlanden einzuziehen pflegte.

Die Spannungen in den Niederlanden erwiesen sich für den nationalen, aber auch für den internationalen Handel als abträglich. Für England wurde der Handel über Antwerpen erst 1565 wieder möglich. In derselben Zeit verstärkte sich in den Niederlanden eine radikale protestantische Bewegung, die sich gegen die spanische Herrschaft richtete. Nachdem der spanische König Ende 1565 das Reformbegehren von Oranien, Horn und Egmont abgelehnt hatte, was unmittelbar zur Verschärfung des Ketzeredikts führte, sah er sich 1566 veranlaßt, den Herzog von Alba zur Unterwerfung der Rebellen mit einem starken Heer in die Niederlande zu entsenden. Im selben Jahr 1566 war in den Provinzen der Bildersturm ausgebrochen, der sich zu einem allgemeinen Aufruhr steigerte, woraus sich letztlich die offene Revolution entwickelte. Der niederländische Hochadel verhielt sich passiv und unterstützte die General-Statthalterin Margarete von Parma nicht. Protestantische Rebellen kritisierten die niederländische Aristokratie, wohingegen der niedere Adel den Aufstand unterstützte. In den Wirren standen Katholiken und lutherische Bürger gegen die Rebellen, während die Calvinisten sich mit dem Aufstand identifizierten. Der Herzog von Alba hat die Situation allein mit militärischer Macht und Ketzerhinrichtungen klären wollen, so daß Gerhard Ritter vom «Regiment des blutigen Terrors»[50] gesprochen hat. Angesichts der Massenhinrichtungen und Verfolgung der Protestanten flohen viele protestantische Niederländer in das deutsche Rheinland. Gleichzeitig etablierte sich ein Netz geheimer Verschwörer-Gruppen gegen die Spanier im ganzen Land. Wilhelm von Oranien sah keine Möglichkeit, dieser Situation noch Herr zu werden, und floh 1567 aus den Niederlanden, so daß es bis 1572 zu einer «Pause der Revolution» kam.[51]

England stellte sich zunächst gegen die Rebellen, behielt diese Position aber nicht bei, da Albas Armee als potentielle Invasionsarmee erkannt wurde. Englische Befürchtungen in diese Richtung beruhten nicht auf Phantasterei, sondern besaßen durchaus eine reale Basis in den außenpolitischen Plänen der spanischen Regierung, die zudem maßgeblich an der Bildung der Katholischen Liga (1566) beteiligt war, zusammen mit Frankreich und dem Papst.

1568 wurde Albas Versorgung durch den protestantischen Kurfürsten von der Pfalz behindert. Daraufhin beschlossen die Spanier, einen direkten Transport von Nachschub und Geld für Alba über See von Santander aus durchzuführen. Die spanischen Schiffe gerieten jedoch in Seenot und mußten in Cornwall Schutz suchen. Es erging eine Bitte an die englische Königin, den Schutz zu garantieren. Daran schloß sich ein politisches Hin und Her an, das letztlich dunkle Wolken über das Verhältnis zwischen England und Spanien ziehen ließ. Nach einer Notiz Cecils vom Januar 1569 wurden die spanischen Schiffe zunächst durch die Royal Navy unter dem Kommando Admiral Winters geschützt. Sobald Winter jedoch seine Schiffe abzog, bemächtigten sich der Vize-Admiral und der Kapitän der Isle of Wight des spanischen Schatzes. Obwohl das Geld erwiesenermaßen Bankiers aus Genua gehörte, eignete die Königin es sich an. Daraufhin wurde Alba angewiesen, alle englischen Schiffe in den Häfen der Niederlande und Spaniens festzusetzen. Als die englische Regierung von Albas Aktion erfuhr, befahl sie ihrerseits, aller spanischen und flämischen Schiffe in englischen Häfen zu konfiszieren.

Der spanische Botschafter De Spes, der formal Königin Elisabeth der Freundschaft Philipps II. versicherte, tat alles, um auf der britischen Insel Widerstand gegen die englische Königin zu formieren: Er spann Intrigen mit Northumberland und Maria Stuart und empfing deren geheimen Abgesandten, den Bischof von Ross. De Spes ging sogar soweit, ein Dokument zu entwerfen, nach dem sich die englische Königin der katholischen Religion unterwerfen sollte, als ersten Schritt zur Wiedereinführung des Katholizismus in England.[52]

Die Niederlande, in denen sich schon seit längerer Zeit Unwille über die spanische Herrschaft verbreitet hatte, revoltierten im Jahre 1572 offen gegen die Spanier. Die Rebellion ging von protestantischen holländischen Flüchtlingen aus, die den Hafen von Den Briel einnahmen. Der größere Teil der niederländischen Provinzen lehnte daraufhin die spanische Herrschaft ab. Die Rebellen vertrieben die Spanier in wenigen Wochen aus Holland und Seeland. Die Stände von Holland und Seeland hielten 1572 Versammlungen ab, die in einer Revolution mündeten. Wilhelm von Oranien wurde zum Statthalter von Holland und Seeland ernannt. Ein Jahr später trat er zum Calvinismus über.

Nachdem sie zunächst abgewartet und die Entwicklung in den Niederlanden nur beobachtet hatte, unterstützte die englische Königin die Rebellen zunächst mit Geld, gestattete aber auch, daß sich englische Freiwillige an den Kampfhandlungen beteiligten. Für die Flüchtlinge aus den Niederlanden waren zuvor schon die englischen Häfen offengehalten worden. Von einer Entsendung offizieller Truppen sah Elisabeth vorerst ab, hätte dies doch de facto eine Kriegserklärung an das mächtige Spanien bedeutet. Der Herzog von Alba, spanischer Oberkommandierender in den Niederlanden, sah keine Chancen dafür, daß Philipp II. seine zu groß angelegte Politik würde durchsetzen können. Alle Überlegungen einer Invasion Englands, wie sie Ridolfi in seiner Verschwörung vorgesehen hatte, erachtete Alba für unsinnig und unrealistisch, denn Spanien wäre seiner Auffassung zufolge nicht in der Lage gewesen, gleichzeitig die Niederlande zu halten und England zu erobern. Folglich mußte man sich mit einem Entweder–Oder bescheiden oder gar noch einen Schritt weiter gehen. Der außerordentlich kluge Alba empfahl seinem König, einen Frieden mit England abzuschließen. Beiden Seiten war nicht wohl bei diesem Unternehmen, doch kam es im Jahre 1573 zu einem – wenn auch halbherzigen – Friedensschluß. Unter der Oberfläche schwelten die Konflikte weiter, nicht zu beeinflussen durch ein gesiegeltes Staatspapier.

Obwohl Königin Elisabeth in Religionsfragen äußerlich formal nach dem Grundsatz *Cuius regio eius religio* handelte, unterstützte sie aus persönlicher Sympathie die protestantischen Rebellen Europas. England war natürlich auch politisch an den Rebellionen interessiert, nicht nur weil die englischen Handelsinteressen tangiert waren, sondern mehr noch, weil das aufstrebende Königreich seinen internationalen Einfluß vergrößern wollte. Elisabeths Analyse der Situation führte sie zu dem Ergebnis: Spanien kann die Oberherrschaft über die Niederlande behalten, wenn die Holländer eine weitgehende Autonomie zugesprochen bekommen. Insgesamt verhielt sich Elisabeth gegenüber Spanien diplomatisch. Sie war an einem Ausgleich interessiert, weil sie zu genau wußte, daß ihr eigenes Land erst im Erstarken und Aufstieg begriffen war und daher der spanischen Stärke noch nicht durchgängig Widerstand zu leisten vermochte. Und doch hatte England Mitte der siebziger Jahre des 16. Jahrhunderts eine beträchtliche Wirtschafts- und Handelsmacht aufgebaut und damit eine höhere Kreditwürdigkeit gewonnen als sie Spanien zuteil wurde. Beschränkungen im Handel mit Frankreich wurden im Vertrag von Blois mit Heinrich III. aufgehoben, und ein Ausgleich mit Spanien wegen der England-Antwerpen-Verbindung wurde im Vertrag von Bristol geschaffen. Die einzige Quelle der Unruhe und Besorgnis für die englische Königin waren die permanenten Unruhen in den Niederlanden, bei denen kein Ende abzusehen war. Für die englischen Interessen ging es aber um eine Befriedung des Landes, damit die Handelsgeschäfte ungestört durchgeführt werden konnten. Es kam zu Übergriffen auf englische Schiffe, auf welche die Königin mit Härte reagierte.

Gefahrenpunkte für England waren die Abhängigkeit von Antwerpen als dem primären Markt für englische Tuche, aber auch eine mögliche französische Intervention und schließlich die potentielle Nutzung Flanderns durch die Spanier als «Tor zum Meer» für eine Invasion Englands. In den siebziger Jahren des 16. Jahrhunderts verschärfte sich die Lage in den Niederlanden unter Don Juan de Austria, dem Bastard Karls V. und damit Halbbruder Philipps II. Philipp verfolgte weiterhin den Plan: Befriedung der Niederlande – Invasion in England – Vertreibung Elisabeths – Einsetzung Maria Stuarts als Königin von England und Schottland. Beim Erfolg der spanischen Strategie gegen England wäre die aus katholischer Sicht schmerzliche «religiöse Lücke» im Nordwesten Europas geschlossen worden. Elisabeth sann als Gegenmaßnahme zur «Befriedung» der Spanier auf eine erneute stärkere spanische «Kolonisierung» der Niederlande, eine Zielsetzung, die sich weder mit den Absichten Philipps II. noch mit denen seines Gegners Wilhelm von Oranien deckte. Oranien hatte inzwischen erkannt, daß die Rebellion nur von protestantischer Seite aus erfolgreich sein konnte, und er war deshalb 1573 zum Calvinismus übergetreten. Doch Elisabeth gelang es, den Abzug der spanischen Truppen auf dem Landweg durchzusetzen.

Der Freiheitskampf der Niederländer weitete sich aus. Zwar kam es nicht zu einer großen Schlacht, doch die gegnerischen Parteien ließen nicht voneinander ab. Es gab Scharmützel, Land wurde geflutet, dann wieder spanische Schiffe angegriffen. Spanien litt unter den immensen Kriegslasten, so daß der Haushalt bis an die Grenze belastet war, was 1575 zum Staatsbankrott führte. Als sich 1573 auch die katholischen Provinzen Flanderns gegen Spanien erhoben, trat Alba zurück. Der Kampf um die Glaubensfreiheit hatte sich schließlich zum Kampf um die (politische) Freiheit ausgeweitet.

1575 gelang es den Spaniern, Holland von Zeeland abzuschneiden. Als der spanische Druck nachließ, verschlimmerten sich die Verhältnisse, weil Philipp II. nicht in der Lage war, fälligen Sold zu zahlen, so daß es zu Plünderungen in den flämischen Provinzen kam. Die Bauern und Bürger bewaffneten sich, um die Spanier endgültig zu vertreiben. Jetzt war die Stunde Wilhelms von Oranien gekommen. Er arbeitete zügig an einer Vereinigung der Niederlande, die in der von den Generalstaaten am 8. November 1575 verabschiedeten Pazifikationsakte von Ghent Gestalt gewann. Zum ersten Mal vermochten sich die siebzehn Provinzen auf eine gemeinsame Vorgehensweise zu einigen. Diese manifestierte sich in dem Entschluß, daß man sich von der spanischen Militärherrschaft befreien müsse, um die alten politischen Rechte der Niederlande zurückzugewinnen. Die Akte legte zwei Jahre vor dem Tode Don Juan de Austrias fest, daß die Oberhoheit des spanischen Königs in den Niederlanden bei gleichzeitigem Abzug der spanischen Truppen und Gewährung der Glaubensfreiheit bestehenbleiben sollte. Bei einer Konfrontation der bewaffneten Niederländer mit Don Juan d'Austria verlangten die Generalstaaten die Zustimmung zur Pazifikationsakte. Da Don Juan den Auftrag hatte, nach der Befriedung Hollands England anzugreifen, war seine Situation prekär. Den Status des Gouverneurs wollten ihm die Niederländer nur bei Abzug der spanischen Truppen zubilligen. Die Truppen wurden 1577 nach Italien verlegt – und Don Juan konnte die Huldigungen als Gouverneur in Brüssel entgegennehmen. Es war Wilhelm von Oranien, der die englische Königin kritisierte, die – anders als er selbst – mit dem Kompromiß der Pazifikation von Ghent zufrieden war.

Ab 1577 spitzte sich die Krise in den Niederlanden erneut zu. Don Juan de Austria rief seine Truppen aus Italien zurück, so daß sich die anti-englischen Kräfte konzentrieren konnten, doch er starb schon 1578. Im Gegenzug finanzierte die englische Königin Söldner unter deutschem Kommando als Entsatz für die niederländischen Rebellen. Wilhelm von Oranien einte die südlichen und nördlichen Provinzen der Niederlande mit dem Ziel, die Spanier endgültig zu vertreiben. Seine Macht konzentrierte sich in Seeland und Holland, er baute aber auch eine schlagkräftige Kriegsmarine auf. Wilhelm wollte durch eine Blockade der Schelde eine Embargopolitik gegen das südliche Flandern führen, was wegen des Handels der Stadt Antwerpen auf den schärfsten Widerstand der englischen Königin stieß. Als sich Wilhelm daraufhin den Franzosen zuwandte, wurde ihm dies von Elisabeth mit der Drohung untersagt, sie würde sonst ihre Truppen dem König von Spanien gegen den Oranier zur Verfügung stellen. Daß sich die Engländer mit dieser Politik bei den Niederländern nicht beliebt machten, bedarf keiner weiteren Erläuterung. Was die englische Seite betrifft, so hatte sie zuvor deutlich gegenüber Philipp II. betont, wie abträglich es für die Wirtschaftsentwicklung einer Region sei, wenn sie unter Kuratel gestellt würde. Eine Friedenssituation und das Werk der Diplomatie sei spanischer Unterdrückung allemal vorzuziehen.

Die Entwicklung der politischen Verhältnisse in den Niederlanden wurde in England und Frankreich mit Besorgnis zur Kenntnis genommen. Immerhin erfolgte am 29. Januar 1579 der Abschluß der Union von Utrecht, in der sich die freien nördlichen Provinzen Geldern, Holland, Seeland, Utrecht, Groninger Land, Friesland und Overijssel zu den Generalstaaten erklärten. Diese Unionsakte ist die eigentliche Gründungsurkunde der niederländischen Republik gewesen. Dennoch darf man hier Verfassungsabsicht und reale politische Verhältnisse nicht verwechseln. Spanien steigerte seine Macht in dieser Zeit noch dadurch, daß Philipp II. Portugal annektierte und so Alleinherrscher der iberischen Halbinsel wurde.

Seit 1579 erlebte die spanische Macht in den Niederlanden einen deutlichen Auftrieb durch die unbestrittene militärische Kompetenz Alexander Farneses, des Herzogs von Parma. Parma marschierte in die flandrischen Gebiete ein, belagerte Antwerpen und sicherte sich so eine Schlüsselposition für die gesamte Region. Wer Antwerpen in der Hand hatte, so noch Friedrich Schiller, der beherrschte auch Brabant, «welches sich größtenteils durch diesen Canal mit Getreide aus Seeland versorgte, und durch Einnahme derselben versicherte man sich zugleich der Herrschaft der Schelde».[53]

Der Herzog von Anjou, jüngerer Bruder des französischen Königs, der immer noch um die englische Königin warb, war inzwischen auf Betreiben Wilhelm von Oraniens zum «Verteidiger der Freiheiten der Niederlande», sodann zum Fürsten gewählt worden, um ein Gegengewicht zu Spanien zu schaffen. 1580 belegte Philipp II.

Oranien mit dem Bann, wodurch er für vogelfrei erklärt war. Es verwundert daher nicht, wenn die Partner der Union von Utrecht 1581 dem spanischen König als Landesherrn in aller Form abschwuren. Damit war der revolutionäre Bruch vollzogen, die Republik aber noch nicht etabliert. Im Frühjahr 1582 wurde Wilhelm von Oranien von einem Attentäter lebensgefährlich verletzt, kam aber mit dem Leben davon. Bei einem zweiten Attentat im Jahre 1584, ausgeführt von einem katholischen Fanatiker, wurde Wilhelm von Oranien getötet. Das protestantische Europa war über diese Schreckenstat entsetzt.

England und die Niederlande schlossen 1585 ein Bündnis. Im August 1585 sandte Königin Elisabeth ein über 6000 Mann starkes Militärkontingent unter dem Kommando Leicesters in die Niederlande, doch es gelang diesem nicht, Antwerpen vor der Einnahme durch die Spanier zu retten. Ein Gegengewicht zur spanischen Macht und die Repräsentation der niederländischen Generalstaaten zu schaffen, waren zwei außerordentlich anspruchsvolle Aufgaben, denen Wilhelm von Oranien gewachsen war, jedoch nicht der Herzog Franz von Anjou in seiner Zeit des niederländischen «Engagements» von 1581 bis 1583. Die zu dieser Zeit von Königin Elisabeth neu belebten Heiratsverhandlungen mit Frankreich, in denen es um niemand anderen ging als um Franz von Anjou, müssen als Fingerzeig für Philipp II. gelesen werden. Die englische Königin machte auf diese Weise dem spanischen Monarchen deutlich, daß sie es nicht dulden würde, sollte er den Bogen seiner politisch-militärischen Aktivitäten in den Niederlanden überspannen. Und doch versuchte Philipp, seine Oberhoheit über die Niederlande durch seine Tochter Isabella von Österreich herzustellen, was auf energischen Widerstand der nördlichen Provinzen stieß und die endgültige Trennung der Nord- von den Südprovinzen vorbereitete.

*Heiratspolitik: Alençon*

Somit führten die Heiratspläne für Königin Elisabeth nach 1576 England in zusätzliche außenpolitische Verwicklungen. Diese Pläne waren bereits 1570 langwierig debattiert worden, nicht zuletzt mit Hilfe des neuen englischen Botschafters in Paris, Sir Francis Walsingham. Es ging bei diesem Heiratsprojekt um den zweiten Sohn Katharina von Medicis, den Herzog von Alençon, später Herzog von Anjou. Im April 1572 war ein Defensivvertrag zwischen England und Frankreich zustandegekommen. Damit hatte Königin Elisabeth fürs erste den Rücken frei, um ihre Politik der Konsolidierung im Inneren und der Stärkung von Englands Position im Spiel der europäischen Mächte zu verfolgen. Die Verbindung der englischen Königin mit Anjou war aus verschiedenen Gründen interessant: Zum einen kämpfte er in den Niederlanden zugunsten der Generalstaaten gegen die Spanier. Elisabeth erhoffte, daß Alencon die englischen Interessen in den Niederlanden verfolgen würde. Zudem war die Beziehung zu seinem Bruder, dem französischen König, für England von Bedeutung. Der Königin und ihrem «Privy Council» ging es in erster Linie darum, aus dieser ehelichen Verbindung politischen Gewinn zu ziehen. Und doch scheint bei Elisabeth mehr im Spiel gewesen sein als bloßes Kalkül, nämlich echtes Empfinden für den jungen französischen Herzog.[54]

Anjou besuchte England zweimal (1579 und erneut 1581/82). Diese Besuche trafen keinesfalls auf das Wohlwollen der englischen Puritaner; sie erregten auch Leicesters Mißtrauen, der den Verdacht hegte, Frankreich wolle sich in den Niederlanden festsetzen. Der französische Bräutigam in spe kam am 17. August 1579 in Greenwich an und kehrte am 29. August nach Frankreich zurück. Die Königin hatte immer gesagt, sie würde niemanden als Gemahl in Erwägung ziehen, den sie nicht zuvor kennengelernt hätte. Der Besuch des Herzogs war als Geheimsache deklariert worden, obwohl der spanische Botschafter von seiner Ankunft erfuhr. Das potentielle Brautpaar lernte einander im privaten Rahmen kennen. Elisabeth gelang es in Kürze, für Monsieur den Spitznamen «Frosch» einzuführen. Die Distanz Leicesters zu Elisabeths Heiratsplänen konnte niemanden verwundern, hatte er doch der Königin über zwanzig Jahre am nächsten gestanden. Daß Leicester heimlich Lettice Knollys, die Witwe von Walter Devereux, dem ersten Earl of Essex, geheiratet hatte, beruhigte Burleigh, der stets eine offizielle Verbindung Leicesters mit der Königin gefürchtet hatte.

Ende 1579 hatte Anjou kaum Fortschritte mit seinen Truppen in den Niederlanden gemacht, wohl deshalb, weil seine Soldaten keinen Sold erhielten und daher unterschiedslos das Land plünderten. Nach einem vergeblichen Versuch der Eroberung von Mons zog sich der Herzog mit seinen Truppen hinter die französische Grenze zurück. Das brachte Königin Elisabeth zu der Leicesters Auffassung klar entgegenstehenden Schlußfolgerung, daß die Gefahr einer französischen Besetzung der Niederlande nicht groß war. Anjou/Alencon schickte unterdessen seinen Freund Simier als Unterhändler nach London, um die Heiratsverhandlungen fortzusetzen. Burleigh reflektierte das Heiratsprojekt von allen Seiten in innen- und außenpolitischer Hinsicht. Zunächst dachte er, die Königin sei mit ihren sechsundvierzig Jahren zu alt für eine Schwangerschaft. Dann spielte er alle Eventualitäten durch: Elisabeth mit Kind, alleiniges Überleben des Kindes, Kinderlosigkeit (was geschieht mit dem Ehemann?), Beibehalten des Status quo (Ehelosigkeit). Zudem erschien Burleigh die Situation des Herzogs ungesichert. Schließlich hegte er noch die düstere Vorstellung, daß Anjou nach dem Tode Elisabeths Maria Stuart heiraten könne. Alles lief auf eine Güterabwägung hinaus: Ehe oder nicht. Das Religionsproblem spielte eine große Rolle bei den puritanischen Gegnern der Heirat. Es fanden Beratungen eines Ausschusses des «Privy Council» statt, in denen Burleigh eine führende Rolle spielte. Als er in der Sprecherfunktion der Königin mitteilte, man wolle mit dem Urteil zurückhalten und erst erfahren, was sie selber wünschte, erklärte Elisabeth in einem Zornesausbruch, sie hätte erwartet, der Ausschuß würde sie eindringlich und einstimmig beschwören, den französischen Herzog zu heiraten. Was folgte, war Elisabeths immer wieder exerzierte Schaukelpolitik zwischen Ja und Nein, mit der sie das «Privy Council» verunsicherte, aber auch handhabbar machte. Im Frühjahr 1580 neigte sie wohl mehr dazu, nicht zu heiraten.

Zwar hatte eine reale Chance bestanden, daß Elisabeth mit den Heiratsplänen Ernst machen würde, doch schließlich hat sie nach intensiven Beratungen ein bereits gegebenes Heiratsversprechen zurückgezogen. Selbst die Königin von England konnte es sich nicht leisten, mit ihrem «Privy Council» in völligem politischen Gegensatz zu stehen.

Eine Heirat mit dem Herzog von Anjou hätte die englische Politik insgesamt verändert: eine französisch-englische Allianz der Herrscherhäuser hätte die Mächtebalance in Europa deutlich verschoben und Philipp II. von Spanien bedroht. Der französische Beinahe-Bräutigam Elisabeths verließ die Insel endgültig im Jahre 1581, beladen mit Geschenken, Versprechungen und Lobpreisungen – ohne sein Ziel erreicht zu haben. Die Verhandlungen mit Frankreich und das Liebesgeplänkel mit Anjou markierten Elisabeths letzte großangelegte Heiratsstrategie. Die vorübergehende politische und militärische Aktivität Anjous in den Niederlanden, vor allem zwischen 1581 und 1583, schien die Politik Elisabeths zu ergänzen. Doch als sich das Ende der ernsthaften Heiratsabsichten bei der englischen Königin abzeichnete, endete auch die relative Sicherheit in den Beziehungen zu Frankreich. Elisabeth kam nicht umhin, die neue Mischung der Kräfteverhältnisse in Europa zu gewärtigen. Damit stimmte auch Anjous Seitenwechsel zusammen, der sich den Spaniern annäherte und nach einer Verständigung mit Philipp II. strebte.[55] Diese Linie brach allerdings mit dem Tode Anjous im Jahre 1584 ab. In dieser Zeit relativierte sich auch das Verhältnis zwischen Heinrich III. von Frankreich und dem spanischen König. Es war mittlerweile wenig wahrscheinlich geworden, daß die englische Königin in einer zu so später Zeit geschlossenen Ehe noch Kinder gebären würde – und somit wurde die schon lange propagierte Ideologie von der «jungfräulichen Königin» (*Virgin Queen*) erneut aktuell. Die Ikonographie der jungfräulichen Königin überflutete die englische Lyrik, Dramatik und die Bildende Kunst.

*Vorboten des Großen Krieges*

Elisabeth I. erkannte klarer als ihre Staatsräte, daß England noch Anfang der siebziger Jahre zu schwach war, um einen «großen» Krieg gegen eine kontinentale Macht wie Frankreich oder Spanien gewinnen zu können. Sie arbeitete daher an der Steigerung der englischen Wirtschaftsmacht, am Ausbau der Flotte, der Verbesserung der Infrastruktur – und sorgte für möglichst geringfügige Steuerlasten ihrer Untertanen zur Finanzierung der Außenpolitik. Eine solche defensive und zögernde Haltung konnte niemand als Aggression interpretieren, doch in der historischen Rückschau wird deutlich, daß vor allem auch die weit vorausschauende Politik der englischen Königin zu den Vorboten des Großen Krieges gehört. Mit Gelassenheit überstand Elisabeth die Anschläge, die – nicht zuletzt durch Mitwirkung der Guise, des Papstes und der Spanier – gegen sie angezettelt wurden. Walsingham, der neue Staatssekretär seit 1573, etablierte ein vorzüglich funktionierendes Spionage- und Spionageabwehr-System, das sich, als die Attentatspläne und die konkreten Vorbereitungen zu Anschlägen auf Elisabeth häufiger wurden, hier als ebenso wirksam erwies wie in der Abwehr der katholischen Infiltration.

Obwohl Elisabeth I. es vermied, in einen offiziellen Krieg mit Spanien einzutreten, ließen weder sie noch ihre Regierung nichts unversucht, um die Spanier zu schwächen, sei es durch den Kaperkrieg, sei es durch die Konkurrenz auf den Weltmeeren, die von den «Seadogs» wie Drake, Hawkins und Frobisher machtvoll vorangetrieben wurde. Zur Vorbereitung auf einen Tag X entwickelten die Engländer modernste Segel- und Waffentechniken, die sie in all ihren Entwicklungsstufen auf den Weltmeeren erprobten. Mit der Stützung des eigenen Handels (Navigationsakte von 1561) und der Zurückdrängung der Hanse kam England der Vorherrschaft auf den Meeren immer näher. Die Navigationsakte besagte, daß im englischen Handel in erster Linie englische Schiffe fremde Waren nach England transportieren sollten. Im zweiten Parlament Elisabeths wurde ein Importverbot für eine ganze Reihe von Waren festgelegt, weil diese aus den Niederlanden bezogen wurden (Sättel, Handschuhe, Dolche, Nadeln).[56]

In dem Maße, wie die Macht und Sicherheit der englischen Nation anwuchs, ging auch Königin Elisabeth I. zu einer aggressiveren Außenpolitik über. Sie war zu klug, um Verluste anzustreben. Auf «Sieg» zu setzen, bedeutete für diese große Königin, auch alle notwendigen Voraussetzungen für einen Sieg geschaffen zu haben. Diese Situation trat ein, nachdem Walsingham die Babington-Verschwörung aufgedeckt hatte und dadurch der schottischen Königin wegen Mittäterschaft der Hochverratsprozeß gemacht werden konnte.

## Maria Stuarts Ende

Maria Stuarts erklärte Feindschaft gegenüber Königin Elisabeth hatte sich in ihren englischen Jahren immer wieder aufs neue bewiesen. So bedeutete England für die abgesetzte schottische Königin ein langes «Exil» oder eine besondere Art von Gefangenschaft. Elisabeth I. hielt die Schottin in distanziertem Gewahrsam weitab vom Hof (Carlisle, Bolton Castle, Wensleydale). Die englische Regierung dachte zeitweilig daran, entweder der Murray-Partei das Unglück Schottlands anzulasten und Maria Stuart wieder einzusetzen oder umgekehrt. Die Engländer – und nicht zuletzt die Königin – pochten immer wieder auf die Ratifizierung des Vertrags von Edinburgh und forderten, den schottisch-französischen Vertrag durch einen englisch-schottischen zu ersetzen. Zudem machten die Engländer die Einführung des «Book of Common Prayer» für Schottland verbindlich.

Maria Stuarts Korrespondenz mit den katholischen Mächten des Kontinents fiel in englische Hände. Es handelte sich dabei um die berühmten «Casket Letters», Briefe, die in einem grünen Kasten aufbewahrt wurden, zunächst von Throckmorton, dann – als die Untersuchungen gegen ihn anliefen – in der Residenz des spanischen Botschafters Mendoza. Das «Privy Council» empfahl zunächst die Wiedereinsetzung der schottischen Königin, um diesen erstrangigen Unsicherheitsfaktor für die Situation Englands auszuschalten. Der schottische Regent hingegen forderte von Königin Elisabeth die Unterstützung seiner Regierung und die Anerkennung von James als König. Maria Stuart sollte entweder an Schottland ausgeliefert werden oder niemals zurückkehren dürfen. Die englische Regierung verwarf diese Vorschläge und bereitete statt dessen einen Prozeß gegen Maria vor, um ihre Beteiligung am Darnley-Mord festzustellen. Die Engländer waren von Marias Schuld überzeugt. Der Prozeß lieferte aus ihrer Perspektive eine politische Lösung mit drei Varianten: Maria verzichtet auf den Thron und lebt in England; Maria und James erhalten einen «gemeinsamen Titel», während Murray Regent bleibt; Maria behält den Titel «Königin», lebt jedoch abgeschlossen in England, während Murray Regent bleibt.

Murray trat für die erste Variante ein, doch Mitte 1569 lehnte Maria jede Thronentsagung ab, zu dem Zeitpunkt also, als sie sich nach der Rebellion im Norden und der Ridolfi-Verschwörung eine Wende zu ihren Gunsten ausrechnete. Doch sie war in zu viele Verschwörungen verwickelt, um eine einzige klare Linie mit Erfolgsaussicht verfolgen zu können. Es gab einen letzten Versuch, Maria Stuart zu retten. Ihr Sohn James VI. von Schottland sollte gemeinsam mit Frankreich die Friedfertigkeit seiner Mutter garantieren. Insofern hätte Maria zur Entspannung in Nord- und Westeuropa beitragen können. Doch dieser Plan blieb ohne Chance auf Umsetzung. Maria Stuarts Vertrauenswürdigkeit galt aus guten Gründen als höchst zweifelhaft. Zudem bewies James VI. keinerlei Interesse an seiner Mutter, nicht nur, weil er die englischen Bedenken gegen ihr Wesen teilte, sondern vor allem, weil er sich selbst als der rechtmäßige König von Schottland verstand. Spanien und Schottland hatten in dieser Zeit – um 1582 – Intrigen gegen Elisabeth gesponnen, die sogar Pläne zum Meuchelmord einschlossen, doch die Spione und Zwischenträger wurden entdeckt, das Unternehmen gegen die englische Königin scheiterte. Ende 1584 akzeptierte das «Privy Council» den Plan, demzufolge der Elisabeth treu ergebene Adel ein Bündnis zum Schutz des Lebens der Königin schließen wollte. Ziel war es, die Verteidigung der inneren Sicherheit gegen jegliche Subversion zu garantieren, die möglicherweise von den katholischen Ländern initiiert werden konnte. Die erwähnte Papistenfurcht beleuchtet indirekt auch den Selbstbehauptungsdrang Englands in der Außen- und der entstehenden Weltpolitik. Auch erklärt diese Furcht, wie sehr England sich anstrengte, eine eigenständige und nicht irritierbare innere Ordnung zu errichten und zu bewahren. Das Bündnis zur inneren Sicherheit wurde national ausgeweitet, denn man schickte die Aufrufe dazu in alle Städte und Grafschaften zur Unterschrift. Allein in Yorkshire wurde das Dokument mit 7000 Siegeln versehen, in Coventry erhielt es 201 Siegel.

Königin Elisabeth I. behielt den Verhandlungsstatus mit Maria Stuart bei, obwohl diese an neuen Intrigen schmiedete. Das Parlament von 1584 forderte die englische Königin zum Handeln auf und pochte auf die Legalisierung des Bündnisses zur inneren Sicherheit. Die Königin scheute sich in ihrer überlegenen Klugheit, dieser Forderung zu folgen, weil sie damit eine Religionsverfolgung großen Stils ausgelöst hätte. Dennoch setzte sich ein vom Unterhaus eingesetztes Gericht in der Angelegenheit Maria Stuart durch, so daß die Haftbedingungen für die schottische Königin verschärft wurden. Es war Maria Stuarts Verwicklung in die Babington-Verschwörung, aufgrund derer sich der Kreis um sie schloß. Der junge katholische Adlige Anthony Babington hatte eine Verschwörung organisiert, die darauf abzielte, Königin Elisabeth I. zu ermorden. Walsingham kam diesem Unternehmen früh auf die Spur und hat mit Hilfe seines Spionagesystems den Nachweis der Beteiligung der schottischen Königin an diesem Anschlag führen können. Der Plot war von Provokateuren des von Allen geführten englischen Jesuitenkollegs geschürt worden, doch auch spanische Kuriere wirkten an den Vorbereitungen des Attentats mit, das zudem durch spanische Geldmittel gefördert wurde.[57] Die englische Seite, und dies heißt: Walsingham, war sehr daran interessiert, diese Verschwörung durch Aktivitäten des eigenen Geheimdiensts voranzutreiben, damit er den Beweis von

Maria Stuarts Hochverrat liefern konnte. Die Pläne Babingtons waren hochfahrend und völlig wirklichkeitsfern. Walsinghams «Anteil» an der Babington-Verschwörung als geheimdienstliches Unternehmen zur Überführung Maria Stuarts ist nicht zu leugnen.[58] Immerhin ging es Babington und seinen fünf Mitverschwörern darum, nach der Ermordung Elisabeths Maria Stuart zu befreien, um sie als Königin von England zu installieren. Babington schrieb einen Brief an Maria Stuart, in dem er seinen Plan darlegte – und er erwartete eine positive Antwort. Der Antwortbrief der schottischen Königin, dessen Weg von Walsinghams Meisterspion Phelippes ausgedacht und überwacht wurde, brachte den so ersehnten Beweis hochverräterischer Tätigkeit. Die geheimen Briefe an Maria wurden in einem Bierfaß in das Schloß Chartley hineingeschmuggelt – und die Empfängerin glaubte, es handle sich um das Werk ihrer Freunde. Doch alles war vom Amt Walsinghams geplant: Jede Zeile, die Maria erreichte, hatte man vorher gründlich gelesen.[59] Mit der Entzifferung von Babingtons Brief hatte Maria Stuart endgültig verspielt: Man benötigte nur noch ihre Antwort. Walsingham hielt die Vorgänge für so entscheidend, daß er von der bevorstehenden Aufdeckung des Komplotts dem in den Niederlanden dienenden Leicester in einem vertraulichen Brief berichtete. Als Maria Stuarts Antwortbrief an Babington vom 17. Juli 1586 abgefangen und dechiffriert wurde, lagen die Verhältnisse klar: Die schottische Königin hatte die Babington-Verschwörung gutgeheißen und praktische Ratschläge erteilt, die die Musterung der Kampfgenossen, die Häfen für die Landung fremder Truppen betrafen, und sie hatte nicht vergessen, über die Methode ihrer eigenen Befreiung zu schreiben.

Nach Bekanntwerden des vollen Ausmaßes der Verschwörung überließ Walsingham zunächst Maria Stuarts Brief dessen Empfänger Babington. Anfang August erfolgte die Verhaftung der Verschwörer im Tower. In Chartley beschlagnahmte man Maria Stuarts Papiere, Juwelen und Geldmittel und verhaftete ihre Sekretäre. Die Sekretäre gaben im Verhör zu, daß ihre Herrin mit Babington korrespondiert hatte. Während die Verschwörer am 20. September hingerichtet wurden, lief die Justizmaschinerie an. Bevor gegen die schottische Königin Anklage wegen Hochverrat erhoben wurde, brachte man sie an einen anderen Ort, nach Fotheringay in Northamptonshire.

Die Skrupel Königin Elisabeths, das Problem aus der Welt zu schaffen, das Maria Stuart für die Sicherheit des englischen Staats bedeutete, besaßen verschiedene Wurzeln. Sie bedeuteten nicht, daß Elisabeth verkannte, daß die Schottin dauernd gegen sie intrigierte und es an nationalen und internationalen Helfershelfern nicht fehlte. Dennoch zweifelte die englische Königin an der Legitimation direkter Maßnahmen gegen Maria Stuart.[60] Dieser Zweifel richtete sich auf den quasi-religiösen Status von Königen: Eine gekrönte und gesalbte Königin kann man nicht hinrichten, denn sie ist eine von Gottes Gnaden auserwählte Herrscherin. Wird ein im Sinne christlicher Lehre geheiligter Herrscher hingerichtet, so ist damit die Einrichtung des Königtums insgesamt in Frage gestellt.

Das Gericht hat nach einem dreitägigen Prozeß vom 12. bis zum 15. Oktober 1586 Maria Stuart des Hochverrats für schuldig befunden, ohne daß in Fotheringay ein formelles Urteil gesprochen wurde. Das Parlament trat Ende Oktober zusammen und befaßte sich mit dem Thema Maria Stuart. Die allgemeine Meinung war, man müsse den Verschwörungen des Papstes einen deutlichen Riegel vorschieben.[61] Während Oberhaus und Unterhaus die unmittelbare Hinrichtung Marias forderten, räumte Königin Elisabeth ihr bei einem Schuldbekenntnis und eingestandener Reue die Begnadigung ein. Sie machte dem Parlament deutlich, daß sie in diesem Falle ungern Blut vergießen würde. Darauf weigerte sie sich, das Todesurteil zu unterzeichnen. Doch am 2. Dezember beugte sich Elisabeth dem Druck ihrer Räte und unterschrieb. Am 4. Dezember wurde das Urteil verkündet. Inzwischen zeitigte das Geschehen um Maria Stuart außenpolitische Reaktionen: die Botschafter Frankreichs und Schottlands baten für Marias Leben. Walsingham hat daraufhin im Auftrag der Königin den für die Bewachung Maria Stuarts zuständigen Paulet und Drury in einem Brief die Frage übermittelt, ob es denn keine «informellere» Möglichkeit gäbe, dem Leben Marias ein Ende zu setzen. Doch Paulet und Drury wollten sich keine Privatschuld aufladen in einer Angelegenheit, die Sache des Staates sei.

Nachdem die Königin nun doch das Todesurteil im Beisein ihres Sekretärs William Davison am 2. Dezember unterschrieben hatte, bat sie ihn, die Sache geheimzuhalten. Der nötige Amtsweg hätte erfordert, den Hinrichtungsbefehl durch den Lordkanzler und das Großsiegel ausfertigen zu lassen. Davison hatte inzwischen – ohne

Erlaubnis der Königin – dafür gesorgt, daß das Urteil durch das Großsiegel bestätigt wurde. In einer kurzen Beratung des «Privy Council» nach gehöriger Konfusion beschloß man, die Hinrichtung unverzüglich vorzunehmen. Die Exekution erfolgte am 8. Februar 1587 in Fotheringay – angeblich ohne Wissen der Königin. Als Elisabeth die Meldung vom Vollzug erhielt, traf ihr ganzer Zorn Burleigh und Davison. Sie verlangte, daß letzterer sofort gehängt werden solle – eine unwürdige Todesart für einen Staatssekretär – und konnte nur durch inständige Einrede ihrer Räte von diesem Vorhaben abgebracht werden. Davison wurde vor der Sternkammer der Prozeß gemacht; er wurde zu einer Geldstrafe von 10 000 Pfund Sterling verurteilt und eingekerkert. Zwar wurde Davison nach etwa achtzehn Monaten aus dem Gefängnis entlassen, doch durfte er nicht mehr im «Privy Council» dienen, wenn ihm auch das Gehalt weiterhin zugestanden blieb. Er hatte sich die lebenslange Ungnade der Königin zugezogen. Selbst Burleigh hatte Monate der Ungnade zu überstehen.

## 5. Kulturelle und geistige Entwicklungen unter Elisabeth

Mit der Thronbesteigung Elisabeths und der zunehmenden Konsolidierung Englands innerhalb Europas und damit parallel zu den gesellschaftlichen Veränderungen, wandelte sich die kulturelle und geistige Szene. Die Modernisierungen in Politik und Wirtschaft brachten «[r]evolutionäre Veränderungen der politischen Ideen und die Anwendung neuer Verfahren bei der Organisation von Produktion und Handel»[1] mit sich. Veränderungen in der Lebensführung blieben nicht isoliert, sondern bildeten sich in Wechselwirkung mit dem gesamten kulturellen Bereich heraus: Es kam in England zur Reflexion neuer Verhältnisse in Religion, Politik, und der Welt sowie zur Suche nach neuer Orientierung und Rechtfertigung des Handelns. Die christliche Beurteilung menschlichen Tuns mit Blick auf den Gegensatz von Tugenden und Lastern sowie in Hinsicht auf die Heilsgeschichte büßte an Geltungskraft ein. Mit der Bedeutung, die der «vita activa» vor der «vita contemplativa» als Epochensignatur zukam, bildete sich auch in England ein neues Verständnis für die öffentliche Ordnung. Der Zusammenhang des Staatskörpers (*body politic*) reflektierte eher die individuellen Beiträge zu einer vom Menschen konstituierten Gesellschaftsform als die bloße Applikation eines göttlichen Gesetzes. «Fortuna» symbolisierte Risiko und Ungewißheit, aber auch den Horizont des Möglichen. Mit dieser Vorstellung verband sich weniger der Gedanke der Vorsehung, als die utilitaristische Rechtfertigung der öffentlichen Ordnung. Der Wagemut des einzelnen ließ sich die Wege in weltlichen Angelegenheiten nicht mehr von der Geistlichkeit vorschreiben. Damit stimmt zusammen, daß die Regierung eines Landes nicht mehr allein von der Funktion her verstanden wurde, primär den Frieden zu sichern und die Gerechtigkeit zu wahren (*pax et iustitia*), sondern als eine Instanz, die das Geschäft der Regulierung der Gesamtgesellschaft zu betreiben hat.

Der christliche Humanismus, von Italien her inspiriert, etablierte sich in England unter Heinrich VIII. Er beruhte auf anthropologisch-ethischen Studien (John Colet), betonte aber vor allem auch Rhetorik, Grammatik und Dialektik bzw. Philologie und Textkritik. Thomas Linacre, Thomas Morus, William Grocyn und deren gemeinsamer Freund Erasmus bieten ausreichende Beispiele dafür. Welche Bedeutung die Rhetorik in dieser Epoche hatte, beweist der Boom der Handbücher seit den sechziger Jahren des Jahrhunderts. Als Kunst der Beeinflussung eines oder vieler Adressaten durch Rede kam der Rhetorik von jeher große Bedeutung zu. Jeder Elisabethaner, der Rhetorik erlernen wollte, kam um eine Beschäftigung mit den antiken Klassikern wie Aristoteles, Cicero und Quintilian nicht herum, bzw. um das Studium der neuen Einführungen wie etwa die des Dr. Thomas Wilson, Staatssekretär der Königin, der nicht nur eine Logik, sondern auch 1560 «The Arte of Rhetorique» veröffentlichte. Hinzu gesellte sich nach Anregungen aus dem italienischen Renaissance-Schrifttum ein intensiveres Interesse für Geschichte und Staatstheorie. Diese Felder geistiger Aktivität richteten sich mehr und mehr auf die reale Welt, und zwar in dem Maße, wie die praktischen Probleme sich nicht mehr durch Rückgriff auf christliche Normen in Wirtschaft und Gesellschaft lösen ließen. Statt dessen etablierte sich ein systematisches Tatsachen- und Methodenwissen, das vermittelst einer offenen Perspektive von der Maxime «Nichts Neues unter der Sonne» radikal abrückte. Die These von der Gleichartigkeit der menschlichen Natur verband sich mit der Überzeugung vom «Fortschritt» in allen Lebensbereichen, den man nun als abhängig betrachtete vom aufmerksamen Studium der Natur und intensiverer Ausnutzung der Naturkräfte und Ressourcen. Mit diesem Perspektivwechsel ergaben sich neue Sichtweisen für Außenwelt und Innenwelt. Entwicklungen der Ideen waren ebenso feststellbar wie solche der Organisationsformen und Institutionen. Zivilisation ruht stets auf der Übertragung komplexer Strukturen von Verhaltensweisen, Erkenntnissen und Überzeugungen in die Lebenswelt und umgekehrt.[2] Die Aufwertung der Wirklichkeit relativierte die religiösen Grundsätze des Mittelalters, denen zufolge die niedrigeren Dinge zu den höheren geführt werden durch das, was sich in der Mitte befindet, wobei nach dem alten Weltbild die irdische Ordnung nur vorstellbar war als Spiegelung der himmlischen im Sinne der Goldenen Kette des Seins. Im England Elisabeths besaßen die Anregungen aus der Renaissance des Kontinents allerdings keinen Imitationscharakter, sondern es handelte sich um fruchtbare Neuschöpfungen im Zuge einer Aneignungslogik, nach der die eigenen Voraussetzungen sich mit dem «Import» verbanden, bzw. die Offerten von außen einem «Prozeß der Neuinterpretation und Rekontextualisierung»[3] unterworfen wurden.

Im elisabethanischen England erhob sich mit diesen Tendenzen ein neues Selbstgefühl der soliden Mittelschicht, zu der auch der niedere Adel gehörte. Mehr Menschen strebten nach Bildung. Diese Erscheinung traf zusammen mit dem stärker werdenden Willen vieler, öffentliche Verantwortung zu tragen. Einerseits konnte der Staat seinen Bedarf an Verwaltungskräften nicht mehr aus dem Klerus decken, zum andern wurde Bildung als Weg erkannt, eine höhere Position in der Gesellschaft zu erreichen.[4] Durch die zunehmende Differenzierung des Staatswesens wurde eine weitaus höhere Zahl von Beamten und Staatsdienern benötigt als jemals zuvor. Daher veränderte sich die Wissensverteilung in dem Maße, wie auch die Studentenzahlen in den Universitäten Oxford und Cambridge sowie an den Juristenschulen Londons wuchsen.[5] Die offiziellen Besuche Königin Elisabeths 1564 in Cambridge und 1566 in Oxford waren Ereignisse von nationaler Bedeutung. In allem Staatspomp und akademischem Gepränge mit Reden, lateinischen und englischen Schauspielen, Disputationen begangen, verstand es Elisabeth, den Universitäten ihre Bedeutung zu bestätigen und sie zugleich ihres

Schutzes durch königliche Autorität zu versichern.⁶ In der Mitte der neunziger Jahre hat der Oxforder Gelehrte John Case in seiner Schrift «Apologia academiarum» die Universitäten als Augen des Staates und der Kirche verteidigt und als gleichermaßen notwendig für den Staat in Friedens- wie in Krisenzeiten bezeichnet. Für Case sind die Schicksale der Universitäten und des Staates eng miteinander verknüpft.⁷ Somit nahm unter Elisabeth die Bildung der Engländer erheblich zu, und zwar im gesamten Mittelstand, weil immer mehr Berufsfelder fachliche Ausbildung erforderten, für die gründliche Kenntnisse von Lesen, Schreiben und Rechnen notwendig waren, und höhere Posten gründliche Kenntnisse in den Fremdsprachen sowie akademisches Wissen voraussetzten. Bereits in Sir Thomas Elyots «The Book named the Governor» (1531) findet sich das Muster eines Bildungswegs für den «Gentleman», der christliche Tugenden und gründliche Ausbildung in sich vereinigt im Sinne des «Höflings», wie er von Castiglione konzipiert wurde. Doch nicht nur Bildungsbücher waren in England gefragt. Es entstand zudem eine Literatur zur praktischen Politik, die sich wenig mit moralischen Reflexionen belastete; es ging eher um Nützlichkeitserwägungen in Bezug auf das politische und organisatorische Geschäft. Sir Thomas Smith etwa hat eine Analyse der sozialen Kräfte verfaßt, aber auch eine Darstellung der Funktionsweise des elisabethanischen Staates gegeben.

So erweiterte sich der Horizont Englands zum Universalen, ob in der Kultur, den Wissenschaften und den Künsten oder in der Politik und dem Verständnis von Gesellschaft überhaupt: Der englische Geist nahm teil an der weitreichenden frühneuzeitlichen intellektuellen Revolution. Über die Rezeption antiker Philosophie und Literatur hinaus hat das elisabethanische England eine umfassende Aufnahme der europäischen Literatur der Renaissance zustande gebracht, wobei vor allem die großen Werke der Literatur, Philosophie, Historie und der Wissenschaften aus Italien und Frankreich zu nennen sind. Die strikte und in England weit verbreitete rhetorische Schulung vor allem in den Redemodi machte die englische Sprache reicher.⁸ Sie trat mehr und mehr an die Stelle des Lateinischen und wurde zum Ausdruck nationalen Selbstbewußtseins. Mit dem großen Zuwachs an Vokabeln aus den klassischen, italienischen und französischen Quellen wuchs der Wortschatz an, auch vermittelt durch die Übersetzungsliteratur. Fremdsprachen und Sprachimport, rhetorisches Geschick und Ausdrucksvielfalt machten aus dem Englischen eine vorzügliche Literatursprache, die gleichfalls zur neuen Hochschätzung der Nationalsprache beitrug.

Das Wunder der Blüte der Englischen Literatur zur Zeit Elisabeths blieb nicht aus, ob es sich nun um den Aufstieg des Dramas, der Lyrik oder der Sachprosa handelte. Die religiöse Literatur stand oftmals in der Mitte zwischen dem eher Poetischen und der Prosa. Mit der Rezeption des römischen Dramas, vor allem von Seneca, entstanden in England Rachetragödien und Historien, die in Thomas Kyds «Spanischer Tragödie» einen Prototyp, in Christopher Marlowes Werken einen ersten Höhepunkt fanden («The Tragical History of Doctor Faustus», «Tamburlaine the Great», «The Jew of Malta»). Seine Helden wie Tamburlaine und Faustus (Marlowes «overreacher») strecken mit selbstbewußtem Gestus, ohne Furcht vor übernatürlichen Mächten, die Hand nach der absoluten Macht aus, müssen aber letztlich doch erkennen, daß sie ihrer eigenen Sterblichkeit anheimgegeben sind. Mit Sir Philipp Sidney trat das Idol der ganzen Epoche auf: Er war der ideale Hofmann, der tapfere Soldat, der geniale Schriftsteller. Obwohl kein Dramatiker, verfaßte er den bedeutendsten englischen Roman der Zeit («Arcadia»), eine fundamentale Abhandlung zur Poetik («The Defence of Poetry») und einen an Schönheit nur von Shakespeare übertroffenen Sonettzyklus «Astrophel and Stella» (Sternenfreund und Stern [die Angebetete]). Das Epos der Epoche ist und bleibt aber Edmund Spensers «Faerie Queene» (Die Feenkönigin), ein Fragment gebliebenes Ritter-Epos, das ursprünglich zwölf Bücher haben sollte, da die zwölf Tugenden am Beispiel von zwölf Rittern exemplifiziert werden sollten. Zugleich ist «The Faerie Queene» als Verherrlichung Königin Elisabeths zu lesen, wie Spenser es in seinem «Brief des Autors an die Leser», gerichtet an Sir Walter Raleigh, dargelegt hat. Wenn England den Gipfel der Weltliteratur erklommen hat, so gelang dies im Spätmittelalter ohne Frage mit Geoffrey Chaucer, im elisabethanischen Zeitalter mit William Shakespeare.

William Shakespeare ist der Schöpfer eines dramatischen und lyrischen Werkes, das bis auf den heutigen Tag lebendig geblieben ist, dessen Gedanken-, Farben- und Gefühlsreichtum eine Nähe erzeugt, die vergessen lassen kann, daß wir uns einen Menschen des elisabethanischen Zeitalters vorstellen müssen. Zugleich ist sein Werk erfüllt vom Geist und von den Leidenschaften der Zeit. Die

Ära Shakespeares bringt in England das Theater als Welttheater hervor: Es besitzt alle Kennzeichen des Volkstheaters, greift aber über anthropologische Konstanten weit hinaus in das Reich universaler Bedeutungen. Alle Schichten bildeten das Publikum. Die Stücke wurden mit Zwischenspielen und Einlagen von Akrobaten gegeben. Die Theater präsentierten eine lebendige Renaissancewelt des elisabethanischen London. Sie waren Orte für jedermann, für Geschäfte und Passionen, Handel und Wandel; sie waren Informationsbörse, politische und amouröse Kontaktbörse, es wurde gegessen und getrunken, Entspannung und Heiterkeit, aber auch Nachdenklichkeit im Blick auf die Kürze des Lebens und das Tragische menschlicher Existenz fanden dort ihren Platz. Als Beleg für den Umbruchscharakter des elisabethanischen Zeitalters können die meisten Werke Shakespeares dienen, genannt seien die «Sonette», «Der Sturm», «König Lear» oder «Hamlet».

Hier sollte nicht nur an Dichtung und Drama, an Spenser und Shakespeare, Sidney und Marlowe, Drayton und Jonson gedacht werden, sondern ebenso an die umfängliche Sachliteratur, die mit dem Anwachsen der theoretischen Neugierde und der Ausweitung technischer Kompetenz verbunden ist, aber auch mit dem wachsenden nationalen Selbstbewußtsein. So läßt sich die Mentalität des Zeitalters aus Seefahrtsmanualen und geographischen Arbeiten nicht minder ablesen denn aus den großen Werken der henriceischen und danach der elisabethanischen Geschichtsschreibung, wie wir sie aus den Werken von Edward Hall («The Union of the two noble and illustre famelies of Lancastre and York», 1548), Raphael Holinshed («Chronicles of England, Scotland and Ireland», 1586/87) oder John Stow («A Survey of London», 1598) kennen.

Die Zeit Königin Elisabeths war sowohl durch die langsame Ablösung des alten durch das neue Weltbild geprägt wie auch von einer langjährigen parallelen Geltung beider Modelle. Neben das alte Weltbild, das auf den aristotelisch-ptolemäischen Vorstellungen der Kosmologie und Geozentrik beruhte, zudem auf den Grundsätzen der aristotelischen Physik und Metaphysik (Bewegungslehre, Lehre von den vier Elementen, Trennung der supralunaren von der sublunaren Welt), die auch in der englischen Renaissance mit den Konzepten der Magie, Alchemie und Astrologie verbunden wurden über Analogien und Sympathien in der Beziehung von Makrokosmos zu Mikrokosmos, trat das wissenschaftliche Weltbild mit seiner

Betonung der Mathematik, der induktiv-deduktiven Methode, die sich nicht nur in der Physik und Astronomie zeigte, sondern auch in der Medizin sowie in der Begründung der empirischen Wissenschaft bei Francis Bacon, William Gilbert und anderen. Auch in England trennte sich langsam die alte von der neuen Philosophie. Der scholastische Aristotelismus im thomistischen Sinn trat zugunsten der Schule von Padua zurück, die eine analytisch-synthetische Methode bevorzugte, welche für die empiristisch-systematische Naturwissenschaft wegweisend wurde. Neben der Leitdisziplin der Astronomie haben sich die Gelehrten aber auch mit spekulativen und geheimen Wissenschaften befaßt (Platonismus, hermetisches Schrifttum), die den «Tatsachenwissenschaften» gegenüberstanden.

Große Gelehrte wie Harriot und Dee forschten außerhalb der Universitäten in Einsamkeit, zeitweise in der Gunst hochgestellter Persönlichkeiten wie Dee, der als «Magier der Königin» bezeichnet wurde, oft aber auch in Armut und Abhängigkeit wie Harriot. Die Reflexionen über Staat und Gesellschaft haben die alte aristotelische Idee vom guten Leben nicht nur mit der Utopie, sondern auch mit dem Theoretisieren in Verbindung gebracht. Angehörige des Adels und der besitzenden Klassen suchten nach einem neuen Lebensstil sowohl in der Stadt als auch in bukolischer Abgeschiedenheit ihrer Landsitze. Der neue Lebensstil in der Öffentlichkeit und in der kultivierten Privatheit erfaßte auch die obere Mittelschicht. Die Ansätze des Lebens in Muße führten zur Beschäftigung mit Literatur, Philosophie und Wissenschaften, ja viele Theologen haben sich mit diesen Gebieten beschäftigt. So entstanden im elisabethanischen Zeitalter zwei wichtige Typen von Wissens- und Bildungsträgern: der «Gentleman Scholar» und der «Virtuoso». Beide finden sich ein bei der Gründung der Wissenschaftsgesellschaften, die vom «Invisible College» bis zur «Royal Society» im späten 17. Jahrhundert reichen.

John Dee gehörte zu den Gelehrten, die Hervorragendes in Geometrie, Navigation und Geographie leisteten, Thomas Hariott ist wegen seiner algebraischen Studien (z. B. kubische Gleichungen; posth. «Analyticae Praxis», 1631) ebenso berühmt geworden wie aufgrund seiner Arbeiten zur Astronomie (Beobachtungen der Jupitermonde; Briefwechsel mit Kepler) und Mechanik, während Thomas Digges als einer der führenden Kopernikaner Englands gilt.⁹ Manche großen Figuren wie John Dee und Sir Walter Raleigh waren in der empirischen Naturphilosophie ebenso tätig wie in den Feldern der Spekulation. Eine informelle Gruppe englischer Renaissancegelehrter wie die «Schule der Nacht» gehört in diesen Zusammenhang. Unter ihren Mitgliedern befanden sich Marlowe, Raleigh, Harriot, der Dichter Chapman, berühmt für seine Homerübersetzung wie für sein faustische Stimmung erzeugendes Gedicht «The Shadow of Night»¹⁰ und der «Wizard Earl», der Earl of Northumberland.

Sensationell erschien die Gründung des Gresham College durch Elisabeths Finanzier Sir Thomas Gresham. Er hatte erkannt, daß das höhere Bildungssystem unbedingt in Richtung Mathematik und exakter Naturwissenschaft zu erweitern war. Zu den Fellows des College gehörte auch Henry Briggs, der die Logarithmen mit deren Erfinder Napier diskutierte und die erste Logarithmentafel aufstellte. Später lehrte Briggs in Oxford. Er konzipierte technologische Projekte wie Kanäle und kümmerte sich um die Einführung der arabischen Zahlen. Auch das Royal College of Physicians fungierte als Einrichtung, welche sich dem Fortschreiten der Erkenntnisse öffnete. In diesem Zusammenhang ist William Harvey zu nennen, der durch seine zureichende Erklärung des menschlichen Blutkreislaufs zu den bedeutendsten Naturwissenschaftlern seiner Zeit gehört.

Im elisabethanischen Zeitalter wurde der Schub in den Naturwissenschaften auch durch den Modernisierungsdrang in Handel und Industrie angeregt, denn hier erwuchs technologisches Interesse. Man erkannte zunehmend die Notwendigkeit, technische Verfahren zu verbessern und in der Praxis zu nutzen. Francis Bacon wertete sehr früh die Tradition der Werkstätten auf.¹¹ Bacon hat seit Ende des 16. Jahrhunderts eine Revision der traditionellen Wissenschaft gefordert («The Advancement of Learning», 1605): Er wollte unter Zurückweisung des Schul-Aristotelismus sowie der Spekulationen von Astrologie, Alchemie und Magie gesichertes Wissen durch eine nah an den Realien bleibende Induktionsmethode gewinnen, die zunächst die Vorurteile des Menschen durchschaut und abbaut, um sodann über Stufen der Ausschließung zu allgemeinen Gesetzen vorzustoßen, die ihre Konstituierung dem Experiment verdanken, ihren Test der *scientia operativa* (wiederholte Anwendung in der Praxis und damit instrumentelle Verwendung). Die Mathematik hatte nicht nur große Bedeutung über die Astronomie in der Navigation, sondern ebenso in der Artillerietechnik, die den Bau von Kanonen für Verwendung zu Lande und auf den Meeren betrieb. England hat in dieser Zeit die mechanischen Kenntnisse benutzt, um mit Hilfe von Pumpensystemen Tiefschachtanlagen im Bergwerk anzulegen. Auch hier stand die Kenntnis von modernen Klassikern wie Rudolf Agricolas «De Re Metallica» im Hintergrund. In der Technik spielte die Metallurgie eine große Rolle – nicht nur für die Waffentechnik, sondern für mannigfache Geräte und Werkzeuge. Die große Nachfrage nach dem Import von Fertigwaren für das tägliche Leben (z. B. Messer, Nägel, Stecknadeln und Nadeln) regte in England zur eigenen Herstellung dieser Artikel des alltäglichen Bedarfs an, und dies führte zur Differenzierung der Warenproduktion.

Die Entdeckung der wahren Form der Erde und ihrer Position im kosmologischen System befruchtete die Imagination des wissenschaftlichen Geistes im elisabethanischen England. Das Titelbild von Bacons Buch über die neue Methode, obwohl später gedruckt («Novum Organum», 1620), fängt exakt den Wagemut der Elisabethaner ein: Es zeigt zwei englische Galeonen, die aus Übersee zurückkehren und die Säulen des Herakles mit dem Bug in Richtung Europa durchfahren. Die gesteigerte Faszination am Wissen wurde im England Elisabeths auch deutlich durch das sich intensivierende und ausweitende Interesse am eigenen Land. Es entstanden historische, geographische und realienkundliche Darstellungen der Grafschaften, aber auch Beschreibungen des ganzen Landes in englischen und lateinischen Monographien von Autoren wie Camden, Lambarde, Carew und anderen.[12] Mit der zunehmenden Bedeutung der Seefahrt in Wirtschaft und Weltpolitik befaßten sich gelehrte Engländer ebenso wie Praktiker der Seefahrt mit moderner Navigation, Geographie und Kartographie. Elisabeth und Burleigh waren vom Gedanken der Größe der Welt und von der Idee der unermeßlichen Machterweiterung fasziniert. Cecil liebte Karten, in erster Linie Weltkarten, aber auch Christopher Saxtons Karten der englischen Grafschaften, ein wichtiges Arbeitsmittel zur Planung der Küstenverteidigung.[13]

Spät zeigte sich in England ein markantes Interesse an der Seefahrt und an den Weltmeeren, denn erst lange nach den Portugiesen und Spaniern begann Heinrich VIII. mit dem Ausbau der Kriegsmarine, der von seiner Tochter Elisabeth I. mit Energie fortgesetzt wurde. Die überseeische Expansion Englands und damit die Leistungen von Männern wie Humphrey Gilbert, Raleigh, Drake, Hawkins sind ohne den Kompaß nicht zu denken. Neues astronomisches Wissen bereicherte die Navigation durch Anwendung exakter arithmetischer und geometrischer Methoden, wobei dieses «America of Learning» auch durch die Präzisionsarbeit der Instrumentenmacher umgesetzt wurde. Die verbesserten Orientierungsverfahren brachten – in Verbindung mit der Modernisierung des Schiffsbaus – große Verbesserungen für die Seefahrt.

Jede Betrachtung der «Sea Dogs» Elisabeths muß sich darüber im klaren sein, daß wir in diesen Männern Persönlichkeiten begegnen, die den Geist der frühen Neuzeit in mannigfachen Aspekten repräsentieren. Technische Kompetenz, Politik, Strategie und Ökonomie waren in Männern wie Raleigh, Drake und Hawkins aufs engste verbunden. Die Kenntnisse der Astronomie, Navigation, Geographie und Kartographie bildeten für alle Leistungen der «Sea Dogs» die unabdinglichen Voraussetzungen, die allerdings durch militärische Führungsqualitäten und wirtschaftlichen Sinn ergänzt wurden. Als Sir Francis Drake 1580 mit der «Golden Hind» von seiner legendären Weltumsegelung[14] zurückkehrte, die er am 17. November 1577 von Plymouth aus begonnen hatte, brachte er derartige Mengen an Gold, Juwelen und Gewürzen mit, daß die Teilhaber des Unternehmens 4700% an Rendite einstreichen konnten.[15] Drake erwarb europäischen Ruhm, wenn nicht schon für damalige Zeiten Weltruhm: Sein Name galt als Symbol der englischen Seemacht schlechthin, zeugt aber realiter von Grausamkeit und rücksichtsloser Habgier.

Natürlich waren die Gold- und Silberladungen, die spanische Schiffe aus Südamerika nach Europa brachten, bei den «Sea Dogs» begehrt. Doch die maritimen Aktivitäten der Engländer unter Elisabeth umfaßten viele Weltregionen und eine Vielfalt von Waren, ob es sich dabei um russische Pelze, Wachs und Hanf oder um orientalische Gewürze, chinesische Seide, Elfenbein oder Edelsteine handelte. Seit 1580 war in England eine rapide Zunahme des Überseehandels zu verzeichnen, begleitet von der Gründung von Fernhandelsgesellschaften. Da gab es nicht nur die «Muscovy Company», sondern auch die mit dem Baltikum handelnde «Eastland Company», die seit 1581 für den Marokko-Handel zuständige «Barbary Company» und schließlich seit 1600 die «East India Company». Bereits 1598 hatte sich England als große Handelsnation sicher genug gefühlt, um den hansischen Stahlhof in London zu schließen. Auch aus dem Mittelmeer («Levante Company») und dem atlantischen Handel waren die Engländer nicht mehr wegzudenken. Mit ihren modernen hochseetüchtigen und schwer gerüsteten Schiffen konnten sich die englischen Kauffahrer überall durchsetzen. England profitierte dabei besonders vom Dreieckshandel zwischen dem eigenen Land, Afrika und Westindien, wobei Sklavenverkauf und Zuckerimport eine große Rolle spielten. Aus Neufundland holten die Seefahrer Kabeljau und aus Virginia Tabak. Die Handelskompanien begannen schon früh, ihre Geschäftsinformationen in Berichten aufzuschreiben, ja sie erkannten die Notwendigkeit der Verbindung zwischen Seefahrtspraxis und wissenschaftlichen Kenntnissen. Die «Muscovy Company» ließ bereits 1561 das Buch über die Kunst der Navigation von Martín Cortés ins Englische übersetzen. Die «East India Company» hatte Hakluyt als ihren eigenen Chronisten gewinnen können und finanzierte für ihre Mitglieder wissenschaftliche Vorträge über Mathematik und Nautik.[16]

Den großen Seereisen brachte niemand so großes Interesse entgegen wie Königin Elisabeth. Sie stellte Schiffe zur Verfügung, investierte in viele Unternehmungen Geld, wurde über die Pläne und Resultate genau informiert und wußte aus direkten Gesprächen mit Drake besser darüber Bescheid, was dieser vorhatte, als ihr eigener Lord Treasurer. Als Drake im Herbst 1580 von seiner Weltumseglung zurückkehrte und in Plymouth einlief, fragte er als erstes, ob die Königin lebte und wohlauf sei. Über die reiche Beute hatten nur Drake und Elisabeth exakte Kenntnisse; ihr allein übergab er sein Tagebuch und die Karte, auf der die Route der Weltreise verzeichnet war. Dies waren Staatsgeheimnisse, auf deren Verrat die Todesstrafe stand – Hakluyt durfte in seiner ersten Ausgabe der «Principal Navigations» nicht darüber berichten.[17] Die führenden Höflinge und «Privy Councillors» hatten allesamt ihre Hand in diesen überseeischen Unternehmen, die so lukrativ wie riskant waren. Ebenso waren die wichtigsten englischen Wissenschaftler der Zeit engagiert, ob es sich hier um John Dee, Thomas Harriot oder um Richard Hakluyt handelt.[18]

Richard Hakluyt (1551?–1616), der mit Sir Philipp Sidneys am Christ Church College in Oxford studiert hatte, wurde zum wichtigsten wissenschaftlichen Historiker der englischen See- und Entdeckungsreisen sowie zum Propagandisten eines militanten Protestantismus.[19] Er verfügte über die naturwissenschaftliche Bildung seiner Zeit sowie über reiche Sprachkenntnisse. Seine Darstellungen spiegeln im Blick auf die englischen Seefahrer harte Politik und verbissenen Leistungswillen, aber ebenso die Neigung zur Glorifizierung und zum Idealisieren dieser Taten. Beide Aspekte sind bei ihm eng verzahnt, so daß es leichtfertig wäre, die Wirklichkeit hinter der poetisch überhöht dargestellten Welt zu vergessen. Für Hakluyt war Naturerforschung Gottesdienst, weil sie die Vielfalt der Natur sichtbar und verständlich macht. Seine wichtigste Leistung, die «Principal Navigations» (1589, 1599, 1600) seiner Nation aufzuschreiben, basierte aber auch auf einer starken positivistischen Grundlage, denn Hakluyt befragte die aus Übersee zurückkehrenden Kapitäne. Zeitweilig war er Sekretär des englischen Botschafters in Paris, Sir Edward Stafford, was ihm Gelegenheit bot, sich als Spion zu betätigen und die französischen und spanischen Kolonisationspläne für überseeische Gebiete auszuforschen. Hakluyt war Experte für spanische Seefahrt und portugiesische Kolonialorganisation. Ihm war klar, daß England die Goldzufuhr aus dem spanischen Amerika unterbinden mußte, weil Spanien mit diesem Gold die Gegenreformation finanzierte, ein Vorgang, der jedem Nationalinteresse der Engländer zuwiderlief. Als Pendant zu Spaniens Aktivität in der Neuen Welt entwarf Hakluyt ein «Amerikaprojekt», innerhalb dessen eine selbständige Kolonie geplant wurde, die primär auf Ausbeutung der dort heimischen Produkte angelegt war. Es ging um Pelze, Holz und Pottasche, aber auch um landwirtschaftliche Produktion. All dies hielt Hakluyt für wichtiger als das Kapern von Goldschiffen. Doch der wissenschaftliche Visionär hatte zudem schon die Notwendigkeit einer englischen Ostindienkompanie erkannt. Er hat daran mitgearbeitet, die Welt zu einem offenen System zu machen: Zu einem einzigen Markt, auf dem die Verbindungsfäden hin und her schossen wie auf den Portolanen.

Das Zeitalter Königin Elisabeths war eine Zeit des Übergangs und des Aufbruchs. Die Konstituierung einer neuzeitlichen Gesellschaft im Sozialen wie im Wirtschaftlichen gehörte ebenso dazu wie die Expansion im materiellen Raum und Wissenserweiterung auf den verschiedensten Gebieten. England unter Elisabeth setzte sich notgedrungen sowohl mit Reformation und Gegenreformation als auch mit der Kluft zwischen alten und neuen Weltbildern auseinander. In der Durchsetzung des nationalen Interesses entstand etwas im Binnenraum der Insel, das man trotz aller Kritik und berechtigten Einschränkung «merry olde England» nennen könnte. Nur dürfen die Hintergründe einer solchen Formulierung sich nicht in ein Stereotyp auflösen. Es ist wichtig, die verschiedenen Aspekte der Zeit Königin Elisabeths zu beleuchten, um ein Verständnis derselben zu gewinnen.

Nur wenn diese Hintergründe erkannt sind, läßt sich verstehen, warum etwa im Innern des Landes keine Burgen mehr gebaut wurden, sondern elegante Schlösser mit Riesentreppenhäusern und lichtdurchfluteten Räumen: Anstelle der Schießscharten ersetzenden kleinen Fenster setzte man immer öfter große Glasfenster ein (z. B. Hardwick Hall, aber auch: Longleat House, Wollaton Hall), die zugleich in der Wandgestaltung einen Effekt der Großzügigkeit hervorrufen sollten. Doch die Modernisierung der Kriegsführung allein ist keine zureichende Erklärung für neues Bauen. Kulturelle Neuerungen speisen sich stets aus einem Stilwillen, der einen Aspekt des Geistes der Zeit darstellt. Der Anspruch, etwas Großes und Besonderes zu realisieren, wird in erster Linie sinnfällig. Der elisabethanische Baustil, wie er sich in Schlössern[20] und öffentlichen Bauten (z. B. den Colleges in Oxford und Cambridge) erhalten hat, wirkt im Verhältnis zur kontinentalen Hochrenaissance in vielen Fällen überdekoriert und überdimensioniert und war auch besonders in der Anfangsphase stilistisch sehr eigenwillig. Mit der Rezeption der Baukunst der italienischen Renaissance hatten die durch Tradition geprägten englischen Handwerker zunächst ihre Schwierigkeiten. So entstanden Mischungen reizvoller Art, die den italienischen Vorbildern nur wenig gleichen, zumal die Vermittlung des neuen Stils häufig durch niederländische und französische Künstler erfolgte. So erhielt die elisabethanische Architektur ein eigentümliches Gepräge: Es gab englische Grundgestaltungen mit italienischem Zierrat, gotische Bauwerke mit klassischen Verkleidungen oder klassische Formen in gotischer Manier behandelt.[21] Zwar finden sich Symmetrien in den Grund- und Aufrissen, doch erweist sich die Dekoration als so dominant, daß die Proportionen zurückgedrängt werden. Das Praktische und Phantastische hat sich in dieser Architektur verbunden, oft mit Übergängen zum Manierismus. Diese reiche Dekoration setzt sich im Inneren der Gebäude fort: in Eichenvertäfelungen und kunstvoll ornamentierten Stuckdecken, in

*Burghley House in der Nähe von Stamford.*
*Einziges noch existierendes Schloß von Elisabeths Sekretär.*
*(Burghley Estate)*

Treppenhäusern aus Eichenholz, verziert mit Schnitzereien und entsprechenden Einrichtungsgegenständen. Als das Jahrhundert fortschritt, wurde die italienische Bauweise und Innendekoration in England viel freier gestaltet, und dies nicht im Sinne von Imitation, so daß sich ein eigener elisabethanischer Stil festigte. Die Symmetrie der Bauweise wurde selbstverständlich, mit harmonisch gegliederten Fassaden und ausgewogenen, koordinierten Baumassen. Die Grundrisse wurden oft in Form eines E gestaltet, eine Anspielung auf den Vornamen der Königin, doch es gab auch H-Grundrisse. Mit den größer geschnittenen Fenstern gewannen die Räume an Helligkeit und Freundlichkeit, so daß die Schlösser und Landsitze bald mit burgartiger Architektur nichts mehr gemein hatten. Einige Schlösser wurden auch deshalb besonders groß angelegt, weil ihre Besitzer sich darauf einrichteten, die Königin mit ihrem Hofstaat während ihrer sommerlichen «Progresses» zu empfangen (Lord Burleighs «Theobald» (1564–1588) in Hertfordshire; Sir Christopher Hattons «Holdenby House» (vor 1580) in Northamptonshire).

Die Malerei des elisabethanischen Zeitalters wurde, vor allem in den Anfängen, in vielen Fällen von Deutschen, Flamen, Niederländern und Franzosen bestritten. Zunächst war dekorative Malerei gefragt als Ergänzung der Dekoration in Schlössern: für Wände, Decken, Holzarbeiten. Die Elisabethaner liebten farbige, oft vergoldete Oberflächen und mochten keine leeren Stellen. Vielfach wurden Kupferstiche kontinentaler Meister, wie die von Martin de Vos, als Wanddekoration übertragen. Mit dem Humanismus verbunden, hatte sich in England auch ein gesteigertes Interesse am Individuum verbreitet, wie es ganz markant im Werk Shakespeares verdeutlicht wird. Man wünschte sich in Portraits die Wiedergabe der individuellen Persönlichkeit, eine Kunst, die unter Heinrich VIII. durch Holbein in England etabliert wurde. Die Elisabethaner unterschieden allerdings sehr genau zwischen öffentlichen und privaten Portraits. Während erstere Rang und Status, Wappen und Familie demonstrieren sollten, ging es in den privaten Portraits um Lebendigkeit und Grazie. Von den Staatsportraits der Königin wurde Ähnlichkeit, Idealisierung sowie Würde und königliche Aura erwartet. Es gab nur wenige Engländer, die Portraits höchster Qualität schufen, allen voran der Miniaturenmaler Nicholas Hilliard.[22] Er war die Ausnahme schlechthin, die große Begabung seiner Zeit: Sohn eines Goldschmieds aus Exeter, Ästhet durch und durch, ein elisabethanischer Dandy. Das romantische Genie Hilliard, der «Sonettdichter» der Malerei, stand in höchster Gnade bei der Königin, hatte aber auch am französischen Hof Anklang gefunden. Er war vielseitig interessiert, verkehrte mit den Dichtern der Pleiáde wie Ronsard, studierte Minerale und Bergbau, Naturphilosophie und Alchemie, galt aber auch als vorzüglicher Kenner der europäischen Malerei. Hilliard hat alle Engländer seiner Zeit portraitiert, die Rang und Namen hatten, ob es sich um die Königin, um Essex, Raleigh, Burleigh, Donne oder gar um den jungen Francis Bacon handelte. Einen vergleichbaren Rang besaß Hilliards Schüler Isaac Oliver.

Besonders hochstehende Leistungen hat England in dieser Zeit in Buchdruck[23] und künstlerischer Buchausstattung erbracht, nicht nur, weil die Zahl der verlegten religiösen und literarischen Bücher ungemein zunahm, sondern auch, weil die Sachbuchliteratur in einem unglaublich hohen Maße anwuchs. Die Drucker und Buchhändler bemühten sich, ihre Produkte mit Kupferstichen, vor allem kunstvollen und mit Emblemen verzierten Frontispizen und Titelblättern auszustatten.

Zu den allgemein anerkannten hervorragenden kulturellen Leistungen des elisabethanischen Zeitalters gehört das musikalische Schaffen, das als Höhepunkt in der Geschichte der europäischen Zivilisation neben die Blüte der Literatur gestellt worden ist.[24] Ausgangspunkt für diese Entwicklung war der «Descant», das System, zwei oder mehr musikalische Phrasen zu kombinieren, dies zunächst in der Vokal-, dann auch in der Instrumentalmusik. Von den anfänglich noch in Kirchentonarten geschriebenen Stücken, in denen alle Teile der Musik gleiche Wichtigkeit hatten (Polyphonie), wandte man sich Ende des Jahrhunderts ab zugunsten der Homophonie (obere Stimme führt, untere begleitet), obwohl gerade die polyphone Musik in England am Ende des elisabethanischen Zeitalters in den Madrigalen einen europäischen Höhepunkt erreichte. Kontinentale Meister wie Orlando di Lasso und Palestrina waren Vorbilder für die Kirchenmusik, doch ist ebenso ein Aufschwung der weltlichen Musik zu verzeichnen. Stand die Musik zu Beginn der Herrschaft Elisabeths in England noch hinter den Italienern und Niederländern zurück, so änderte sich dies, vor allem deshalb, weil die bedeutenden englischen Komponisten wie Tye, Whyte, Tallis, Byrd, Bull und Philips Anhänger des alten Glaubens blieben und die Traditionen der katholischen Kirchenmusik in das neue Zeitalter überführten. Die calvinistisch geprägte Reduktion auf das Psalmensingen gilt als gegenläufige Bewegung, wohingegen große Fortschritte in der weltlichen Musik ab 1580 deutlich wurden. Es wurden Balladen und Gesangsmelodien – oft für Lautenbegleitung – geschrieben, die sich auch in Shakespeares Werk finden. Für die Tasteninstrumente wie das Virginal entstanden Sammlungen («Fitzwilliam Virginal Book», «Cosyn's Virginal Book», «Lady Nevell's Book»), auch zogen viele Wandermusiker durch England. 1586 veröffentlichte der berühmte Oxforder Gelehrte von St. John's College, John Case, eine Verteidigungsschrift «The Praise of Music», wofür ihm Komponisten wie Byrd mit einem Musikalbum dankten. Zwei Jahre nach dem Erscheinen des Buches von Case entsteht die Große Schule der Madrigalisten in England. Das Anwachsen des Luxus und die zunehmende politische Sicherheit nach dem Armada-Sieg führten zur bedeutenden Entwicklung des musikalischen Talents. Die Frische und Kraft der Melodien verband sich mit hohem technisch-musikalischen Können. Die Musik war gesellschaftsfähig geworden; sie wurde bei Hofe und in aristokratischen Kreisen geschätzt und praktiziert. Der Adel beschäftigte Musiker und Komponisten. In den elisabethanischen Hausmusiken wurden mehrstimmige Liedsätze mit Instrumentalbegleitung zur Aufführung gebracht. Bücher über adliges Verhalten wie Henry Peachhams «Compleat Gentleman» verlangten nicht die perfekte Beherrschung eines Instruments, aber das sichere Singen vom Blatt als geziemend für einen Adligen.

Die Parallelität von Musik und Literatur wurde unterstrichen durch die Literaturvertonungen von William Byrd (1543–1623) sowie durch die Zusammenarbeit von Ben Jonson und Orlando Gibbons (1583–1625). Die elisabethanische Musik umfaßte polyphone Chorwerke für den kirchlichen Gebrauch ebenso wie weltliche Madrigalkompositionen und Tanzmusiken für Streichinstrumente. Solo Ayres gehen auf die englische Balladen- und Volksliedertradition zurück; sie gehörten zum Repertoire, wie das Werk von John Dowland (1563–1626) («Fine Knacks for Ladies»; «Lachrymae oder Sieben Tränen gestaltet in sieben leidenschaftlichen Pavanen», 1605) zeigt, aber auch die erhabenen und von tiefem Pathos getragenen Kirchenmusiken William Byrds (Cantiones Sacrae; Gradualia) sowie die Kompositionen von Thomas Campion. Die Ayres sind kurze Lieder, für eine bis vier Stimmen geschrieben, zumeist mit Lautenbegleitung. Diese Musik unterscheidet sich von den komplizierten Madrigalen, deren Meister John Wilbye, Orlando Gibbons und Weelkes eine höchst eindrucksvolle Verschmelzung von Melodie und Harmonie erreichten. Die Ayres bildeten auch das Material für die Theatermusik des elisabethanischen Zeitalters: Sie wurden als Vokalsoli mit Lautenbegleitung aufgeführt oder als Einzellied in Theaterstücken gesungen und waren beim Publikum sehr beliebt.

Insofern war die Ära Elisabeths das glanzvolle Zeitalter der englischen Musik schlechthin. Die Musik konnte erblühen unter den Bedingungen einer weitgehend integrierten Gesellschaft, deren Lebenssituation günstig erschien. Es kam zur Ausgewogenheit zweier Erfahrungswelten, ohne daß sich die nötige fruchtbare Spannung verlor. Die elisabethanische Musik brachte den Rhythmus der Epoche in ebenso hohem Maße zum künstlerischen Ausdruck wie das Werk Shakespeares.

## 6. Aufstieg zur Weltmacht: Außenpolitik vom Sieg über die Armada bis zum Ende der Herrschaft Elisabeths

Ein erstarkendes England unter Elisabeth strebte nicht nur nach struktureller politischer Konsolidierung des eigenen Systems, sondern richtete seine Orientierung auch mehr und mehr auf Expansion. Expansion schließt hier internationale Seefahrt, Welthandel sowie erste Ideen zum Aufbau eines Empire ein. Die bis dahin führende Weltmacht Spanien mußte in wirtschafts- und machtpolitischer Hinsicht Englands natürlicher Gegner sein, wenn schon die religiöse Gegnerschaft feststand. Als Spanien durch die Vereinigung mit Portugal im Jahre 1580 die Teilung der Welt nach dem Vertrag von Tordesillas[1] aufhob und beide Erdhälften für sich beanspruchte, so geschah dies im Sinne einer kirchlich sanktionierten Weltherrschaft. Da konnte es kaum ausbleiben, daß das im Aufstieg begriffene England, vor allem Königin Elisabeth, die spanische Sicht von universaler Herrschaft in Zweifel zog und schon längst dazu übergegangen war, sie faktisch mit Scharmützeln zur See in Frage zu stellen.

Die Spannung zwischen England und Spanien spiegelte neben handfesten weltpolitischen und -ökonomischen Interessen auch die weltanschauliche Auseinandersetzung in Bezug auf das Verhältnis von Religion und Menschenbild. Diese Auseinandersetzungen erschöpften sich nicht im Diskurs, sondern führten zu konkreten Aktionen. Hier sind nicht nur die von Spanien unterstützten Attentatsversuche gegen Königin Elisabeth zu nennen, sondern auch die englischen Berichte über die Grausamkeit der Spanier gegen die eingeborenen Völker Amerikas. Die Darstellung Bartolomé de las Casas wurde schon 1583 unter dem Titel «The Spanish Colonie» ins Englische übersetzt. Aus eigener Anschauung schrieb Sir Walter Raleigh über das Verhalten der Spanier in Südamerika.

Wenn England schon seit den Anfängen der Herrschaft Elisabeths an Aufrüstung dachte und auch Schritte in dieser Richtung unternahm, so hatte es die Schwächen der sechziger Jahre zu Beginn der achtziger Jahre deutlich hinter sich gelassen. In Anbetracht dieser Lage entwickelte Spanien 1582 Pläne, eine Armada nach England zu entsenden, um dieses ketzerische Land in die katholische Staatengemeinschaft zurückzuholen. Entsprechend erweiterte die englische Regierung ihre Vorbereitungen zur Landesverteidigung. In vier Regionen kam es zu Truppenstationierungen: Truppen aus Yorkshire und den nördlichen Grafschaften sicherten Schottland und die Ostküste nördlich von Harwich; mobile Einheiten operierten an der Südküste und hätten so die Fortbewegung der Armada «beschatten» können. Ihre Stärke belief sich auf insgesamt 27000 Infanteristen und 2500 Kavalleristen. Unter Leicester wurde bei Tilbury eine Truppe von 16500 Mann zusammengezogen. Hinzu kamen 16000 Mann, die der Hochadel, die «Privy Councillors» und die Bischöfe aus ihrer privaten Gefolgschaft als persönlichen Schutz Königin Elisabeths aufstellten. Unter den führenden Militärs kamen Zweifel auf, ob diese Vorbereitungen zur Landesverteidigung ausreichend sein würden. Sir Walter Raleigh etwa sah die Rettung Englands allein in einer effektiven Kriegsmarine.

Ein schwieriges Verhältnis zwischen England und Spanien hatte die Politik Elisabeths schon über Jahre begleitet. Noch 1585 reagierte England auf den Geheimvertrag zwischen Frankreich und Spanien durch ein Abkommen mit den protestantischen Niederlanden (Vertrag von Nonsuch), das die Entsendung von 7000 englischen Soldaten für den Kampf gegen die spanischen Truppen vorsah. Philipp II. beantwortete diesen Affront mit dem Festsetzen englischer Schiffe in spanischen Häfen. Die Zunahme der Spannungen zwischen England und Spanien waren auch durch das Machtvakuum bedingt, das 1584 durch die Ermordung Wilhelms von Oranien, aber auch durch die Erfolge Parmas entstanden war. Auch wenn Prinz Moritz von Oranien im Todesjahr seines Vaters zum Statthalter der Nordprovinzen berufen wurde, ließ sich der Earl of Leicester zugleich, ohne die Zustimmung seiner Königin einzuholen, zum Generalstatthalter machen. Das militärische Engagement Englands wurde 1585 im Vertrag von Nonsuch bestätigt: Hier sicherte England den Niederländern Militärhilfe zu. Leicester hat in den Niederlanden weniger im Sinne der englischen Zentralpolitik agiert als seinen eigenen Zielen entsprechend, dabei aber die Interessen der Mitglieder einer losen Föderation aus den Augen verloren. Einerseits versuchte er durch Eingreifen in die Provinz Holland die

Position Moritz' von Oranien zu schwächen, andererseits verprellte er die Amsterdamer Kaufherren durch sein Verbot, mit Spanien Handel zu treiben. Letztlich hat er im Irrglauben, die Stellung Wilhelm von Oraniens einnehmen zu können, zu einer Spaltung der Niederlande beigetragen. Leicester wandte sich gegen Holland und Seeland, um Utrecht zum Machtzentrum der Niederlande zu erheben (mit Sitz der Generalstände und des Staatsrats). Ohne diplomatisches Geschick und unfähig zum Kompromiß – darin dem Herzog von Anjou durchaus ähnlich – fehlte Leicester auch der militärische Erfolg. Nicht nur wegen des Verrats von Deventer durch einen krypto-katholischen englischen Offizier an die Spanier, sondern aufgrund der allgemeinen Verärgerung der Niederländer über den Earl wurde seine Rückkehr nach England nicht bedauert. Das Ende Leicesters kam, als er auf Befehl Königin Elisabeths einen Friedensschluß mit Parma empfahl. Hier zeigte sich ein weiteres Mal die Vorsicht der englischen Königin in dem Willen, Krieg zu vermeiden, wo es irgend möglich war. Sie dachte stets an die Kosten eines Krieges sowie an das Verhältnis von finanziellem Aufwand und politischem Resultat. Sie wußte überdies, daß die niederländischen Provinzen mittlerweile so erstarkt waren, daß englisches Engagement nicht mehr vonnöten war. Zwar kann man nicht davon reden, daß Spanien besiegt war, doch es lag auf der Hand, daß es nie mehr die alte Herrschergewalt über die Niederlande erreichen würde. So verschlechterte sich das Verhältnis zwischen England und Spanien allmählich bis hin zu offenen Feindseligkeiten. Elisabeth entsandte als Reaktion auf spanisches Vorgehen Drake mit der Flotte, um spanische Prisen zu machen und die spanischen Kolonien anzugreifen.

Mit der Hinrichtung Maria Stuarts im Jahre 1587 war eine große Hoffnung auf eine katholische Königin Englands für alle Gegner Elisabeths geschwunden. Als sich 1587 die Pläne zur Aussendung der Armada gegen England konkretisierten, steigerte Sir Francis Walsingham die anti-spanische Spionagetätigkeit aufs Äußerste. Obwohl der englische Botschafter in Paris, Sir Edward Stafford, die Pläne der Königin in Bezug auf Drake an Spanien verraten hatte, überfiel Drake im April 1587 die spanische Armada in Cadiz mit großem Erfolg und versenkte dreißig von achtzig Schiffen. Die spanische Admiralität reagierte völlig verwirrt und kopflos und war gezwungen, das Unternehmen Armada um ein Jahr aufzuschieben. Angesichts der Bedrohung der katholischen Mächte durch England schloß der Papst am 29. Juli 1587 einen Vertrag mit Philipp II. zur Einrichtung und Organisation des zukünftigen «Katholischen England». Philipp II. hatte sich zuvor wenig an einem Krieg mit England interessiert gezeigt. Doch um 1585 änderte er seine Haltung, zu diesem Zeitpunkt noch in der Hoffnung, Maria Stuart zur Herrscherin Englands erheben zu können. Zur Unterstützung Philipps II. sagte der Papst, der sich über die Schwierigkeit, zum Erfolg zu kommen, keine Illusionen machte, eine Summe von 1 Million Dukaten zu, die vorsichtshalber erst nach erfolgter Invasion Englands ausgezahlt werden sollten. Dieses Riesenunternehmen zur Bezwingung der ketzerischen englischen Königin besaß für Spaniens Politik höchste Priorität: Sein Gelingen sollte die Sicherung des Besitzes der spanischen Niederlande einleiten. Es verwundert nicht, daß Jesuiten wie Pedro de Ribadeneyra schrieben: «Ich betrachte dieses Unternehmen als das wichtigste, das seit vielen hundert Jahren von der Kirche Gottes unternommen worden ist.»[2]

Der König von Spanien verfolgte für die Armada durchaus einen Invasionsplan, der den päpstlichen Interessen entsprechen sollte. Die Armada sollte in den Kanal segeln, sich auf der Höhe von Kent mit dem Hauptkontingent der spanischen Truppen in den Niederlanden vereinigen, um unter dem Oberkommando des Herzogs von Parma mit 30 000 Mann in Kent zu landen und die Invasion einzuleiten. London war in diesem Plan wichtigstes Angriffsziel. Parma dachte in den Anfängen der Planung daran, Maria Stuart zu befreien und sie als rechtmäßige englische Königin zu heiraten. Die spanische Führung bedachte allerdings nicht die Schwächen ihrer Überlegungen: die Stärke und Qualität der englischen Flotte, das Problem der störungsfreien Einschiffung der spanischen Flandernarmee, das Philipp II. erkannt hatte. Es erschien Parma nun nicht mehr möglich, seine Soldaten mit Landungsbooten nach England überzusetzen. Es gab im Grunde zwei Invasionspläne: einmal den von Parma und zum anderen den des Admirals Santa Cruz. Letzterer wollte auf achthundert Schiffen 60 000 Soldaten von Spanien nach England bringen, ohne dabei auf die Truppen Parmas zurückzugreifen. Philipp sah, daß nach dem Plan von Santa Cruz Spanien sich jedes Schutzes durch Kriegsschiffe begeben hätte, so daß er beide Pläne kombinierte, sich dabei aber für eine Armada in einer Größe von etwa einhundertundfünfzig Schiffen entschied.

Für die Truppentransporte über den Kanal war der Schutz durch spanische Kriegsschiffe erforderlich, also durch die Armada selbst. Hier zeigte sich eine weitere Schwierigkeit: Da die Tiefwasserhäfen Flushing (Vlissingen) und Brill (Briel) sich in englischer Hand befanden, verfügte Parma über keinen einzigen Seehafen, in den die spanischen Kriegsschiffe hätten sicher einlaufen können.³ Um dieses Manko auszugleichen, eroberte Parma im August 1587 die am Wasser gelegene Festung Sluys aus englischer Hand. Somit hatte er seiner Auffassung nach einen Zugang von der See für die spanische Armada geschaffen, die seine Landungsboote begleiten sollte. Dabei vergaß Parma jedoch, daß die mit den Engländern verbündeten protestantischen Niederländer ihn mit ihren bewaffneten Schiffen am Auslaufen hindern würden. Die Ausfahrt der Armada wurde jedoch noch zusätzlich verzögert durch den strengen Winter 1587/88: Hungersnöte und Krankheiten brachen in Spanien aus, in deren Folge viele Seeleute starben oder auch desertierten.

Königin Elisabeth hätte den Angriff der Armada gern verhindert, scheute sie doch immer die Kosten, die für kriegerische Auseinandersetzungen aufzuwenden waren. So versuchte sie durch zur Schau getragene Zerknirschtheit und Trauer über den Tod Maria Stuarts Eindruck auf ihre wirklichen und potentiellen Feinde zu machen. Am französischen Hof war ihr hiermit ein gewisser Erfolg beschieden. Elisabeth war sich über die drei gravierenden außenpolitischen Probleme der Nation im klaren. Zunächst war der Zugang zu den Niederlanden freizuhalten, da es hier um die Weiterführung des lebenswichtigen englischen Handels ging. Sodann schien der Königin die Lage in Frankreich unsicher zu sein, da sie Heinrich III. nicht traute und argwöhnte, er könne in Zeiten der Gefahr leicht mit den Guise und den Spaniern kooperieren. Das Jahr 1587 erwies sich für Frankreich als besonders schwierig, weil das Land von Krieg erschüttert war, in welchen Heinrich von Navarra, Heinrich von Guise und der französische König Heinrich III. verwickelt waren. Hinzu kam, daß die Protestanten aus Deutschland und der Schweiz ein Söldnerheer nach Frankreich entsandt hatten, was die Lage noch komplizierter machte. Entscheidend war aber, daß Heinrich von Navarra in dieser Kampagne wichtige Schlachten gegen die Liga gewann. Die katholische Liga unter der Führung des Herzogs von Guise hatte allerdings unter der Hand ein Einverständnis mit Spanien erwirkt, das zum Ziel hatte, in einem massiven militärischen Akt die Hugenotten zu schlagen und zwar synchron mit dem Angriff der Armada auf England. Als der spanische Admiral Santa Cruz starb und das Auslaufen der Armada sich verzögerte, versuchte Guise es mit Verhandlungen, und Heinrich von Navarra verschob einen Präventivschlag gegen die Liga.[4]

Die größte Gefahr sah die englische Königin in Spanien selbst. Doch England war nicht unvorbereitet, da Sir John Hawkins die Aufrüstung der englischen Kriegsflotte mit allen zur Verfügung stehenden Kenntnissen und Mitteln betrieben hatte. Und dann gab es solche Seeleute wie Francis Drake, der im spanischen König seinen persönlichen Feind sah und 1587 eine vorbeugende Zerstörung spanischer Kriegsschiffe in den spanischen Häfen selbst vorgeschlagen hatte.

Am 27. April 1587 schrieb Drake an Walsingham: «Ich versichere Euer Gnaden, daß man von einer solchen Vorbereitung niemals zuvor gehört hat, wie sie der König von Spanien unternimmt und jeden Tag betreibt, um England zu überfallen. [...] Es ist ratsam, alle möglichen Vorkehrungen zur Verteidigung zu treffen. [...] Ich wage Euer Gnaden fast nicht zu schreiben von den großen Streitkräften, von denen man hört, der König von Spanien halte sie in der Meerenge bereit. Trefft energisch alle Vorbereitungen in England, vor allem zur See. Bietet ihm jetzt Einhalt und ein für alle Mal. Achtet gründlich auf die Küste von Sussex.»[5]

Nach einigem Zögern wurde dieses Unternehmen akzeptiert. Schiffe der Royal Navy waren ebenso beteiligt wie solche der Londoner Kaufleute. Doch als Drake in See gestochen war, kamen Boten von Elisabeth mit geänderten Befehlen: Drake wurde verboten, spanische Häfen zu überfallen, er solle sich auf die Schiffe konzentrieren, die ihm auf See begegneten. Es war ein Bravourstück in Elisabeths Repertoire politischer und strategischer Doppelspiele, somit pures Kalkül, daß die Änderung ihres Befehls Drake nicht mehr erreichte. Er war bereits neun Tage auf See, als ihm denn endlich eine Pinasse den hochwichtigen Brief über die Wasser hinterherbringen sollte;[6] sie konnte ihn nicht einholen und machte kehrt. Die Königin konnte ihre Friedensverhandlungen mit den kontinentalen Mächten fortsetzen, Burleigh durfte verkünden, man habe Drake Aktionen in Spanien untersagt. Doch Drake war erfolgreich in Sagres, wo er Hafen und Kastell besetzte. Im Hafen von Cadiz zerstörte oder kaperte Drake 24 Schiffe, von denen viele zu den besten Kriegsschiffen Spaniens zählten. Von Sagres aus kontrollierte er die Seeroute von Andalusien nach Lissabon. Auch hier schadete er dem Feind erheblich, bevor er zu den Azoren aufbrach und dort die «São Phelipe» mit einer Ladung im Wert von 140 000 Pfund Sterling kaperte. Die spanische Armada war nicht zuletzt aufgrund der von Drake bewirkten Zerstörungen im Jahre 1587 nicht mehr in der Lage, auszulaufen. Drake hatte zudem sehr wohl die spanischen Aktivitäten in den Häfen und an der Küste wahrgenommen: Sie bedeuteten die Vorbereitung zur Invasion Englands.

### Die spanische Armada

In dieser Epoche kamen leicht apokalyptische Stimmungen auf. Das Jahr 1588 stand für Europa unter einem schlechten Omen. Große Gelehrte wie Johann Müller aus Königsberg, bekannt als Regiomontanus, sagten eine Sonnenfinsternis und zwei totale Mondfinsternisse voraus – man fürchtete Krieg, Aufruhr oder Naturkatastrophen.[7] Die Furcht vor dem bevorstehenden so unbegreiflichen wie schrecklichen Ereignis war in Spanien so groß, daß Philipp II. von den Kanzeln gegen die Verwirrung der Geister durch Astrologie und Zauberei predigen ließ. Seltsam war es allerdings, daß die geheimwissenschaftliche Prognostik mit den exakten Disziplinen übereinstimmend zu dem Ergebnis kam, daß 1588 gravierende Abweichungen bei den Naturerscheinungen auftreten würden.

Philipp II. erkannte im Sieg über England die notwendige Bedingung einer dauerhaften Rückeroberung der Niederlande. Papst Sixtus V. nahm daher Philipp den Eifer für die katholische Sache nicht ab, weil es Spanien um die Beherrschung Englands ging, auch wenn sich England als Nation schon längst internationalen Respekt verschafft hatte. Umgekehrt fand Sixtus' Ziel einer großen Zurückgewinnungsaktion Englands im Dienste des Glaubens wenig Verständnis beim spanischen König. Philipp II. hatte den Befehl über seine Armada an den Admiral Santa Cruz gegeben, wie beschrieben einen entschiedenen Gegner Englands, der bereits 1583 eine Invasion der Insel vorgeschlagen und in Positionspapieren begründet hatte. Primäres Angriffsziel der Spanier war London als Sitz der Regierung, zudem von See aus leicht zugänglich über die Themsemündung. Auch konnte dieses Unternehmen durch die von Parma befehligten spanischen Truppen in den Niederlanden gesichert werden. Es kam zu Verhandlungen zwischen Parma und Philipp II., doch die Probleme bei der Befriedung der Niederlande verboten die

Verwirklichung der Invasionspläne. Doch im Herbst 1585 änderte Philipp seine Meinung aufgrund der veränderten englischen Außenpolitik (Vertrag von Nonsuch) und er entschied sich am 25. Oktober 1585, Krieg gegen Elisabeth zu führen. Parma und Santa Cruz arbeiteten eine neue Strategie aus. Dabei waren sich die Spanier der Größe ihres Unternehmens bewußt. Sie versuchten, sich durch Verhandlungen mit dem Sultan des Osmanischen Reiches in Istanbul den Rücken im Mittelmeer freizuhalten. Doch Elisabeths Diplomatie war den Spaniern zuvorgekommen und hatte erreicht, daß die Abgesandten Philipps mit leeren Händen zurückkehrten. So blieb den Spaniern 1587–1588 die Furcht vor möglichen Eingriffen der Türken im Mittelmeer. Weitere diplomatische Vorstöße Spaniens in Schottland und Frankreich schlugen in ähnlicher Weise fehl.

Anfang 1587 berechneten die Spanier die Kosten für die Armada und für die Invasion Englands durch Parma als zusammengehörige Unternehmungen auf einen Betrag von 7 Millionen Dukaten. Philipp II. drängte Sixtus V. zur finanziellen Beteiligung, doch der Papst knüpfte, wie gesagt, die Auszahlung von einer Million Dukaten an die Bedingung einer erfolgten Invasion Englands. Die Vorbereitungen der Invasion und die Zurüstung der Armada kamen Mitte 1587 ins Stocken wegen einer Erkrankung des Königs, der sich das Herrschaftswissen und die alleinigen Entscheidungen vorbehielt. Im August 1587 versammelte sich ein Großteil der Flotte in Lissabon, doch die Armada lief gegen den Willen des Königs im Herbst nicht mehr aus, da das Jahr zu weit fortgeschritten war und weil die Schutzgeschwader für die Silberflotte sich noch unter Santa Cruz auf See befanden. Als aber im Frühjahr 1588 der neuerliche Befehl zum Klarmachen der Armada vom König ausging, erkrankte Santa Cruz. Er starb, bevor an ein Auslaufen der Flotte zu denken war.

Mittlerweile war der Plan zum Angriff auf England schon von Walsinghams Geheimdienst ausgekundschaftet worden. Den vakant gewordenen Admiralsposten besetzte Philipp II. mit dem Herzog von Medina Sidonia, einem Landmilitär mit beträchtlichen theoretischen Kenntnissen von Seefahrt und Nautik, dem jedoch erstklassige Seeoffiziere zur Seite standen. Allerdings war das Kommando innerhalb der Armada geteilt, weil der General Don Francisco de Bobadilla die regulären Truppen an Bord befehligte.

Am 9. Mai 1588 setzte der Herzog für die Armada die Heilige Standarte vom Altar der Kathedrale von Lissabon, nachdem das letzte Schiff proviantiert, das letzte Besatzungsmitglied an Bord war. Die Proviantierung der Armada sowie die Ausrüstung mit Waffen und die Bereitstellung der Pionier-Ausstattungen hatten sich als logistisches Großunternehmen erwiesen, das in solchen Dimensionen nie zuvor durchgeführt worden war. Die Flotte fuhr von Lissabon aus in Etappen vor der spanischen Küste bis Belém, wo sie wegen heftiger Stürme im Atlantik gezwungen war, drei Wochen zu ankern. Am 28. Mai segelte die Armada den Tejo hinunter in die offene See. Das Wetter blieb schlecht, so daß die Armada für die 160 Seemeilen bis Kap Finisterre knapp 14 Tage brauchte. Inzwischen war deutlich geworden, daß die Vorräte unzureichend waren. Das Wasser war verdorben, weil es zu lange in Fässern auf den Schiffen gelagert hatte. Als die Armada verspätet am Kap Finisterre anlangte, waren die vorausgesandten Proviantschiffe bereits wieder zurückgesegelt. Schließlich brach die Armada am 19. Juni nach Corunna auf, um neuen Proviant und vor allem frisches Wasser aufzunehmen. Stürme vor Corunna zerstreuten große Teile der Armada, da nur wenige Schiffe im Hafen Platz fanden. 28 Schiffe mit 6000 Mann Besatzung wurden vermißt. Als sich das Wetter zu bessern schien, befahl der Herzog über Schiffskuriere die Sammlung der Flotte, doch zunächst ohne Erfolg. Viele Soldaten und Matrosen waren inzwischen an Schiffsfieber, Ruhr und Skorbut erkrankt. Auch hatte der Sturm die Schiffe beschädigt, und immer noch fehlten viele Schiffe der Flotte. Medina Sidonia erkannte, daß seine Armada alles andere als in gutem Zustand war. Am 24. Juni schrieb der Admiral einen Brief an Philipp II. mit der nüchternen Darlegung der Situation: Zustand der Schiffe, Krankheit der Mannschaft, Probleme mit Proviant und Wasser. Er war so mutig, seinem König vorzuschlagen, von dem Angriff auf England Abstand zu nehmen und Friedensverhandlungen zu führen. Philipp lehnte das brüsk ab und befahl, nach Behebung der Mißstände den Kriegsauftrag auszuführen. Erst einen Monat nach dem Sturm war die Armada bereit, die Fahrt fortzusetzen. Als auch die ausgebliebenen Schiffe schließlich eintrafen, nahm man von Corunna aus Kurs auf England.

Die englische Flotte segelte am 4. Juli nach Spanien, um die Armada in Corunna anzugreifen, doch schwere Stürme bei den Scilly Inseln und eine Flaute vor der spanischen Küste zwangen sie schon nach zwei Wochen zur Rückkehr nach England. Am 22. Juli liefen die Schiffe in den Sund von Plymouth ein. Am 5. Juli inspizierte der

Herzog von Parma seine Flotte bei Dünkirchen, während die holländische Blockadeschwadron gegen ihn positioniert wurde.

Am 21. Juli setzte die Armada Segel mit Kurs auf England und am 29. Juli wurde von der Südspitze Cornwalls aus eine Gruppe der feindlichen Schiffe mit Kurs auf Plymouth gesichtet. Die Armada hatte mit west-nord-westlichen Winden zu kämpfen. Über vierzig Schiffe hatten den Flottenverband verlassen; die vier Galeeren blieben zurück. Am 30. Juli hielten die Spanier vor dem Lizard einen Kriegsrat und beschlossen, nicht weiter als bis zur Isle of Wight zu segeln, bis das Treffen mit Parma erfolgt war. Die Spanier bewegten sich daraufhin in Richtung Isle of Wight und fuhren vor den Scilly Inseln an Plymouth vorbei, wo die englische Flotte lag.

Lord Admiral Lord Howard of Effingham und sein Vize-Admiral Drake verließen am 31. Juli Plymouth und segelten der Armada nach. Drake soll vor dem Auslaufen der englischen Kriegsflotte aus dem Naturhafen von Plymouth noch in aller Ruhe auf dem Plymouth Hoe eine Partie *bowls* zu Ende gespielt haben. Es wird berichtet, daß Admiral Howard zugegen war und Drake zum Aufbruch drängte, doch die Antwort erhielt: «Wir haben Zeit genug, das Spiel zu beenden und auch die Spanier zu schlagen.»[8] Bei Niedrigwasser konnte die Navy ohnehin nicht aus der Bucht von Plymouth auslaufen, doch in der folgenden Nacht waren die Schiffe klar. Die Armada segelte in Halbkreisformation, an den Flügeln mit Transport- und Versorgungsschiffen, um die Engländer einzuschüchtern. Die spanischen Kriegsschiffe mit ihren seetechnisch hinderlichen hohen Aufbauten erweckten auf dem Meere den seltsamen Eindruck schwimmender Kastelle.

Die spanische Armada bestand jetzt insgesamt aus 130 Schiffen, 65 Galeonen, vier Galeeren und Transportschiffen, verfügte über 2431 Kanonen und war mit 19 000 Soldaten, 8000 Matrosen und 1000 Freiwilligen bemannt. Dazu kamen 200 englische und irische Katholiken sowie 180 spanische Geistliche. Die Armada verfügte über 19 oder 20 Vollkanonen, 153 halbschwere oder mittlere Geschütze, die nicht sehr wirksam waren, weil sie beim Zünden explodierten (schlechter Kanonenguß) und 21 Langrohr-Culverins. Die regulären spanischen Soldaten waren vor allem mit Nahkampfwaffen ausgestattet, von 5,40 m langen Piken bis zu Hellebarden und von Musketen zu Arkebusen. In der ersten Linie der Armada segelten die Galeonen in zwei Schwadronen, der kastilischen und der portugiesischen von je zehn Schiffen, unterstützt durch vier große Westindienkauffahrer. Ebenfalls in der ersten Linie segelten die neapolitanischen Galeassen, halb Galeone, halb Galeere. In der zweiten Linie folgten vier Schwadronen von je zehn Schiffen, große Kauffahrer, die schwer bewaffnet waren, darauf 34 leichte und schnelle Schiffe für Erkundungszwecke und Kurierdienste. Schließlich bildete eine Schwadron von 23 Fracht- und Proviantschiffen die letzte Gruppe, zu der auch vier portugiesische Galeeren gehörten.

Der Herzog von Medina Sidonia hatte – was als ungewöhnlich erschien – einen detaillierten Bericht über Ausrüstung, Stärke und Strategie der Armada zu Propagandazwecken geschrieben, der in Madrid veröffentlicht wurde. Die europaweiten Nachdrucke ließen nicht auf sich warten; in protestantischen Ländern druckte man als Gegenpropaganda den Text ergänzt durch eine lange Liste spanischer Folterwerkzeuge. Es nimmt nicht Wunder, daß der spanische Admiral voller Selbstbewußtsein und Zuversicht auf die Armada sah, deren Organisation sehr durchdacht war.

Taktik der Spanier war es, nur je einen Schuß abzufeuern und die Schiffe der Gegner möglichst zu entern, um auf deren Decks gleichsam eine «Landschlacht» durchzuführen. Deshalb trugen spanische Kriegsschiffe jeweils beträchtliche Besatzungen von Soldaten, die darauf vorbereitet waren, auf Deck wie an Land zu kämpfen.

Die englische Flotte besaß 197 Schiffe, davon 34 königliche, 25 Kriegsschiffe hatten eine erstklassige Qualität, 40 waren sehr gut ausgestattet. Wichtig ist, daß die englischen Schiffe in Relation zu den Masten länger waren, daß sie verkleinerte Aufbauten hatten, um die Segelgeschwindigkeit zu erhöhen und auch eine effektive Segelfläche; zudem hatten sie eine kräftige Kiellinie. Ferner verfügten die Engländer über schwere Artillerie. Die englische Admiralität hatte sich die Strategie eines Zwei-Stufen-Angriffs vorgenommen. Daher war auch die Flotte in zwei Abteilungen aufgebaut: Etwa 90 Schiffe, darunter die der Königlichen Kriegsmarine, standen unter Befehl von Admiral Lord Howard of Effingham mit Drake als Vize-Admiral. Sie bildeten die westliche Flotte bei Plymouth. Etwa 50 Barken und Pinassen zum Schutz der Downs und der Themsemündung standen unter dem Kommando von Lord Henry Seymour. Howard und Drake vereinigten ihre Schiffe mit denen Seymours vor Dover und bildeten eine Flotte, die wesentlich besser mit Artillerie bestückt war als die Armada.

Auch hatte der spanische Admiral Medina Sidonia nicht so viele englische Schiffe erwartet.

Doch auch die Engländer hatten Probleme mit der hinreichenden Proviantierung, und die Stürme machten ihnen zu schaffen. Daß die Versorgung der englischen Schiffe nur kurzfristig auf einen Monat berechnet war, hatte verschiedene Gründe. Die Schwierigkeit lag weder bei Geldknappheit noch am politischen Willen, sondern daran, daß materielle Versorgung und organisatorischer Aufwand in dieser Größenordnung ein bislang unbekanntes Problem darstellten. Außerdem waren die wendigen Schiffe der Engländer nicht für monatelanges Verbleiben auf See konstruiert. Das verzögerte Eintreffen der Armada hatte der englischen Flotte Schaden zugefügt: Wochenlanges Patrouillieren in rauhem Wetter hatte zu Beschädigungen der Schiffe geführt, zur Erkrankung der Mannschaften, so daß ganz primär diese Schwierigkeiten zu überwinden waren.

Entscheidend für die Effektivität der englischen Seekriegsführung waren aber andere Faktoren: zunächst einmal das ungeteilte Kommando über die Seeleute, da die Navy keine Soldaten an Bord hatte, sodann die schon unter Heinrich VIII. eingesetzte Erfindung fahrbarer, kompakter kastenförmiger Kanonenlafetten. So konnten die Kanonen während der Schlacht problemlos und schnell neu geladen werden. Die Engländer kämpften wegen dieser guten technischen Möglichkeiten auf Distanz und operierten – anders als die Spanier – mit heftigem Kanonenfeuer.[9] Die englische Kriegsflotte verfügte vorteilhaft über 153 Langrohr-Culverins und 344 Halb-Culverins. Die Halb-Culverins trafen mit Neunpfündern auf eine Reichweite von über 300 Metern sehr genau. Es handelte sich hier eindeutig um eine Waffe, die dazu geeignet war, die gegnerischen Schiffseinheiten empfindlich zu treffen oder gar zu vernichten.

Am 31. Juli hatte zudem der englische Lord Admiral dem Herzog Medina Sidonia mit dem Schiff «Disdain» (Verachtung) die Kriegserklärung überbringen lassen. Das englische Flaggschiff, die «Ark Royal», Drake mit der «Revenge», Hawkins mit der «Victory» und Frobisher mit der «Triumph» griffen die Nachhut der Armada an, die vom spanischen Vize-Admiral kommandiert wurde. Da die englischen Schiffe kleiner waren als die spanischen, waren sie schneller und konnten besser auf die wechselnden Windrichtungen reagieren. Von seiner «Ark Royal» sagte Howard: «Wir sehen kein Segel, groß oder klein, und so weit sie auch immer entfernt sein mögen, wir holen sie ein und sprechen mit ihnen.»[10] Die englischen Schiffe wichen der spanischen Taktik des Nahkampfes und Enterns aus, da sie mit Gelassenheit bei großem Effekt auf Distanz operieren konnten. Als die spanische Armada den Kanal aufwärtssegelnd von England aus in Sicht kam, flackerten die Signalfeuer an den Küsten auf bis nach Dover und setzten die gesamte Südküste in Alarmbereitschaft.

Die strategische Entscheidung der englischen Admiralität, die spanische Armada voraussegeln zu lassen und sie dann zu verfolgen, barg ein hohes Risiko, da es so nicht möglich sein würde, die Formation der Spanier zu brechen. Es kam zur ersten Begegnung der Flotten bei Dodman Point und Eddystone, auch zu Schußwechseln auf Distanz. Die Spanier erkannten bald, daß die gegnerische Flotte beim Manövrieren weitaus weniger von Wetterverhältnissen abhängig war als die eigene. Medina Sidonia gab Befehl an die Armada, sich in Schlachtordnung zu bringen. Es bildete sich – zum Erstaunen der Engländer – der gefährliche Halbkreis. Die Spanier ihrerseits waren überrascht von der Größe der Navy. Flotten solcher Größenordnung waren noch niemals zuvor aufeinandergetroffen. Beide Seiten besaßen kein klares strategisches Konzept. Die Unsicherheit führte dazu, daß man einander zunächst auswich. Am 31. Juli kam es zum ersten Gefecht. Drake griff die «San Juan de Portugal» an und wurde dabei von Hawkins und Frobisher unterstützt. Die Spanier erkannten Howards Strategie, die spanischen Schiffe mit den Culverins zu zerstören, zumindest schwer zu beschädigen, um so die spanische Taktik des Enterns zu unterlaufen. Ein größeres spanisches Schlachtschiff entsetzte die «San Juan», so daß die Engländer abließen: Der erste Tag der Seeschlacht blieb für beide Seiten eher ergebnislos. Die Armada setzte ihre Fahrt auf der gewählten Route fort, weiterhin gefolgt von der englischen Flotte.

Die Armada segelte in Richtung Calais. Dort traf sie auf die englische Flotte, es kam zum zweiten Kampf. An diesem Tag wurde von Elisabeth die volle Mobilisierung der Küstenarmeen befohlen. Die Truppen sollten in Tilbury zusammengeführt werden und unter Leicesters Kommando stehen. Die Aufstellung in Essex erwies sich als sinnlos, da die Armada schon auf der Höhe des östlichen Kent stand. Am darauffolgenden Tag, Mittwoch, dem 3. August, entschied der Kriegsrat der englischen Flotte, die Schiffe in vier Schwadronen aufzuteilen. An diesem Tag blieb zudem ein großes spanisches Schiff zurück, die «Gran Griffon», die dann von Drake angegriffen wurde.

Die gesamte spanische Nachhut wurde ins Kampfgeschehen verwickelt, doch spanische Galeassen schlugen Drake zurück, der dennoch den Beschuß fortsetzte. Eine Flaute setzte am Nachmittag dem Kampf ein Ende. Derweil erhielt Howard Verstärkung.

Drake, von den mit Schrecken erfüllten Spaniern «El Draque» genannt, war auch in den Augen Philipps Personifizierung der so gefährlichen Schlagkraft der anti-christlichen Engländer; er sollte daher erst nach dem Zusammenschluß der spanischen Streitkräfte vernichtet werden. Am 6. August 1588 kam die Armada vor Calais an und ankerte vor der Küste. Ihre Aufgabe war es, die Kontrolle über den Kanal zu sichern und somit Parmas Invasionstruppen-Transporte von Dünkirchen aus nach Kent auslaufen zu lassen. Der spanische Admiral erwartete den Statthalter der spanischen Niederlande, den Herzog von Parma, mit dem er die Invasion Englands vornehmen wollte. Parma erreichte den Treffpunkt aber nicht, weil eine machtvolle Schwadron holländischer Schiffe die Küsten Flanderns kontrollierte und die Spanier am Auslaufen hinderte. Die Parma zur Verfügung stehenden Kriegsschiffe waren zu schwach bemannt, um gegen die Holländer vorgehen zu können. Dieses Problem war von vorausschauenden spanischen Seeoffizieren längst erkannt worden. Am 15. Februar 1588 hatte Martín de Bertendona an Philipp II. geschrieben:

«Wenn Gott uns nicht mit einem Wunder hilft, werden die Engländer, die schnellere und besser zu manövrierende Schiffe haben als wir und viel mehr Weitschuß-Kanonen und die ihren Vorteil genau so gut kennen wie wir, niemals nahe an uns herankommen, sondern sich fernhalten und uns mit ihren Culverins in Stücke schlagen, ohne daß wir in der Lage sind, ihnen ernstlichen Schaden zuzufügen. Und so segeln wir gegen England in vertrauensvoller Hoffnung auf ein Wunder.»[11]

Während die Spanier vergeblich auf das Zusammentreffen mit Parma warteten, ließen die Engländer in der Nacht des 7. August acht mit brennbarem Material gefüllte Schiffe gegen die spanische Flotte treiben. Dieses «Höllenbrennen» versetzte die Spanier in panischen Schrecken. Die meisten Schiffe der spanischen Flotte liefen unverzüglich aus und zerstreuten sich. In der Hast und Panik wurden dabei viele Ankertaue gekappt. Nur das Schiff des Admirals blieb am Ort. Im Verlaufe des nächsten Tages sammelten die spanischen Schiffe sich langsam.

*Die Seeschlacht vor Gravelines in der Nähe von Dünkirchen, 8.8.1588.
Stich nach einem Gemälde von Vischer.
(National Maritime Museum, Greenwich)*

Dies war die Lage, als es am 8. August zur Hauptschlacht vor Gravelines an der flämischen Küste kam, die schlimmer tobte als die legendäre Seeschlacht von Lepanto, die mit dem überragenden Sieg der Spanier über die türkische Flotte endete. Diesmal kam alles anders. Der Tag begann damit, daß der spanische Admiral nur noch fünf seiner großen Kampfschiffe zur Verfügung hatte, die gegen 150 englische Schiffe standen. Howard wußte zu dieser Zeit noch nicht, ob seine Brandschiffe erfolgreich gewesen waren, stellte aber sofort fest, daß die Armada zerstreut war, so daß eine neue englische Taktik erforderlich wurde. Am 10. August schiffte sich die flandrische Armee ein, und Seymour kehrte mit seiner Schwadron in den Kanal zurück. Das Kampfgeschehen bewegte sich mit den Gezeiten in nördliche und südliche Richtung.

Am 18. und 19. August begab sich Königin Elisabeth nach Tilbury zu den vereinigten Truppen unter Leicesters Kommando, welche die Verteidigung der englischen Küste garantieren sollten. Mit Prunk und großem Gefolge traf die Königliche Barke von St. James aus ein; es folgte eine glanzvolle Empfangsszene. Elisabeth, gekleidet in weißem Samt und angetan mit einem silbernen Küraß, einen silbernen Kommandostab in der rechten Hand, hielt ihre berühmte «Tilbury-Rede», die zu ihren rhetorischen Meisterleistungen der Identifikationsstiftung und Festigung des Nationalbewußtseins gehört:

«Ich habe mich bei Gott immer so verhalten, daß ich meine wesentliche Stärke und Sicherheit in den treuen Herzen und dem guten Willen meiner Untertanen gefunden habe; und deshalb bin ich zu Euch gekommen, zu dieser Zeit, nicht zu meinem Vergnügen oder zur Unterhaltung, sondern weil ich entschlossen bin, inmitten der Hitze der Schlacht unter Euch zu leben oder zu sterben und mich in den Staub zu legen für meinen Gott und für mein Königreich, meine Ehre und mein Blut. Ich weiß, ich habe den Körper einer schwachen Frau, aber ich habe das Herz und den Mut eines Königs, eines Königs von England, und ich denke voller Verachtung daran, daß Parma oder Spanien oder sonst ein europäischer Fürst wagen sollte, in die Grenzen meines Reiches einzudringen.»[12]

Am Ende erwiesen sich die Engländer als siegreich: Dies war ihrer geschickten Verwendung der Artillerie und ihren überlegenen Geschützen geschuldet, aber auch der Wendigkeit der englischen Schiffe. Die Armada war praktisch zerstört. Was die englischen Kanonen übriggelassen hatten, zerstörten Regenstürme aus Nordost: Viele spanische Schiffe sanken und Tausende verloren ihr Leben. Die spanischen Schiffe trieben bedrohlich auf die Sandbänke der flämischen Küste zu, doch dann drehte der Wind nach Südwest. Dieser Wechsel der Windrichtung gab der Armada die Möglichkeit zur Flucht nach Norden. Sie segelte vor dem Wind und gelangte bis zum Firth of Forth, bis dahin verfolgt von der englischen Flotte, die dann nach Westen in den Firth abdrehte. Die Armada setzte ihren Nordkurs fort, fuhr, Schottland umrundend, nach Nordwesten und gelangte am 20. August in den Atlantik. Diese Fahrt wurde verhängnisvoll: Viele Schiffe strandeten oder sanken an den gefährlichen Westküsten Irlands vor Sligo, Kerry oder Donegal. Hunderte von Gefangenen wurden dort den englischen Behörden übergeben, die sie in Massen hinrichten ließen.[13] Die Rückfahrt der verbleibenden Schiffe in die Heimat war nahezu endlos: Nur die Hälfte der gesamten Flotte kehrte nach Spanien zurück, die Besatzung so krank und ausgehungert, daß Hunderte in wenigen Tagen in der Heimat starben, nicht zuletzt wegen mangelnder Versorgung.

Doch selbst nach diesem Ende der Kampfhandlungen und dem

*Elisabeth I., Armada Porträt, George Gower zugeschrieben.
(Woburn Abbey)*

«Verschwinden» der Armada waren sich die Kommandeure der englischen Flotte keinesfalls sicher, ob die Spanier nicht zurückkehren würden. Befürchtungen dieser Art wurden von Hawkins gegenüber Walsingham geäußert, aber auch von Howard und Drake. Die Furcht vor der Invasion blieb virulent, die Flotte hielt sich alarmbereit und wurde erst später demobilisiert.[14]

Insgesamt gesehen blieb der Sieg über die Armada von 1588 und deren weitere Zerstörung durch Stürme und gefährliche Gewässer ein Ereignis mit weitreichenden politischen Konsequenzen nicht nur für England, sondern für Europa insgesamt. Der Sieg sollte sich als von tiefgreifender Bedeutung für die religiösen bzw. die großen ideologischen Auseinandersetzungen Europas erweisen. Die offizielle englische Erinnerungsmedaille mit der Aufschrift «Flavit et dissipati sunt» (Gott atmete und sie wurden auseinandergetrieben) münzte eine unsichere Lage zum eindeutigen göttlichen Ratschluß um.

Der Sachstand übte eine große Wirkung auf die protestantischen

Nationen und Territorien aus – die französischen Hugenotten, die deutschen Protestanten, die Niederländer und die Skandinavier –, denn sie sahen in diesem epochalen Ereignis einen Wendepunkt für die Gegenreformation: Sie konnte gebremst werden. Die große Bewegung der Rekatholisierung Europas war in Frage gestellt, indem die Spitze des spanischen Prestiges gebrochen wurde. Es war deutlich geworden, daß die religiöse Einheit Europas im Verständnis der römischen Kirche mit militärischer Gewalt nicht mehr hergestellt werden konnte.[15]

Dennoch war mit dem Sieg der Engländer über die Armada der Krieg mit Spanien keinesfalls beendet worden: Er dauerte noch bis zum Jahre 1604 an. So läßt sich der Seekrieg keinesfalls als die wichtigste Form der Auseinandersetzung zwischen beiden Ländern betrachten, zumal Englands Konflikt mit Spanien zwischen 1589 und 1595 auch in den Niederlanden und in Frankreich ausgetragen wurde. Hier ging es darum, die unmittelbare militärische Befehlsgewalt der Spanier zu brechen und zwar zugunsten der Hugenotten sowie der protestantischen Holländer. Allerdings kann weder der Zug der Armada gegen England, noch dessen Überwindung und schon gar nicht die Fortsetzung der kriegerischen Auseinandersetzung allein den Religionskriegen zugerechnet werden. Zwischen Spanien und England handelte es sich um einen «Rivalitätskampf um Seeherrschaft und Weltgeltung, um politische und wirtschaftliche Vorteile».[16]

Die von Drake und Norris kommandierte Expedition der englischen Kriegsmarine, die das Ziel verfolgte, die Reste der in Santander liegenden Armada zu zerstören, Lissabon einzunehmen, um Don Antonio als portugiesischen König zu inthronisieren und zuletzt Philipps Goldflotte bei den Azoren abzufangen, wurde zu einem Fehlschlag und kostete Königin Elisabeth 49 000 Pfund Sterling. Abgesehen davon, daß sie bereits 172 259 Pfund Sterling in die Unternehmungen der «Merchant Adventurers» investiert hatte,[17] starteten Drake und Norris mit 150 Schiffen, 19 000 Soldaten, 290 Pionieren und 4000 Seeleuten. Als die Schiffe nach Plymouth zurückkehrten, waren 11 000 Mann im Kampf getötet worden oder an Krankheiten gestorben.

Zwar hatte Philipp II. seine Armada im Jahre 1595 wieder aufgebaut, so daß sie England erneut gefährlich werden konnte. Doch schon 1596 errang Essex einen großen Sieg durch die Einnahme von

Cadiz, so daß den Spaniern schwerer Schaden zugefügt wurde. Die Armada, die 1597 gegen England segelte, wurde in einem Sturm vor Kap Finisterre zerstört.

*

Englands neue Rolle in der Weltpolitik und im Welthandel, die sich nach einem längeren Vorlauf in den achtziger Jahren des 16. Jahrhunderts herausbildete, basierte auf den Veränderungen des geopolitischen Weltsystems ebenso wie auf Wandlungen in England selbst. Hatte der englische Außenhandel, der in elisabethanischer Zeit von der englischen Woll- und Tuchproduktion abhing, durch die Wollexportkaufleute («Merchants of the Staple») und die Tuchgroßhändler («Merchant Adventurers») schon vor dem späten 15./frühen 16. Jahrhundert begonnen, so veränderte sich diese Aktivität zunächst mit der Entwicklung der Handelszentren auf dem europäischen Kontinent Antwerpen, Bergen op Zoom, später Emden, Hamburg und Stade. Antwerpen war lange Zeit führend im europäischen Gewürz- und im Tuchhandel. Aus den englischen Handelskompanien im Zunftsinn wurden im Verlaufe des Jahrhunderts regelrechte moderne Aktiengesellschaften, die ihre Aktivitäten in alle Himmelsrichtungen ausdehnten und dabei die Liste der Import- und Exportgüter erheblich erweiterten – je nach der Nachfrage der ins Auge gefaßten Märkte. In der zweiten Hälfte des 16. Jahrhunderts führten die Wettbewerbsstreitigkeiten zwischen den «Merchant Adventurers» und der Hanse dazu, daß die Engländer neue Märkte jenseits des europäischen Raumes suchten. Die Entdeckungsfahrten zum Auffinden der Nord-Ost- und der Nord-West-Passage für einen Seeweg nach China hatten somit einen wirtschaftlichen Hintergrund. Zwar handelten die Engländer vornehmlich mit europäischen Ländern, doch zu Motoren des Außenhandels überhaupt wurden die Beziehungen zu Amerika und Asien.[18] In Asien existierte bereits ein komplexes Handelsnetz, in das sich die Engländer ihren Interessen entsprechend einklinkten. Amerika dagegen war noch ein unbeschriebenes Blatt, das die europäischen Staaten zur Entwicklung eines Handels- und Wirtschaftssystems herausforderte. Mit der Verlagerung der wirtschaftlichen und politischen Auseinandersetzung auf die Ozeane wurde England das Tor zwischen Europa und Amerika. England verstand es, eine internationale ökonomische Einheit zu bilden, und zwar durch die konstitutionelle Revolution sowie durch die Aktivität seines mächtigen Großbürgertums, das sich vor allem aus Bankiers, Schiffseignern und Kaufleuten zusammensetzte. Der Wandel der englischen Gesellschaft war der schnellste und am vollständigsten vollzogene in Europa, und dieser Wandel geschah im Geist der Säkularisierung mittelalterlichen sozialen und ökonomischen Denkens. An die Stelle einer Hierarchie von Werten trat das Konzept von getrennten und parallelen Subsystemen, zwischen denen ein Ausgleich gewahrt werden mußte. Das 16. Jahrhundert zeigte eine veränderte wirtschaftliche Welt, da Europa nunmehr als ein Konkurrenz provozierendes Konglomerat ökonomischer wie politischer Einheiten auftrat, wobei die Einheiten unterschiedlich entwickelt waren. Die regionale Stagnation wurde überholt durch den internationalen maritimen Handel, der so effektiv war, weil die Kommunikation über die Meere schneller funktionierte als über Landwege. England partizipierte sowohl durch Aggressivität als auch durch Kompetenz und Organisationsvermögen an dem sich etablierenden Welthandel, der bereits regulären Charakter angenommen hatte. Dies bezieht sich auf die Verbindung zwischen Europa und den beiden Amerika, dann aber auch auf den Kontakt zu anderen Kontinenten. Europa – und vor allem auch England – war seit dem späten 16. Jahrhundert nicht mehr ein isolierter Erdteil, dessen Bewohner nur innerhalb der eigenen Grenzen agierten, sondern aktiv an der expandierenden Weltmacht beteiligt. Doch hatte Elisabeth klar erkannt, daß die Kontrolle eines überseeischen Weltreichs und die Bewältigung der Konflikte in Europa selbst über die Kräfte eines Reiches wie Spanien gingen. Die Engländer versuchten daher, ihre überseeischen Interessen vor dem Hintergrund der Schwächen des Giganten zu verfolgen, vor allem in den ehemals portugiesischen Gebieten. Langfristig entstanden außerhalb des nordamerikanischen Bereichs, z. B. aus dem englischen Handel mit der Karibik heraus, weitere Koloniegründungen (z. B. Barbados, Jamaika). Deren Anfänge lagen ab 1563 bei der Initiative John Hawkins aus Plymouth, der den berühmt-berüchtigten Dreieckshandel eröffnete, als er in Afrika Sklaven gegen Perlen tauschte, sie in der Karibik verkaufte, um mit Zucker nach England zurückzukehren.[19] Vor allem die englischen Aktivitäten in Nordamerika lassen sich als konstruktive erste Schritte zur Errichtung eines Kolonialreichs lesen. Die Entwicklung begann mit der Beteiligung der Engländer am Fischfang vor der nordamerikanischen Küste und setzte sich fort mit der Inbesitznahme Neufundlands und den Gründungen von St. John durch Humphrey Gilbert im Jahre 1583 und von Virginia durch Sir Walter Raleigh im Jahre 1584. Die englischen Koloniegründungen in Nordamerika, soweit sie in das 17. Jahrhundert fielen, waren deutlich Fortsetzungen der unter Elisabeth begonnenen Politik. Genannt seien etwa die Gründung der «Virginia Company» 1608, sowie die Koloniegründungen von Maine, New Hampshire, Vermont, Massachusetts, Rhode Island, Connecticut in den Jahren 1620–1640, sodann die Gründungen von Maryland, Delaware, New Jersey und Pennsylvania ab 1632.

Die Abkopplung Englands von der europäischen Politik wurde möglich durch die Festigung der operativen Eigenständigkeit. Ein starkes Gefühl von nationaler Einheit und ein stabiler innerer Frieden erlaubten es den Engländern, die außerordentlich günstige geographische Lage ihrer Insel zu nutzen. England etablierte sich im Verlauf des 16. Jahrhunderts als größte Freihandelszone in Europa. Seine rapide Aufwärtsentwicklung als Handelsnation wurde begleitet von einer ähnlich raschen Verbreitung moderner industrieller Techniken, die durch protestantische Flüchtlinge aus den Niederlanden und Frankreich eingeführt wurden.

Die merkantile Eigenständigkeit Englands ergab sich durch verschiedene politische Entwicklungen: die endgültige Unabhängigkeit der Vereinigten Niederlande, die Konsolidierung der französischen Verhältnisse und die Stabilisierung der schottisch-englischen Beziehungen. Die beharrliche Politik Elisabeths hatte den gefährlichen Kordon um die englische Insel gesprengt. Hinzu kam, daß mit der Nichtanerkennung des Vertrags von Tordesillas als Rechtsgrundlage spanischer Weltherrschaft sich Ende des Jahrhunderts dessen faktische Relativierung abzeichnete.

Mit der Erkenntnis, daß nur die englische Flotte dauerhaft die Machtbasis für die Verteidigung des eigenen Landes wie für die Selbstbehauptung auf den Weltmeeren sein konnte – im Handel wie bei imperialen Bestrebungen –, begann am Ende des elisabethanischen Zeitalters eine neue Epoche der englischen Geschichte, die zugleich zu einem Kapitel der Weltgeschichte werden sollte.

*Allianzen mit Frankreich und den Niederlanden*

Englands beträchtliches militärisches und finanzielles Engagement für die Vereinigten Niederlande in den letzten Jahren der Regierung Königin Elisabeths, nämlich zwischen 1589–1595, läßt sich durch Zahlen in etwa verdeutlichen. Die englische Regierung schickte 8000 Soldaten in die Niederlande und gewährte eine Finanzhilfe von 750 000 Pfund Sterling. Es versteht sich von selbst, daß England diese bedeutenden Summen nicht als Geschenk betrachtete, sondern als rückzahlbare Darlehen. In diesem Sinne galten die von den englischen Truppen besetzten Städte und Festungen Brill und Flushing als Unterpfand. Nicht zuletzt als Reaktion auf dieses Engagement der Engländer beschloß Spanien schon im Jahre 1589 eine massive Erhöhung der militärischen Unterstützung für die Katholische Liga, so daß Parma mit allen verfügbaren Truppen in die Niederlande entsandt werden konnte.

England hatte insgesamt eine umfängliche Hilfe für Frankreich geleistet. In den Jahren 1589–95 entsandte die Regierung 20 000 Soldaten und gewährte eine Finanzhilfe von 300 000 Pfund Sterling. Nach dem Sieg Heinrich von Navarras im Jahre 1587 hatte sich der Bürgerkrieg in Frankreich verschärft. Spanien entsandte 1590 eine Truppe von 3500 Mann in die Bretagne und marschierte ein Jahr später ins Languedoc ein. In Nordfrankreich war die flandrische Armee der Spanier im Einsatz und führte 1590, 1592, 1594 und 1596 Invasionen durch. Königin Elisabeth unterstützte Heinrich IV. schon 1589 mit einem Darlehen von 35 000 Pfund Sterling sowie mit Pulver und Munition im Werte von 2500 Pfund. Im Jahre 1590 kamen 10 000 Pfund Sterling aus England zur Bezahlung deutscher Söldner, aber Elisabeth entsandte im selben Jahr auch eine Armee von 4000 Mann unter dem Kommando von Lord Willoughby an die Loire. 1591 trafen weitere 3000 englische Soldaten in der Bretagne ein, um gegen die Spanier zu kämpfen. 3000 Mann unter Essex belagerten Rouen. Im Jahr 1592 schickten die Engländer 1600 Soldaten gegen Parma und zur Verstärkung der Belagerungstruppen ins Feld. Im selben Jahr kämpften 4000 Engländer zur Verstärkung der Truppen in der Bretagne, ein Jahr später rückten weitere 1200 Mann nach. Ein Kontingent von 600 Soldaten wurde zur Verteidigung der Kanalinseln eingesetzt, und 1594 ging eine weitere Truppe, diesmal 2000 Mann, in die Bretagne zum Entsatz von Brest.[20] In der kontinentalen Politik zeigte sich der englische Friedenswille deutlicher. Heinrich IV. von Frankreich hatte 1597 die Kontrolle über sein Land wieder erlangt.

## Gegenangriffe auf Spanien und Tendenzen zum Frieden

Der wohl berühmteste Gegenangriff gegen Spanien nach der Zerstörung der Armada im Jahre 1588 war Essex' Einnahme von Cadiz im Jahre 1596 gemeinsam mit Admiral Howard. Diese Expedition war von Howard, Essex und der Königin gemeinsam finanziert worden. Auch die Niederländer waren daran beteiligt. Raleigh diente als Erster Offizier. Im Einsatz befanden sich 150 Schiffe und 10000 Mann. Es handelte sich dabei unter anderem um 18 königlich englische und 18 holländische Kriegsschiffe sowie um 12 Schiffe der «London Merchants». Das Unternehmen wurde zu einem beachtlichen Erfolg.

Wenn man am Ende des 16. Jahrhunderts, das nahezu mit dem Ende der Regierungszeit Königin Elisabeths zusammenfiel, von einer deutlichen Kriegsmüdigkeit in Europa und damit von einer Tendenz zum Frieden sprechen muß, so blieb die Mitte der neunziger Jahre noch von kriegerischen Aktivitäten gekennzeichnet. Im Frühjahr 1598 kam es zu Friedensverhandlungen zwischen Frankreich und Spanien. Die englische Außenpolitik glaubte indessen, ihre Ziele erreicht zu haben, denn zum einen war die anti-spanische Monarchie in Frankreich erstarkt, zum anderen die Selbständigkeit der Vereinigten Niederlande gesichert. England hatte mit seinen Angriffen auf Spanien, die nach der Abwehr der Armada durchgeführt wurden, wenig Glück. Die Königin selbst zeigte sich immer weniger geneigt, Seekriege zu finanzieren. Dennoch ist es, wie erwähnt, in den Jahren 1595 bis 1598 zu drei großen Expeditionen gegen spanische Territorien gekommen, einmal gegen Spanien selbst, dann gegen die Gebiete in Westindien und gegen die atlantischen Inseln. Grund für die Angriffe waren Berichte des Geheimdienstes, denen zufolge die Gefahr bestand, daß England durch die neue Armada angegriffen werden sollte. Die Debatten im «Privy Council» liefen zwischen der Kriegspartei unter Führung von Essex und der Friedenspartei unter Führung von Burleigh. Im Jahre 1595 kam es zu einem spanischen Angriff auf verschiedene Fischerdörfer in Cornwall. Im Folgejahr verbreiteten sich Gerüchte, daß die Spanier im Begriff seien, nach

Irland zu segeln, um den dortigen Rebellen zu helfen. Auch sei mit dem Auslaufen der neuen Armada in Kürze zu rechnen. Als Antwort schmiedete das «Privy Council» Pläne zum Angriff auf spanische Häfen. Hier sollte nun eine «englische Armada» zum Einsatz kommen, und zwar unter dem Kommando von Essex und Howard sowie Raleigh und Vere als Kommandeuren. Die Seemacht bestand aus 150 Schiffen, darunter 19 königliche Schiffe, 20 Holländer und zwölf Londoner; die Truppenstärke belief sich auf 6000 Mann. Die Flotte segelte am 1. Juni 1596 mit dem Befehl der Königin, die spanische Invasion Irlands zu verhindern und die spanischen Schiffe zu zerstören. Es kam zu dem erwähnten Sieg von Essex über Cadiz. Der finanzielle Gewinn war so gering, daß die Königin Klage darüber führte, doch Essex' Ruhm hat nie einen höheren Gipfel erreicht.[21] Was die spanische Armada betrifft, so konnte England von Glück sagen, daß sie am 17. November 1598 von Stürmen auseinandergetrieben worden war und schwer beschädigt versuchen mußte, in die heimatlichen Häfen zurückzukehren.

1598 schloß Frankreich mit Spanien Frieden im Vertrag von Vervins. Indessen setzte sich Sir Robert Cecil im «Privy Council» gegen die Intentionen von Essex für den Frieden ein. Er schlug den Niederlanden vor, den alten Zustand von Philipps Oberherrschaft erneut einzuführen, allerdings unter veränderten Voraussetzungen. So sollten die Spanier ihre Truppen und ihre Verwaltungsbeamten abziehen, auch sollte das Prinzip der religiösen Toleranz eingeführt und festgeschrieben werden. Die Holländer lehnten dieses Konzept ab, doch kam es zu einem englisch-holländischen Vertrag, der die Frage der Kriegsschulden der Niederländer ebenso zum Gegenstand hatte wie die Frage des gegenseitigen militärischen Beistands. Die Niederländer erkannten 800 000 Pfund Sterling Kriegsschulden an. Diese waren zur Hälfte in Jahresraten von 30 000 Pfund Sterling rückzahlbar, die zweite Hälfte sollte nach Friedensschluß ausgeglichen werden. Dafür würde England die Generalstaaten weiter unterstützen, sowie diese ihrerseits verpflichtet waren, mit ihren Kriegsschiffen den Engländern gegen die Spanier beizustehen.

Auch mit Spanien suchten die Engländer einen Ausgleich zu finden, doch Philipp II. starb 1598. Burleigh, der im selben Jahr starb, hatte noch kurz vor seinem Tode für den Frieden plädiert, um Steuererleichterungen in England einführen zu können. Der neue spanische König Philipp III. sollte nach den Vorstellungen der Engländer seine Thronansprüche auf England aufgeben, auch alle Kontakte zu den englischen Katholiken abbrechen sowie englische Hilfe für die Generalstaaten akzeptieren. Bei Verhandlungen in Boulogne stellte sich die spanische Delegation gegen die englischen Bedingungen, weil sie die Niederlande von ihren englischen Verbündeten abtrennen wollte. Philipp III. versuchte Druck auf England auszuüben, indem er im Jahre 1600 die irischen Rebellen unterstützte. Also war England gezwungen, sich in Irland ein für alle Mal durchzusetzen, was nach dem Scheitern von Essex auch wirklich unter dem Kommando von Lord Mountjoy geschah. Als das Jahrhundert endete, gab es in Europa noch keinen Frieden, allenfalls eine deutlichere Friedensbereitschaft.

## *Irland*

Die politische Situation in Irland war aus der Sicht der Tudor-Politik und damit auch in den Augen von Königin Elisabeth äußerst unglücklich. Irland war einerseits geprägt vom Katholizismus, andererseits hatte es sich über eine Stammesgesellschaft hinaus nicht entwickelt. Die «Clans» existierten und bekämpften einander unter der Führung ihrer Häuptlinge (*chieftains*). Die Sitten, Gebräuche und sozialen Regelungen einer archaischen Gesellschaft stellten aus englischer Sicht ein großes Hindernis dar bei dem Unterfangen, Irland zu befrieden, d. h. zu organisieren, zu «domestizieren» und nach «modernen» Prinzipien zu verwalten und zu regieren. Diese Absichten wurden von den noch in Clans lebenden Iren durchaus verstanden, aber abgelehnt, weil sie ihre traditionelle Lebensweise ebensowenig aufgeben wollten wie ihre katholische Religion, deren Ausübung die englische Regierung beargwöhnte und abzuschaffen gedachte.

Die englischen Könige hatten schon seit Beginn des 14. Jahrhunderts, verstärkt unter Heinrich VIII., versucht, durch Siedler aus England die Situation in Irland zu beruhigen, um das Land ordnen und beherrschen zu können. Wichtig war vor allem der so genannte «Pale»: das Siedlungs- und Herrschaftsgebiet der Engländer, das Dublin einschloß und den gesamten Nordteil von Leinster umfaßte. Auch wurde die Bedeutung des «Pale» dadurch unterstrichen, daß in Dublin eine Garnison fest eingesetzt war sowie alle Verwaltungseinrichtungen des Vize-Königtums. Solche Maßnahmen hatten aber nicht den gewünschten Erfolg erzielt. Die Lord Lieutenants, die von der Krone entsandt wurden, mußten mit dem regionalen Parlament in Dublin zusammenarbeiten, was oftmals an den Spannungen zwischen Iren und Anglo-Iren scheiterte. Das irische Parlament repräsentierte de facto die anglo-irischen Großgrundbesitzer, die Würdenträger der Kirche, die Grafschaften und Städte der regierungstreuen Gebiete.[22] Also war das irische Parlament das Organ für die englische Politik. Die Durchsetzungskraft der Vertreter der Regierung war auch deshalb oft gering, weil sie nicht ausreichend mit Finanzmitteln, Waffen und ordentlichen Truppen ausgestattet wurden, um eine Ordnung im Lande zu etablieren.

Die Bevölkerung Irlands war dreigeteilt. Sie bestand aus den Engländern des «Pale», der anglo-irischen Mischbevölkerung, die «irisch» lebte, und aus den eigentlichen, keltischen Iren. Ulster war das Kerngebiet der irischen Clans und demgemäß für die Engländer am schwersten zu kontrollieren, geschweige denn zu beherrschen. In den Augen der Engländer waren die Clan-Iren nicht weniger Wilde als die Eingeborenen aus Afrika oder die Indianer. Wichtigste Aufgabe für die Engländer war es immer wieder, das Gebiet des «Pale» zu verteidigen und intakt zu halten.

Die Thronbesteigung Elisabeths hatte verschiedene Auswirkungen auf Irland und erstreckte sich auch auf die Religionsausübung. Die englischen Protestanten stellten sich gegen die katholischen Iren – und das Ziel der englischen Politik in diesem Punkt bestand darin, aus Irland ein protestantisches Land zu machen, was für England eine wirksame «Sicherheitsgarantie» bedeutet hätte. Die Macht über Irland zu sichern, war dabei die zentrale Zielsetzung. Politisch von Bedeutung war Irland für Elisabeth wegen seiner geographischen Lage. Als England vorgelagerte kleinere Insel würde es für jede feindliche Nation ein idealer Stützpunkt sein, so auch für die Spanier oder die Franzosen. Nur wenn es sicher in englischer Hand war, konnte man vermeiden, daß Irland ein Zankapfel anglo-kontinentaler Auseinandersetzungen würde. Dieser Gedanke hatte bereits die Irland-Politik von Heinrich VIII. geprägt.

Elisabeths Politik wurde hier von den wechselnden außenpolitischen Konstellationen im Verlaufe ihrer Regierungszeit bestimmt. Schon zu Beginn ihrer Herrschaft hatte die Königin deutlich erkannt, daß eine Bedrohung Englands von Irland aus im Bereich des Möglichen lag. Elisabeths erster «Lord Deputy», Thomas Radcliffe, 3. Earl of Sussex, sprach sehr früh die Warnung aus, daß fremde

Mächte mit Hilfe der irischen Rebellen in Irland Fuß fassen könnten, zum Schaden Englands. Doch Elisabeths Kassen waren anfänglich so leer, daß sie nicht die Mittel besaß, Irland zu sichern, zumal die außenpolitische Situation ohnehin genügend Probleme bereitete.

Das für England wichtigste Gebiet in Irland war Ulster. Dort war inzwischen die von Heinrich VIII. eingeführte territoriale Ordnung zusammengebrochen. Der Rebellenführer und Stammesfürst Shane O'Neill (Earl of Tyrone) hatte faktisch die Macht in Händen. Die Clans akzeptierten ihn als ihren gewählten König. Zwar hatte Shane der englischen Königin gehuldigt, doch in Irland selbst verfolgte er seine Interessen mit den Mitteln, die ihm zu Gebote standen. Ihm lag jedes Expansionsstreben fern, ihm ging es um den Erhalt und die Festigung seiner Stammesherrschaft in Ulster. Die Engländer beschlossen, gegen Shane vorzugehen, der sich inzwischen von Papst Pius IV. den Titel eines Fürsten von Ulster hatte verleihen lassen. Er steigerte seine innenpolitische Macht und versuchte auch, von Frankreich Truppenhilfe zu bekommen, um die Engländer aus Irland zu vertreiben. Allerdings war Shanes Macht in Irland selbst umstritten. Seine Hauptgegner waren der O'Donnell (Earl of Tyrconnel) und die Mac Donnell, schottische Siedler im Westen Irlands. Im Jahre 1566 bereits zog Sir Henry Sidney als neuer «Lord Deputy» mit einer Armee nach Irland, um eine Strafexpedition gegen Shane in Ulster durchzuführen. Er wollte die Verwaltung Irlands modernisieren und regionale Regierungen nach englischem Vorbild einrichten, wie das «Council in the Welsh Marshes» und das «Council of the North». Diesen Verwaltungen sollte je ein Präsident vorsitzen, der von einem regional besetzten Rat unterstützt wurde. 1567 wurde Shane von den O'Donnell geschlagen und von den schottischen Siedlern ermordet, zu denen er geflohen war.

Shanes Nachfolger als O'Neill Thurlogh war ebenfalls ein Feind der Engländer; er beherrschte den Westen von Munster. Desmond richtete seine Politik jeweils ganz nach seinen Interessen, so daß er manchmal auf seiten der Engländer stand, sie dann auch wieder bekämpfte. Sir Henry Sidney konnte Desmond 1567 in Dublin in Haft nehmen; er ließ ihn dann nach London bringen, wo er bis 1573 gefangengehalten wurde.

Die Macht in Ulster lag jedoch weiterhin in den Händen der O'Neills. Solange die Iren sich friedlich hielten, unternahm die englische Regierung ihrerseits keine Anstalten zur Intervention. Bedrohlich wurde die Situation für England, als 1567 James FitzMaurice Fitzgerald eine Rebellion bei den Kronvasallen in Munster provozierte. Zwei Jahre später kam es zum Aufstand, der Auftrieb erhielt durch das Engagement der englischen Regierung, die eine Rebellion im Norden niederschlug, sowie durch die Bulle Pius V. zur Exkommunikation Elisabeths (1570). Philipp II. sandte den irischen Rebellen Waffen, aber keine Truppen. Die englische Regierung war gezwungen, reguläre Truppen gegen die Aufständischen einzusetzen, und die Engländer siegten. Im Sinne der schon von Sir Henry Sidney konzipierten Reform wurde jetzt ein neues Verwaltungssystem in Munster eingeführt, dessen Präsidenten mit weitreichenden Kriegsvollmachten ausgestattet war, sowie ein Gerichtshof. Der erste Präsident von Munster, Sir John Perrot, zwang FitzMaurice 1572 zur Unterwerfung. Um Spannungen abzubauen, versuchte die englische Regierung, durch Milde gegenüber dem irischen Adel eine Aussöhnung zu fördern.

Zugleich beharrten die Engländer jedoch auf ihrer neuen Ordnung, die von Perrot Schritt für Schritt gefestigt wurde. Es handelte sich hierbei nicht nur um die Einführung des englischen Rechtssystems, das ein Ende der Unabhängigkeit der irischen Lords mit sich brachte. Perrot befahl eine «reeducation» der Iren. In Munster wurde irischem Langhaar und irischer Bekleidung durch Verbot ein Ende gemacht; statt dessen schrieb man englische oder kontinentale Tracht vor. Ebenso wurde den irischen Barden das Dichten und Singen untersagt mit der Maßgabe, daß sie sich «nützlichen» Arbeiten zuwenden sollten.

Unter Sir William Fitzwilliam, dem Nachfolger Sir Henry Sidneys, kam es in Irland zu einem strikten Programm der Kolonisation, vor allem in Leinster und Munster. Führend waren in diesem Zusammenhang Sir Peter Carew und Sir Thomas Smith, der sein Kolonisationsprojekt durch eine Aktiengesellschaft finanzierte.

In der Regierungszeit Elisabeths gab es noch viele weitere Versuche, englische Kolonisten in Irland anzusiedeln. Mit solchen Unternehmungen war zumeist die Vertreibung der ansässigen Iren von ihrem Land verbunden. Daher vereinigten sich die Clan-Häuptlinge, um ihr ererbtes Land gegen die englischen Abenteurer oder Eindringlinge zu verteidigen. Unternehmungen in Ulster, die von Smith und Walter Devereux, First Earl of Essex, durchgeführt wurden, stießen, wie die zuvor genannten Aktionen, auf den erbitterten Widerstand der ursprünglichen Besitzer von Grund und Boden.

Angesichts solcher Zwangsmaßnahmen stellte sich FitzMaurice erneut gegen die englische Politik, floh 1575 auf den Kontinent und versuchte von dort aus, Unterstützung der katholischen Staaten für die irische Rebellion zu gewinnen. Er landete 1579 mit einer Truppe von dreihundert spanischen und italienischen Soldaten und einem päpstlichen Nuntius auf der Halbinsel Dingle. Da Königin Elisabeth aus Kostengründen keine regulären Truppen einsetzte, konnten sich die Rebellen zunächst halten. Lord Mountjoy setzte seine Armee schlagkräftig und strategisch ein. So schlug er Tyrone vernichtend in offener Feldschlacht, einer Kriegsform, welche die irischen Guerillakrieger immer gescheut hatten. Als die spanischen Truppen zur Unterstützung der irischen Rebellion endlich landeten, war es für einen Sieg der Rebellen zu spät.

Die Kolonisation auf privater Ebene hatte danach trotzdem keine Chance mehr in Irland, da kein Betreiber auf Bestand und Kontinuität hoffen konnte. Sir Walter Raleigh nahm zwar später den Kolonie-Gedanken wieder auf; dabei dachte er aber an große Besiedlungsprogramme der Regierung. Pläne wurden erstellt zur Verteilung der eingezogenen Besitzungen guten Landes an 4200 Siedler aus Chester, Lancashire, Somerset und Dorset. Man versuchte, diese Siedler über besondere finanzielle Anreize nach Irland zu locken: Sie sollten für drei Jahre Pachtfreiheit genießen, bis 1593 die halbe Pacht zahlen und dann erst den vollen Betrag entrichten. Die Kolonien waren jedoch bald durchsetzt mit irischen Rebellen, besonders seit 1598, die sich auf diese Weise gegen die Okkupation zur Wehr setzten. Viele Kolonisten flohen, so daß ihre Anwesen wieder aufgelöst wurden oder verfielen.

Die irischen Führer seit Shane O'Neill, James FitzMaurice und Erzbischof Fitz-Gibbon von Cashel haben den nationalen Widerstand der Iren gegen die Engländer gestützt. Mit dem Engagement der Spanier in Irland und einer Einreise von zahlreichen Priestern lebte der irische Katholizismus wieder auf, so daß intensivere Bindungen an Spanien und an Rom erneut zur Selbstverständlichkeit gerieten.

Nachdem der Zweite Earl of Essex Irland in einem für England so gefährlichen Zustand zurückgelassen hatte, bestand nunmehr – auch in Bezug auf die internationale Politik und vor allem die

Machtposition Spaniens – für England die Aufgabe, Irland insgesamt zu besiegen und durch englische Verwaltung zu beherrschen. Königin Elisabeth wählte 1601 zum Nachfolger des Earl of Essex einen erfahrenen Soldaten, nämlich Charles Blount, Lord Mountjoy. Dieser hatte in den Niederlanden gekämpft, aber auch in der Bretagne unter Norris. Seine Tätigkeit in Irland wurde von Sir Robert Cecil nachdrücklich unterstützt. Mountjoy ging daran, das Land systematisch gegen Tyrone aufzuhetzen. 1601 landeten noch einmal Spanier in Munster, aber der «Lord Deputy» vermochte die irische Armee unter Tyrone in jener offenen Feldschlacht zu besiegen.

Mountjoy gelang es innerhalb von drei Jahren, in Irland «Ruhe und Ordnung» herzustellen. Seine Aktion kostete den englischen Staat beträchtliche Summen. Letztlich erreichte Elisabeths letzter «Lord Deputy» jedoch erfolgreich das Ziel: die englische Eroberung Irlands, die vierhundert Jahre zuvor begonnen worden war.

Die Herrschaft Elisabeths in Irland kann mit der über England in keiner Weise verglichen werden. Ging es in England um die Herstellung eines Gleichgewichts zwischen den verschiedenen gesellschaftlichen Gruppen und den Formationen einer oligarchischen Struktur, so galt in Irland allein das Gesetz der militärischen Macht und der Unterwerfung. Das zu erreichende Ziel war nicht das Glück des irischen Volkes, wie es in England das Glück des englischen Volkes in seiner Identifizierung mit Gloriana war (wie die Königin es in ihrer «Goldenen Rede» zum Ausdruck brachte), sondern Kontrolle durch die Krone. Die Iren waren – so sahen es die Elisabethaner und so sah es die Königin – erst einmal zu Engländern umzuformen. Für die Zukunft des über weitere Jahrhunderte unglücklichen und durch Gewalt geprägten Verhältnisses von Engländern und Iren hatte England unter Elisabeth eine Last aufgenommen, an der es noch heute trägt.

## 7. Das Ende des Elisabethanischen Zeitalters

### *Elisabeths Staatskunst*

Wir haben gesehen, wie Königin Elisabeth in ganz unterschiedlichen Situationen immer wieder mit der Strategie arbeitete, zwei gegensätzliche Dinge oder Projekte zur gleichen Zeit zu fördern und zu betreiben, um ihre wirklichen Absichten möglichst lange zu verbergen. Dieses Taktieren erinnert an die Empfehlungen, die Machiavelli in seinem Buch «Der Fürst» an die Herrscher gegeben hatte, nie ihre Untergebenen bestimmen zu lassen, sondern sie gegeneinander auszuspielen.

Die Königin regierte mit ihrem «Privy Council», dem die Führung der praktischen Regierungsgeschäfte oblag. Neben den von der Königin selbst ernannten Mitgliedern und den aus deren Mitte bestellten Staatssekretären waren für das «Privy Council» ständig zwei bis vier Sekretäre tätig. Dazu kamen Boten und Sicherheitsbeamte. Das Gremium trat regelmäßig zusammen, ohne daß es hierfür feste Bestimmungen gab. Meistens tagte es am Dienstag, Donnerstag und Samstag – jeweils am Morgen, während Mittwoch und Freitag für die Sitzungen der Sternkammer freigehalten wurden. In der Sternkammer trat das «Privy Council» in gerichtlicher Funktion zusammen, oft wurden die höchsten Juristen des Landes hinzugezogen. Verhandelte die Kammer in den ersten Jahren Elisabeths primär über Unruhen, Rebellionen und die Durchsetzung der Proklamationen, so ging es später ebenso um Verschwörungen, Betrug, Fälschungen, Attentatsdrohungen gegen die Staatsautorität oder um Wegelagerer.[1]

Das ganze System des Staates von Königin Elisabeth, und vor allem das «Privy Council», beruhte auf den einzelnen Persönlichkeiten, die der Königin meist über lange Jahre dienten. Die Männer des «Council» waren Leute ihres Vertrauens und der persönlichen Vertrautheit zugleich. Die Arbeit des «Privy Council» war nicht nur von Konflikt und Konkurrenz geprägt, sondern auch von einem freundlichen Umgang, der eher auf Harmonisierung zielte als auf Konfrontation. So gab es die Einrichtung einer politischen «Tafelrunde», zu der Cecil und Leicester, später auch Hatton und Walsingham gehörten. Doch blieben Spannungen, wie wir gesehen haben, nicht aus: So stand etwa Leicester 1565/66 im Streit mit Norfolk und Sussex, während Mitte der achtziger Jahre das Verhältnis zwischen Cecil und Walsingham sehr gespannt war und am Ende der Regierungszeit Elisabeths der Konflikt zwischen Cecil und Essex schon bedrohliche Züge annahm.

\*

Die Verwaltung des zunehmend zentralisierten Staates wurde zur Zeit Königin Elisabeths ausgebaut und verbessert. Seit 1585 wurde in Distrikten des Landes ein System der Regierungsbeaufsichtigung

und -kontrolle eingesetzt (*lieutenancy system*). Die Positionen der
«Lieutenants» wurden in den meisten Fällen den «Privy Councillors»
zuerkannt. Doch die Mitglieder des vielbeschäftigten Staatsrats delegierten die faktischen Aufgaben jeweils an Stellvertreter. Vier
Jahre später (1589) setzte die Krone in den Distrikten zusätzlich königliche Beamte ein («Provost Marshals»), in deren Kompetenzen
die Handhabung des Kriegsrechts fiel. Die «Provosts» hatten auch
die Funktion, entlassene Soldaten, Deserteure und Vagabunden zu
disziplinieren. Die letztgenannte Aufgabe fiel in den Bereich der
elisabethanischen Armengesetzgebung.

Die neunziger Jahre wurden durch den Streit der Cecil-Partei gegen Essex und seine Freunde bestimmt, wobei diese Rivalität die gesamte elisabethanische Administration durchdrang. Als Sir Francis
Walsingham 1590 starb, favorisierte Essex als seinen Amtsnachfolger William Davison, während Burleigh alles daransetzte, um seinen
Sohn Robert in dieses Amt zu bringen. Die Königin wich dieser
Auseinandersetzung geschickt aus, indem sie eine Entscheidung
hinauszögerte. Sie berief Robert Cecil erst im Jahre 1596 zum Ersten Staatssekretär, just zu dem Zeitpunkt, als Essex Cadiz eroberte.
Somit kann es nicht erstaunen, wenn sich das Verhältnis zwischen
den Cecils und Essex nach 1596 noch weiter verschlechterte. Auf
der Seite Cecils standen sein Sohn, Raleigh und Cobham und auf der
Seite von Essex Bacon und Knollys. Sie befanden sich in stetigem
Machtkampf.

Der Streit hatte sich vor allem an den hohen Kriegskosten entzündet. England hatte sich verausgabt und es war dringend eine Phase
des Friedens nötig, um Wirtschaft und Gesellschaft zu konsolidieren. Die Cecils beabsichtigten, die Friedenspläne in die Tat umzusetzen, während Essex und die Befürworter seiner Politik Spanien
grundsätzlich und um jeden Preis niederringen wollten. Wie erwähnt,
hielt Philipp II. nach der Niederlage von Cadiz (1596) eine neue
Flotte von hundert Schiffen mit einer Besatzung von 16000 Mann
einsatzbereit gegen England. Sie wurde 1597 von demselben Sturm
zerstreut und schwer beschädigt, der auch zum Fehlschlag der Azoren-Expedition von Essex, Howard und Raleigh beitrug. Essex
beharrte auf seiner weiteren Entschlossenheit zum Krieg, auch als
sich 1597/98 Initiativen zu diversen Friedensschlüssen abzeichneten,
die als Parteien Spanien und Frankreich, dann aber auch die Niederlande und England umfaßten. Hier war Burleigh noch vor seinem

Tode 1598 für das Betreiben von Friedensverhandlungen eingetreten. Philipp II. starb ebenfalls im Jahre 1598. Es gab keine großen kriegerischen Auseinandersetzung mehr zwischen Spanien und England, doch der neue König Philipp III. hat wegen der niederländischen Interessen zunächst keinen Frieden mit England gesucht.

Etwa seit 1590 wurde in England das Konzept des modernen Staates allgemein anerkannt. Der Staat galt als klar begrenztes Territorium, dann als für zivile Herrschaft gesellschaftlich organisierte Monarchie, und schließlich als souveräne Regierung, die keine Übermacht anerkannte, weder in politischer, noch in religiöser oder rechtlicher Hinsicht.[2] Königin und Regierung versuchten gegen Ende der elisabethanischen Epoche die Freiheitsrechte des Parlaments[3] einzuschränken und dasselbe eher als Teil der Exekutive zu definieren. Die Königin hat sich in diesem Sinne dafür eingesetzt, daß die von Sir Edward Coke formulierten Rechte des Unterhauses auf Redefreiheit, Schutz vor willkürlicher Verhaftung und auf direkten Zugang zur Königin allesamt eingeschränkt wurden. Elisabeth übertrug ihrem Lordsiegelbewahrer Puckering die Aufgabe, solchen Forderungen entschlossen entgegenzuarbeiten.

Wenn es in den letzten Jahren der elisabethanischen Ära deutlich wurde, daß der Staat auf einen offensichtlicheren Konservatismus zusteuerte und sich gleichzeitig nachhaltigere Tendenzen zur Oligarchie abzeichneten, so hat es zugleich verstärkte Formen der Unordnung gegeben. Staat und Gesellschaft wurden zunehmend von Korruption gekennzeichnet, von der selbst die Regierung nicht verschont blieb. Solche Auswüchse manifestierten sich vor allem im Ämterhandel, aber es kamen auch ernste und gravierende Fälle von Veruntreuung von Steuergeldern im Schatzamt und bei den Steuereinnehmern selbst vor.

### Der Earl of Essex: Liebe, Tragödie oder Verrat

Das romantische Bild von Robert Devereux, Second Earl of Essex als eines jungen, strahlenden Helden und Liebling der alternden Königin von England[4] ist allgemein bekannt. Nach neueren Forschungen ist es aber nur teilweise richtig. Essex, der schon mit neun Jahren zur Waise geworden war, wuchs unter der Obhut seiner Vormünder Lord Burleigh, Sir William Knollys und Lord Präsident Huntingdon heran und wurde vor allem durch seinen Stiefvater

*Robert Devereux, Earl of Essex (1567–1601), Maler unbekannt.
(Woburn Abbey)*

Leicester geprägt. Als Student in Cambridge von 1581–1583 erwarb er mühelos den Magistergrad mit Auszeichnung. Entgegen der zählebigen Fama war Essex kein wildverwegener Abenteurer, sondern ein hochgebildeter und feinsinniger, zugleich aufstrebender Elisabethaner.

Nach dem Studium strebte er eine Karriere bei Hofe an. War es für ihn Glück oder Tragik, daß das Auge der Königin wohlwollend auf ihn fiel? Während die Königin Burleighs Sohn Sir Robert Cecil als versierten Staatsmann schätzte, war Elisabeth von Essex fasziniert. Hatte die Königin am Anfang ihrer Regierungszeit ihren Favoriten Leicester mit William Cecil in ein förderliches Arbeitsverhältnis eingespannt, so wollte sie dasselbe mit ihrem neuen Favoriten und Stiefsohn Leicesters sowie mit Burleighs Sohn Robert Cecil bewerkstelligen.

Essex hatte sich in den Kopf gesetzt, sich auf dem Schlachtfeld zu bewähren, weil er von militärischem Ruhm träumte. Dies prägte sich als eine fatale Neigung aus, die sein Lebensschicksal verdunkeln sollte. 1586 begleitete er seinen Stiefvater Leicester mit der Armee in die Niederlande. Schon bald zum General der Reiterei aufgestiegen, erwarb sich Essex durch Tapferkeit in der Schlacht von Zutphen den Ritterschlag. Als Leicester ein Jahr später zum Lord Steward ernannt wurde, berief Elisabeth Essex auf den dadurch vakant gewordenen Posten des Königlichen Stallmeisters. Dieses hohe Hofamt garantierte ungehinderten Zugang zur Königin. Als Leicester 1588 starb, versuchte Königin Elisabeth ihre Trauer dadurch zu mildern, daß sie Essex als ihren erklärten Favoriten nachrücken ließ. Eine glänzende Laufbahn lag nun vor ihm.

Von der hochentwickelten englischen Renaissancekultur geprägt, mit Blick auf das Vorbild des verehrten Sir Philip Sidney, strebte Essex nach einer harmonischen Verbindung zwischen humanistischer Bildung und ritterlichem Idealismus. Militärische Ruhmsucht trübte jedoch, wie gesagt, dieses reine Konzept: Essex war auch Unreife beigegeben. Er war und blieb hochfahrend und eigenwillig; es gelang ihm im Unterschied zu Leicester und Hatton nicht, sich der Königin vollkommen zu unterwerfen. Essex überschritt seine Grenzen, er umging Verbote. 1589 untersagte Elisabeth ihm die Beteiligung an der Portugal-Expedition, was Essex nicht hinderte, sich heimlich vom Hof zu entfernen und mit nach Lissabon zu segeln. Sein Trotz provozierte einen Zornesausbruch Elisabeths, dem jedoch baldige Verzeihung folgte.

Auch vernachlässigte der ruhelose und ungeduldige Essex die vom Favoriten der Königin geforderte öffentliche Verehrung und Feier seiner Regentin. Durchaus sprachgewandt, scheute er die große Rhetorik sowie die Rituale des Elisabethkultes, ja er tat sich schwer, klug mit der Gunst seiner Königin umzugehen. Wieder träumte er von Heldenruhm in großen Kriegen. Im Jahre 1589 schickte die Königin eine englische Armee unter dem Kommando Lord Willoughbys zur Unterstützung Heinrich IV. in die Normandie. Als ebenfalls 1589 eine zweite, geteilte Expedition nach Frankreich entsandt wurde, wurde Essex nach untertäniger Bitte mit einem Kommando betraut. Während Sir John Norris in die Bretagne marschierte, kommandierte Essex eine Truppe von 4000 Mann zur Unterstützung des französischen Königs bei Rouen. Elisabeth versuchte, Essex von London aus unter Kontrolle zu halten, doch dieser traf sich eigenmächtig mit Heinrich IV. und traf auch seine militärischen Entscheidungen ohne Elisabeths Berater. Als die Königin davon erfuhr, rief sie Essex zurück und drohte ihm, sie würde die ganze Kampagne in Frankreich beenden, wenn er weiterhin ihre Befehle mißachten würde. Essex gewann in Frankreich an militärischer Erfahrung, errang aber keinen spektakulären Sieg. Immerhin erwarb er sich das Wohlwollen Heinrichs IV.

Zurück in England strebte Essex nach einem Sitz im «Privy Council», in das ihn die Königin dann 1591 berief. Dies war für ihn eine schlagartige Rangerhöhung: Jetzt gehörte er zu den wichtigsten Persönlichkeiten in der Nähe des Throns. Doch bald erkannte er, daß die Position des Favoriten nicht gleichbedeutend war mit dem Rang des Gleichen unter Gleichen im «Privy Council». Eingetreten in die Welt der Staatsgeschäfte veränderte sich Essex, denn die neue und hohe Verantwortung zwang ihn, sich ein politisches Profil zu erarbeiten. Seine Berufung störte das Gleichgewicht der Macht, das Netzwerk der Regierung, das von jeher auf persönlichen Beziehungen beruhte. Essex mußte daher für einen neuen Ausgleich eintreten. Burleighs Mißtrauen erschwerte Essex den Anfang, zumal er seinen Sohn Sir Robert Cecil zum Nachfolger auserkoren hatte. Die Rivalität zwischen Robert Cecil und Essex war damit vorgezeichnet. Robert hatte von seinem Vater Talente und Temperament geerbt. Burleigh sorgte 1591 für Roberts Berufung ins «Privy Council», auch übernahm er unter Anleitung seines Vaters die Aufgaben des Staatssekretärs. Burleigh, inzwischen siebzig Jahre alt geworden, wußte, daß seine Zeit wie auch die Regierungszeit Elisabeths ablief. Sie litt darunter, daß viele der großen Männer ihrer eigenen Generation – Leicester (1588); Sir Walter Mildmay, Kanzler des Schatzamtes (1589), der Earl of Warwick, Leicesters Bruder (1590), Sir Francis Walsingham, Erster Staatssekretär (1590), Sir Christopher Hatton, Lordkanzler (1591) – gestorben waren. Um diese Verluste auszugleichen berief Elisabeth in der Regel die Söhne ihrer alten Vertrauten in das «Privy Council».

Die Königin wünschte daher nichts sehnlicher als die glückliche und ersprießliche Zusammenarbeit zwischen Essex und dem jüngeren Cecil.

Als Walsingham 1590 starb, konnte sich Burleigh der Verantwortung nicht entziehen, wieder intensiver an den Regierungsgeschäften teilzunehmen, und bis zu seinem Tode hat er unermüdlich gearbeitet. Bei einem Staatsbesuch Elisabeths auf Burleighs Schloß Theobalds im Jahre 1591 wurde Robert Cecil zum Ritter geschlagen. Drei Monate später erhielt er jenen Sitz im «Privy Council», und sein Vater konnte ihn nun in das Amt des Staatssekretärs einarbeiten, das die Königin vorerst vakant hielt, weil Essex den in Ungnade gefallenen Davison reaktivieren wollte. Auch schlugen Essex' Versuche fehl, Francis Bacon ein hohes Richteramt zu verschaffen. Die Königin ließ sich nie zwingen und schon gar nicht unter Zeitdruck setzen. Es gab Spannungen zwischen Burleigh und Essex, aber auch zwischen Robert Cecil und dem Earl. Der alte, erfahrene Burleigh verstand es, die Jüngeren zu beschwichtigen und die Atmosphäre zu entspannen. Inzwischen wurde der Krieg in Frankreich fortgesetzt. Obwohl Burleigh häufig kränkelte, kam er immer wieder nach London auf seinen Posten zurück, nahm an allen Sitzungen des «Privy Council» teil sowie an allen Zusammenkünften in den anderen Gremien, in denen er Sitz und Stimme hatte. Essex brachte sich den Cecils immer wieder in Erinnerung, dies umso mehr, nachdem er «Privy Councillor» geworden war. Über das politische Gesamtgeschehen stets bestens informiert, schrieb Burleigh in Abständen Zusammenfassungen zur «Lage der Nation», die er der Königin zur Verfügung stellte, so etwa 1595 seine «Meditations on the State of England». Er war beratend an den irischen Angelegenheiten beteiligt und handelte 1596 als alter Mann mit hoher Kompetenz und großer Zähigkeit auf Wunsch der Königin den Friedensvertrag mit Frankreich aus. Dieses Jahr brachte ihm die Erfüllung eines lang gehegten Wunsches: Königin Elisabeth berief Robert Cecil zum Ersten Staatssekretär. Burleigh hatte viel in seinem Leben erreicht, aber auch er – wie die Königin selbst – wurde einsamer, denn seine Weggenossen starben: Puckering, der «Lord Keeper», seine alten Freunde Knollys und Hunsdon. Als die Königin Sir Thomas Egerton zum neuen «Lord Keeper» ernannte, bemerkte Burleigh im Scherz zu Elisabeth, er hoffe, sie werde noch fünf weitere ernennen. Doch Elisabeth antwortete: «Nein, dies ist der letzte», und brach in

Tränen aus.⁵ Vor seinem Tode versuchte Burleigh noch einmal, Robert Cecil und Essex zu versöhnen.

Sir Robert Cecil, klug, aber mißgestaltet, verblaßte vor der glanzvollen Erscheinung des Earl of Essex. Doch seine vorzügliche Arbeit als Staatssekretär brachte ihm das Vertrauen der Königin ein, die weder an seinen administrativen Fähigkeiten noch an seinem politischen Urteil zweifelte. Essex wußte, daß er sich solche Kompetenzen erst erarbeiten mußte, und so bemühte er sich um die sachlichen Urteile des versierten Staatsmanns: Er wollte unbedingt der Hauptvertraute und erste Berater der Königin werden. Mit Ungeduld sah er auf die langjährige Machtstellung Burleighs und Hattons. Die Spannungen zwischen der Partei der beiden Cecils und der Partei von Essex nicht zuletzt im «Privy Council» waren bestimmend für die englische Politik ab 1590. Ihre Wurzeln reichten aber weit zurück und sind auch durch Herkunft und Sozialisation zu erklären. Auch wenn man die Cecils und Essex als Mitglieder von Aufsteiger-Familien betrachten kann, müssen doch gravierende Unterschiede festgestellt werden. William Cecils Vater erwarb sich erst den Rang eines Gentleman am Hofe Heinrichs VIII., während Robert Devereux' Vater zwar «nur» der erste Earl of Essex war, aber doch aus einer alten Adelsfamilie stammte. Robert Devereux, der zweite Earl, konnte schon in seinem jungen Erwachsenenleben militärische Kompetenz beweisen. Er blieb stets der Mann der Großzügigkeit, der ritterlichen Haltung und des Eintretens für großangelegte Angriffe auf die katholischen Gegner durch eine Allianz des europäischen Protestantismus. Ganz anders als Essex waren beide Cecils deutlich Buchmenschen und ganz Bürokraten ohne militärische Ambitionen und Begabung. Sie blieben vor allem durch die Gunst der Königin jahrzehntelang an der Macht, die sie durchaus nutzten. Sowohl William Cecil, der spätere Lord Burleigh, als auch sein Sohn Robert gingen mit Umsicht und auch mit Raffinesse daran, sich nicht nur eine persönliche, sondern auch eine strukturelle Machtposition aufzubauen, die durch einen stets gemehrten Besitz flankiert wurde.

Als Essex feststellte, daß die Cecils nach Walsinghams Tod im Jahre 1590 den Geheimdienst vernachlässigten, erkannte er die Lücke und übernahm diese Funktion: eine erstklassige Quelle außenpolitischer Kompetenz über Informationen, die der Königin unentbehrlich war. Die doppelte Spannung zwischen politischer Sacharbeit und einem hochemotionalen Verhältnis zu Elisabeth führte zu Wechselbädern von Anerkennung und Kritik, Haß und Liebe. Essex baute als seine reale politische Ressource ein effizientes Spionagesystem auf; es wurde von Anthony Bacon geleitet, dem Sohn von Elisabeths erstem Lordkanzler Sir Nicholas Bacon, der von seinem Onkel Lord Burleigh ebensowenig gefördert worden war wie sein jüngerer Bruder Francis. Francis Bacon war darüber im Bilde, was sein Bruder für Essex erreichte, und beriet den Earl in allgemeinen politischen Angelegenheiten. Als Mitglied des «Privy Council» griff Essex die Sorgen der Königin mit Blick auf den spanischen Einfluß in Schottland auf und begann mit Hilfe der Bacons eine Geheimkorrespondenz mit James VI., in der es auch – aber zum Mißfallen Elisabeths – um die Thronfolgefrage ging.

Seine Bewährungsprobe, welche auch seinen Wert für außen- wie innenpolitischen Einfluß bestimmte, erlebte Essex' Geheimdienst im Zusammenhang mit der Aufdeckung des Anschlags von Dr. Lopez auf das Leben der Königin im Jahre 1594. Essex hatte gegen Lord Burleigh und Sir Robert Cecil die Friedenspolitik hinsichtlich Spaniens abgelehnt. Als er die ersten Anhaltspunkte gegen Dr. Lopez erhielt, setzten die Cecils ihn bei der Königin in ein schlechtes Licht, stand doch Lopez als Leibarzt in hohem Ansehen. Elisabeth zieh Essex daraufhin der Leichtfertigkeit,[6] doch dessen Spionagedienst gelang es, Lopez hochverräterische Kontakte zur spanischen Regierung nachzuweisen.[7] Als Essex mitteilte, Lopez habe einen Giftmordanschlag auf die Königin geplant, ließ diese eine volle Untersuchung zu – und die Cecils hatten das Spiel verloren: Sie schwenkten auf Essex' Seite.

Es folgte daraufhin eine harmonische Zusammenarbeit zwischen Essex und Sir Robert Cecil – ganz im Sinne der Königin. Heinrich IV. hatte indessen die innenpolitischen Probleme seines Landes im Griff, so daß Elisabeth ihre Truppen aus Frankreich abziehen konnte. Doch die Gefahr durch eine neue Armada deutete sich an. Essex, als Führer der Kriegspartei im «Privy Council», hoffte auf ein größeres Kommando im Falle einer militärischen Auseinandersetzung, doch als es zu einer Aktion der Kriegsmarine gegen Spanien unter dem Kommando von Hawkins und Drake kam, war Essex nicht daran beteiligt.

Im Jahre 1596 wurde ein Angriff auf das spanische Festland beschlossen, diesmal unter dem Kommando von Essex und Lord Admiral Howard mit Raleigh und Lord Thomas Howard als Offizieren. Man wollte zur Errichtung eines englischen Stützpunktes einen Teil Spaniens erobern. Dabei kam es zur Einnahme von Cadiz, an der Essex einen großen Anteil hatte. Nach seiner Rückkehr fiel die Begrüßung durch die Königin jedoch sehr mager aus. Essex sah sich als Held, was ihm die Stimmung im Volke bestätigte, doch Elisabeth hatte nichts für Heldentaten übrig. Sie zog jeden Nutzen für England vor, vor allem, wenn er sich in klingender Münze realisierte. Da Cecil in Abwesenheit des Earls of Essex zum Ersten Staatssekretär ernannt worden war, wurde aus der Zusammenarbeit mit Essex reine Konfrontation. Man stritt um die politischen Ziele oder um die Besetzung von Ämtern. Verdächtigungen und Feindschaft fanden reichliche Nahrung. Hinzu kam, daß, gerade weil Essex vom Volk als Held gefeiert wurde, seine Sterne am Hofe und in der Politik sanken. Denn Elisabeth beanspruchte alle Popularität im Lande für sich: Neben ihr durfte es keine anderen «Götter» geben. Doch das Offizierscorps stand loyal zu ihm. Als das «Privy Council» hingegen bemerkte, daß Essex nach seiner Rückkehr aus Spanien beabsichtigte, bei der Truppe zu bleiben, um das spanisch besetzte Calais anzugreifen, wußte man diesen Plan zu torpedieren, und Essex zog sich beleidigt und melancholisch zurück. Immerhin legte er den Streit mit den Cecils bei.

Essex litt an der Härte des politischen Geschäfts und suchte wiederum nach einer Gelegenheit zur Flucht in die militärische Aktion. Diese bot sich, als Raleigh einen Bund mit Essex und Cecil schloß. Diesem Abkommen zufolge sollte Essex das Oberkommando erhalten, Raleigh durch seine Beteiligung wieder in Gnaden bei Hofe aufgenommen werden, Cecil mit dem Posten des Kanzlers des Herzogtums Lancaster belohnt werden. Dieser Pakt wurde von der Königin unterstützt – er verbesserte ihr Verhältnis zu ihrem Favoriten. Der «verlorene Sohn» war heimgekehrt. Der neue Bund wurde am Hofe begrüßt und hielt auch über den Sommer 1597. Cecil schrieb optimistisch über Essex' Aussichten, die spanische Goldflotte abzufangen, doch das Unternehmen bei den Azoren scheiterte, wie bekannt, in furchtbarer Weise.

Essex war nun wieder von Melancholie erfüllt wie im Vorjahr, zog sich in sein Schloß Wanstead zurück und schützte Krankheit vor. Die Königin mißbilligte sein Verhalten und pochte auf die Erfüllung seiner Pflichten als Mitglied des «Privy Council». Gleichzeitig machte sie Essex ein Friedensangebot. Auch Burleigh riet Essex nachzugeben, dessen Enttäuschung über das «Desaster» bei den Azoren noch dadurch gesteigert wurde, daß Robert Cecil die Kanzlerschaft des Herzogtums Lancaster erhielt. Allein Essex ging leer aus. Howard wurde von der Königin zum Earl of Nottingham ernannt aufgrund «seines» Sieges bei Cadiz. Daß Essex diesen Sieg errungen hatte, blieb völlig unberücksichtigt. Dessen verletzter Stolz bewog ihn, eine Untersuchungskommission zu fordern. Elisabeth lenkte ein und berief Essex zum «Earl Marshall». So behielt er einen höheren Rang als Howard. Doch sollte dies das letzte Mal sein, daß Elisabeth sich Essex' Willen beugte.

Für das Jahr 1598 ist eine erstaunliche «Verwandlung» des Earls of Essex überliefert. Sie ist ein Argument gegen sein bis heute überliefertes stereotypes Bild. Als in England ruchbar wurde, Frankreich strebe einen Sonderfrieden mit Spanien an, entsandte Königin Elisabeth Cecil persönlich nach Paris. Essex wurde beauftragt, in Cecils Abwesenheit und nach Absprache von Einzelheiten das Amt des Staatssekretärs zu versehen. Alle Welt staunte, wie vorzüglich Essex dieses Amt ausfüllte; ihm wurde reicher Dank von Burleigh und Cecil zuteil. Essex' Schicksal war jedoch, daß er immer wieder die gesetzten Grenzen durchbrach. Cecil konnte den Friedensschluß zwischen Spanien und Frankreich nicht abwenden und kam mit einem spanischen Verhandlungsangebot an Elisabeth zurück. Essex lehnte weitere Verhandlungen ab; er hielt Verhandlungen für bloße spanische Taktik, um England von seinen niederländischen Verbündeten zu trennen. Als die Friedensverhandlungen mit Spanien dennoch aufgenommen wurden, erkannte Essex, daß seinen militärischen Ambitionen keine Beachtung geschenkt werden würde.

In diese Zeit fiel auch die Krise in Irland, die das Gros der englischen Ressourcen verschlang. Die Königin hatte für die schwierige Aufgabe Irland zu unterwerfen Essex' Onkel, Sir William Knollys, auserkoren, doch Essex favorisierte aus taktischen Gründen Cecils Kandidaten, Sir George Carew: Die zu erwartenden Mißerfolge in Irland überließ er gern seinen Gegnern. In diesem Zusammenhang ereignete sich nun der berühmte und fatale Auftritt zwischen der Königin und Essex: Bei einer Audienz weigerte sich Elisabeth, Essex' Vorschläge anzuhören. Der Earl geriet in Zorn, beleidigte die Königin und wandte ihr den Rücken zu. Daraufhin ohrfeigte Elisabeth Essex, der seine Selbstkontrolle verlor und zum Schwert griff. Um

Schlimmeres zu verhindern, trat Howard zwischen die Streitenden. Essex schwor, eine solche Schmach hätte er nicht einmal von Heinrich VIII. geduldet, zog sich nach Wanstead zurück und mied den Hof für drei Monate. Er hatte aber den Bogen überspannt. Elisabeth gab seinen Wünschen nie mehr nach und bewies damit, daß sie sich von niemandem beherrschen ließ. Egerton und Knollys besänftigten Essex; dieser nahm seine Pflichten wieder auf, bemerkte aber bitter, daß auch Herrscher irren können.

Auch im «Privy Council» hatte Essex seine Arbeit wieder aufgenommen. Nach dem Tode Burleighs im Jahre 1598 lag die alleinige Verantwortung für die Regierungsgeschäfte auf den Schultern seines Sohnes Sir Robert Cecil. Die irischen Verhältnisse hatten sich inzwischen so verschlimmert, daß die Entsendung einer großen Armee unausweichlich geworden war. Im Zeichen nationaler Gefahr betraute die Königin den Earl of Essex mit dem irischen Oberbefehl. Er nahm mit dem größten Widerstreben an, wohl wissend, wie gesagt, daß in Irland kein militärischer Ruhm zu erlangen war. Auch nagte Essex' gebrochenes Selbstbewußtsein an seiner Kraft. Zuneigung und Vertrauen zwischen Essex und seiner Königin waren und blieben erschüttert. Nichts sollte jemals wieder so werden, wie es gewesen war, denn Elisabeth wandte sich Essex' Feinden zu. Keinem ihrer Untertanen, auch Essex nicht, gestand die Königin das Recht zu, sie zu beleidigen und ihr königliches Urteil in Frage zu stellen. Einst konnte Essex sich Elisabeths warmer Zuneigung sicher sein. Jetzt spürte er nur noch kalte Distanz. Es war ihm klar: Zunächst galt es, die Rebellion in Irland niederzuschlagen. Seine Gegner nahmen bereits den Fehlschlag seiner Expedition vorweg und begannen, ihn politisch zu marginalisieren.

Das «Privy Council» zeigte sich zudem besorgt angesichts der Frage, welchen Gebrauch Essex von einer so großen Armee machen würde. Diese Befürchtungen waren nicht grundlos, denn Essex, der quasi-monarchische Kompetenzen als zum Amt des «Earl Marshall» gehörig entdeckt hatte, erwog, einen Teil der Armee in Wales zu belassen, so daß er ihn bei Bedarf gegen den Hof in London marschieren lassen könnte. Essex' Berater redeten ihm diesen Plan jedoch aus.

Elisabeth traute Essex schon nicht mehr und glaubte zu Recht, daß er neben dem Dienst für seine Monarchin noch etwas anderes im Schilde führe. Schließlich erfüllte Essex die dunklen Prophezeiungen seiner Feinde. Er ging mit dem klaren Befehl nach Irland, die Rebellion niederzuschlagen und Tyrone zu vernichten. Doch statt nach Norden marschierte Essex nach Süden (Munster); er verschob die Auseinandersetzung mit Ulster. Bei Elisabeth hatte sich die Überzeugung festgesetzt, Essex bewirke nichts in Irland, verschleudere nur das Geld des Schatzamtes, verschwende Munition und das Leben der Soldaten. Von der Vernichtung des Earls of Tyrone, des Herrn von Ulster und Führers der irischen Rebellion gegen England, sei Essex weit entfernt. Auch zürnte sie Essex wegen seiner ausufernden Großzügigkeit, mit der er seine Offiziere zu Rittern schlug. In Briefen vom 19. Juli und 14. September 1599 verbot die Königin Essex, nach England zurückzukehren bevor die «Northern action» erfolgreich bestanden war.[8] Sie befahl ihm, entsetzt über sein Verhalten, den Angriff auf Tyrone nachzuholen und nach Norden vorzustoßen.

Diese Briefe der Königin geben Kunde von ihrem Zorn und von ihrer tiefen Enttäuschung. Noch nach Jahrhunderten wird bei der Lektüre die Kluft spürbar, die zwischen der Königin und Essex aufgebrochen war. Der Ton der Texte ist kalt und distanziert, auch Kennzeichen zunehmender Einsamkeit in einer Welt, in der die Vertrautesten längst nicht mehr lebten. Essex seinerseits war besorgt über die politische Entwicklung in England während seiner Abwesenheit. Seine Briefe tragen einen hysterischen Charakter, zum einen bedingt durch die schier unlösbare Aufgabe, Irland zu befrieden, zum anderen wegen der drohenden Zerstörung seiner politischen Chancen durch die Partei Cecils. Er beklagt, daß Elisabeth sich von ihm abgewandt habe. Als Essex mit seinen Offizieren in einer Lagebesprechung zu dem Ergebnis gelangte, daß der Zustand der Truppen keine Hoffnung auf einen Erfolg gegen Tyrone in Ulster zulasse, reagierte London überhaupt nicht auf diese Mitteilung.

Elisabeths Befehl gemäß ging Essex in den Monaten Mai bis Juni 1600 gegen Tyrone vor, doch es kam nicht zur Schlacht. Nach einigen Geplänkeln fanden vom 6. bis zum 8. September mehrere Unterredungen zwischen beiden statt, an die sich ein sechswöchiger Waffenstillstand anschloß. Essex zog seine Armee nach Drogheda zurück, während Tyrone nach Ulster marschierte, um sich über das weitere Vorgehen mit O'Donnell zu beraten. Essex sandte einen wohlinformierten Bericht über die Lage in Irland und über die Erfordernisse zur Regelung der dortigen Verhältnisse nach London, beging dabei aber zwei Fehler: Er betonte zu sehr die Schwierigkeiten, die Rebellen mit militärischer Gewalt zu besiegen und warf der Königin zudem vor, während seiner Abwesenheit – also hinter seinem Rücken – Raleigh und Cobham zu begünstigen. Essex hatte erkannt, daß in Irland alles verspielt war. Überstürzt verließ er den Schauplatz seines Mißerfolgs, eilte ohne Erlaubnis der Königin nach London und drang unangemeldet mit bösen Ahnungen in die Privatgemächer Elisabeths vor. Ihre freundliche Reaktion wandelte sich über Nacht. Essex wurde unter Hausarrest gestellt, seiner Ämter enthoben und vom Hof verbannt.

Essex, der nunmehr zwischen Unterwerfung und Aufbegehren schwankte, erfuhr halbherzige Zugeständnisse Elisabeths. Als sie ihm die Verlängerung des Süßweinmonopols verweigerte, seine Haupteinnahmequelle, war Essex' Zeit endgültig abgelaufen. Seine finanzielle Katastrophe war ein Anlaß für die Verzweiflungstat, seinen mißglückten Putsch vom Februar 1601.

Essex Sympathisanten versammelten sich in Waffen in Essex House, um von dort aus zum Palast zu marschieren und den Hof zu stürmen. Die Rebellen wollten Cecil und seine Parteigänger verhaften, Elisabeth aber unbehelligt lassen. Blind für seine eigenen Fehler, sah Essex in Robert Cecil und ebenso in der Königin die Verantwortlichen für die Krise des Staates. Ziel der Rebellion war die Einberufung eines neuen «Privy Council», das die ersten Schritte zur Rettung des Staates in die Wege leiten sollte. Doch schon beim Marsch durch London zum Palast verlor sich ein Teil von Essex' Truppe. Die Londoner Bürger zeigten kein Interesse. So war der Earl of Essex gezwungen, mit wenigen verbliebenen Kampfgenossen nach Essex House zurückzukehren, während die regulären Truppen der Königin schon längst gegen ihn in Marsch gesetzt worden waren. Essex wurde gefangengesetzt. Man sprach ihn des Hochverrats schuldig. Die Hinrichtung folgte nicht lange nach der Verurteilung. Essex hatte sich selbst zugrundegerichtet – es war Sir Robert Cecil, der die Partie gewann.

### Das Ende Königin Elisabeths

Nach Essex' Hinrichtung verschlechterte sich die Stimmung im Lande und richtete sich nicht zuletzt gegen die Königin. Das Volk betrauerte den Tod seines Helden, während Spottgedichte auf Sir

Robert Cecil und Sir Walter Raleigh entstanden. Sir John Harington berichtete, daß die Königin noch im Herbst 1601 unwirsch, unleidlich und eigenbrötlerisch war. Jede Nachricht wurde von ihr mit Unwillen aufgenommen.[9] Raleigh versuchte in dieser Situation ohne Erfolg, in die Fußstapfen von Essex zu treten. Elisabeth teilte zwar die Abneigung des Volkes gegen Raleigh nicht, hielt ihn aber dennoch für ungeeignet, Essex' Position auszufüllen.

Die politischen Geschäfte führte Sir Robert Cecil äußerst kompetent und geschickt. Aber Cecil war der intelligente Aktenarbeiter mit deutlichen Eigeninteressen, kalt und «funktional» ohne Charme, persönliche Aura oder gar Charisma. Er war unbeliebt, wie folgende Zeilen aus einem Spottgedicht zeigen:

> Der kleine Cecil trippelt auf und ab,
> Regiert Hof und Krone,
> Mit seinem Bruder Burleigh Clown
> Im großen Fuchspelz anzuschau'n [...][10]

In den letzten zwei Jahren der Regierung Elisabeths zerfielen die Parteien im «Privy Council» und bei Hofe. Der Reiz des Spannungsgeflechts zwischen den Institutionen und Gruppen ließ nach, den die Königin stets besonders genossen hatte. Dennoch führte sie am Hof weiterhin Regie. Nur war ab 1601 unverkennbar, daß sich die Kritik am elisabethanischen System verstärkte. Für die Königin war der Herbst gekommen – und auch der Winter stand vor der Tür, wie es Shakespeare so unnachahmlich im Sonett 73 formuliert hat:

> Du magst in mir die Zeit des Jahres sehn,
> Wo gelbe Blätter oder keine hangen
> An jenen Zweigen, die im Froste wehn,
> Zerfallne Dome, wo einst Vöglein sangen.
> Du siehst in mir des Tages Abendroth,
> Darin der Sonnen Untergang sich spiegelt,
> Bis schwarze Nacht kommt, jener andre Tod,
> Der alles dann in tiefer Ruh besiegelt.
> [...][11]

Doch schien sich die Königin insgesamt gut zu halten, war kaum krank – und führte fest das Regiment. Mag sie auch – wie die Menschen im Lande – geahnt haben, daß mit dem Tode Essex' eine Ära zu ihrem Ende gekommen war. Im September 1601 trat das letzte Parlament unter Königin Elisabeth zusammen. Die «Commons» gewährten der Krone hinreichende Mittel, sogar vierfache Subsidien, weil es darum ging, die in Irland gelandete spanische Armee zu bekämpfen. Doch sie diskutierten auch die konfliktträchtige innenpolitische Frage der Monopole. Die Königin lenkte in diesem Punkt ein und kündigte eine Proklamation zur Revision der Monopole an, die von ihr auch unmittelbar veranlaßt wurde. Nach der Veröffentlichung der Proklamation vom 28. November 1601 begehrten Mitglieder des Unterhauses, bei der Königin vorzusprechen. Schließlich versammelten sich zwei Tage später in Whitehall 140 Mitglieder des Parlaments. Die Königin ergriff die Gelegenheit, vor den Parlamentariern ihre letzte große Rede zu halten, die unter dem Namen «The Golden Speech» bekanntgeworden ist.

Diese Rede beleuchtet das Verhältnis Elisabeths zu ihren Untertanen und umgekehrt. Nach über vierhundert Jahren strahlt dieser Text eine Lebendigkeit aus, die bloßes rhetorisches Geschick und Effekthascherei nicht hervorbringen könnten und vermittelt etwas von der Atmosphäre einer wirklichen Beziehung zwischen einer Königin und ihrem Volk: «Ich versichere Euch, daß es keinen Fürsten gibt, der seine Untertanen mehr liebt, oder dessen Liebe unserer gleich kommen kann. Es gibt kein Juwel, sei es auch immer von höchstem Wert, das ich diesem Juwel vorziehe – ich meine Eure Liebe. Denn ich ehre sie mehr als jeden Schatz oder Reichtum, denn Wir wissen wie Wir einen Wert festzusetzen haben. Aber Eure Liebe und Euren Dank fasse ich als unschätzbar auf, und obwohl Gott mich hoch erhoben hat, so zähle ich dies als Glorie meiner Krone, daß ich mit Eurer Liebe regiert habe.»[12]

Elisabeth betonte zudem, daß ihre haushälterische Art, die vielfach als Geiz ausgelegt wurde, ihre Methode war, um die englische Politik zum Wohle ihrer Untertanen und damit zum Wohle des ganzen Landes finanzieren zu können, nicht aber, um dem höfischen Luxus zu frönen. Die Königin unterstrich auch, immer unter dem Auge eines höheren Richters zum Wohle ihres Volkes regiert zu haben, um von England Gefahr, Unehre, Tyrannei und Unterdrückung fernzuhalten: «Es wird niemals eine Königin auf meinem

Thron sitzen mit mehr Eifer für mein Land, Sorge für meine Untertanen und die mit größerer Bereitschaft ihr Leben wagen wird für Euer Gut und Eure Sicherheit als ich.»[13]

In Irland besiegte unterdessen Charles Blount, Lord Mountjoy, den Rebellen Tyrone und ebenso konnte er mit dem spanischen Invasionsheer fertig werden. Diese Entwicklung verfolgte die Königin sehr genau. Nun war die Thronfolge zu regeln, denn James VI. von Schottland war als Nachfolger nie öffentlich bestätigt worden. Elisabeth korrespondierte jetzt häufig mit James und ließ durchblikken, daß er den Thron erben würde.

Im Verlaufe des Jahres 1602 traten die wichtigsten Höflinge und Staatsmänner Englands bereits in Kontakt zu James VI. Cecil unterhielt eine Geheimkorrespondenz mit James, um einen glatten Thronwechsel vorbereiten zu können. Die Königin durchschaute dieses doppelte Spiel, das auch ganz konkrete Verhandlungen einschloß, äußerte sich aber nicht dazu. Das letzte Regierungsjahr der Königin war von Schwankungen geprägt. Lange Phasen bester Gesundheit wechselten mit Depression, Melancholie und Lebensmüdigkeit. Im Mai 1602 eröffnete Elisabeth dem französischen Botschafter, sie sei des Lebens überdrüssig und finde an nichts mehr Gefallen. Im Sommer ging es ihr jedoch so gut, daß nur das schlechte Wetter sie davon abhalten konnte, ihre jährliche Rundreise anzutreten; sie war wieder heiter gestimmt und ging zuzeiten auf die Jagd.

So kehrten Stunden des Frohsinns und der Schalkhaftigkeit noch einmal zurück. Die «Gloriana» stand im 70. Lebensjahr und beging am 17. November 1602 unter dem Jubel Englands ihr fünfundvierzigstes Thronjubiläum. Noch im Dezember dinierte Elisabeth in Cecils neuem Stadtpalais, zum Ende des Monats ging es ihr wieder schlechter, während sich eine Besserung im neuen Jahr einstellte. Am 21. Januar 1603 zog der Hof trotz Nässe und stürmischer Winde nach Richmond. Hier zelebrierte Königin Elisabeth am 6. Februar ihren letzten großen Staatsauftritt beim Empfang des venezianischen Botschafters.

Das Fieber kam Anfang März, begleitet von Schlaflosigkeit. Königin Elisabeth eröffnete Robert Carey, daß es ihr nicht gutgehe. Diesmal gab es keinen neuen Anfang mehr, auch wenn am 11. März eine letzte leichte Besserung einsetzte. Die Königin verweigerte jede Medizin und jede Nahrung. Inzwischen trafen die Mächtigen des Landes die Vorbereitungen für den Thronwechsel. Elisabeth, die eine Epoche beherrscht hatte, blieb allein in Erwartung ihres letzten Gastes. Sie nominierte noch James VI. zu ihrem Nachfolger und ließ die geistlichen Handlungen durch Erzbischof Whitgift vollziehen. Königin Elisabeth I. von England starb am 24. März 1603.

*Der Nachfolger*

Als James VI. von Schottland als James I. im Jahre 1603 englischer Monarch wurde, zeigte sich, daß die Stuarts in der englischen Nation nicht den Rückhalt besaßen wie deren Gründer, die Tudors.[14] Schon James' Laufbahn im Norden hatte Schatten aufzuweisen. Ähnlich wie in England stritt der Adel über Religionsfragen. Hier standen die katholischen Lords, die der Bischofskirche zuneigten, gegen die Reformierten, die unter Knox' Nachfolger Melville mit ihrer Forderung nach Garantie des Presbyterianismus die Trennung von Kirche und Staat verbanden. James war im reformierten Glauben erzogen worden, vor allem von dem calvinistischen Theologen und Humanisten George Buchanan. Dennoch hatte er sich früh gegen die Gleichberechtigung zweier Mächte im Staate – Kirche und Krone – zugunsten letzterer ausgesprochen.

Die Regierungsgewalt kam ihm de facto erst ab 1583 zu, bis dahin hatte die englische Königin kaum von ihm Notiz genommen. Dennoch hatte Elisabeth mit Argusaugen darüber gewacht, was in Schottland unter James' Vormündern und Regenten geschah. Als der junge James jedoch nach dem Sturz Mortons unter den Einfluß seines Vetters d'Aubigny kam, wurde Elisabeth hellhörig. D'Aubigny handelte in Absprache mit den Guise, die zu den erklärten Feinden der englischen Königin zählten. Diese Krise legte sich, als d'Aubigny in der Raid of Ruthven abgesetzt wurde.

In Staats- wie Religionsfragen nahm James VI. keine klare Haltung ein, auch er bevorzugte das Lavieren nach allen Seiten, dies schloß auch die Katholiken ein. Die Jesuiten erkannten ihre Chance und haben in den achtziger Jahren verstärkt in Schottland gewirkt – parallel zu ihrem Engagement im Süden. Um einer Hinwendung James' zu den Katholiken zuvorzukommen, hatte Elisabeth sich in die schottische Politik eingemischt. Ihr Einfluß auf James war deutlich verankert in der indirekten Zusicherung der englischen Thronfolge. Für James war es naheliegend gewesen, sich mehr auf die englischen Zusicherungen zu verlassen als auf die großartigen Versprechungen der katholischen Liga. Seine England gegenüber freundliche Haltung hatte ihm William Cecil noch durch eine jährliche Rente versüßt. Aus dieser politischen Lage entwickelte sich der bilaterale Vertrag von Berwick aus dem Jahre 1586. Dieser Vertrag umschloß eine Reihe gemeinsamer Zielsetzungen: Zum einen ging es darum, den Protestantismus in beiden Ländern zu verteidigen; sodann waren sich die Vertragspartner darüber einig, gemeinsam alle Invasionen zurückzuschlagen, die auf der britischen Insel zu befürchten wären. Schließlich beinhaltete der Vertrag auch die Regelung einer gegenseitigen Unterstützung, sollten Verschwörer einem der beiden Monarchen nach Leib und Leben trachten. James garantierte England Waffenbeistand, falls die nördlichen Grafschaften von außen angegriffen würden. In diesem Zusammenhang sagte sich James VI. von den Interessen seiner Mutter Maria Stuart los. Seine Proteste nach ihrer Hinrichtung hatten nur formalen Charakter, waren also nicht mehr als eine diplomatisch-rhetorische Stilübung.

In Opposition zu James' Englandpolitik unterhielten die katholischen Lords seines Landes Beziehungen zu Spanien. Es wurden sogar Überlegungen zu einer spanisch-schottischen Allianz angestellt, die sich gegen Elisabeth richten sollte. Dies geschah nach dem englischen Sieg über die Armada, als Philipp II. 1589 einen Briefwechsel mit schottischen Adligen katholischen Bekenntnisses unterhielt. Als Elisabeth von diesen Untergrundbeziehungen erfuhr, drang sie auf die harte Bestrafung dieser Adligen.

Die sich ausweitende Krise hatte James spätestens im Jahre 1593 zu einem Kriegszug in den Norden bis nach Aberdeen gezwungen; vom niederen Adel und zumeist von den Protestanten war er unterstützt worden. So war es ihm gelungen, die katholischen Lords zurückzudrängen, jedoch konnte er sie nicht endgültig schlagen. Elisabeth hat mit Entschiedenheit James Schwäche und mangelndes Durchsetzungsvermögen kritisiert. Sie hielt wenig von seiner Willensstärke und hat dies in ihren Briefen schon seit dem Ende der achtziger Jahre zum Ausdruck gebracht. Bereits vor dem Eintreffen der Armada, d.h. im Juli 1588, hatte sie an James geschrieben, sie verlange von ihm nur das, was sie als gut für ihn und für sein Land erachte. Gleichzeitig hatte sie ihn vor einem Doppelspiel mit England und Spanien gewarnt, um im August den englischen Sieg über die Armada als göttliche Entscheidung hinzustellen und zugleich als

Vorzeichen für den kommenden Ruin Philipps II. Gleichzeitig hatte die englische Königin ihrem schottischen «Bruder» «befohlen», dafür Sorge zu tragen, daß die flüchtigen spanischen Schiffe keine Unterstützung von den katholischen Lords erhielten. Die allgemeine Tendenz all dieser Schreiben lag in der Ermahnung James', klare Verhältnisse in Schottland zu schaffen und seine königliche Macht unwiderruflich unter Beweis zu stellen.

Der Earl of Bothwell, Neffe des zweiten Gemahls von Maria Stuart, hatte sich der katholischen Rebellion angeschlossen, obwohl er Protestant war. Die Rebellen hatten eine Absetzung James VI. und eine Krönung seines Sohnes geplant – in Entsprechung zu dem, was Maria Stuart widerfahren war. Doch 1592 hatte man Briefe von vier schottischen katholischen Adligen gefunden, die bei der geplanten Landung von 30 000 spanischen Soldaten aus Flandern Kooperation zusicherten. In dieser schwierigen Lage hatte James 1594 erneut zu militärischen Mitteln gegriffen, die von der englischen Königin finanziert worden waren. James VI. hatte also schon lange unter permanenter «Kontrolle» Elisabeths gestanden. Seine Versuche, durch Allianzen mit kontinentaleuropäischen Mächten dem englischen Druck auszuweichen, waren allesamt von der englischen Königin mit System torpediert worden.

Schließlich war es James gelungen, seine Gegner Schritt für Schritt zu schlagen, wobei er ihre Burgen schleifen ließ. Zudem hatte eine neue Administration im Norden die königliche Macht gestärkt. Der Erfolg des schottischen Königs hatte die rebellischen Lords, auch Bothwell, im Jahre 1595 gezwungen, ins Exil zu gehen; sie durften aber nach Schottland zurückkehren, als sie sich James unterworfen hatten.

Die schottischen Protestanten hatten sich dabei gegen den König gestellt und gefordert, die Verbannung der Rebellen aus Schottland aufrechtzuerhalten. Unter dem Einfluß reformierter Prediger war es in Edinburgh zu Tumulten gekommen, die den König veranlaßt hatten, nach Linlithgow auszuweichen, um erst dann in die Hauptstadt zurückzukehren, als er eine Begleittruppe von angemessener Stärke aufgestellt hatte. Zurück in Edinburgh hatte James eine Ständeversammlung einberufen, die Beschlüsse zu seinen Gunsten faßte. Die unbedingte Herrschaft der presbyterianischen Kirche («Kirk of Scotland») wurde eingeschränkt, zumal James nach Maßgabe seiner Theorie vom göttlichen Recht der Könige eine Trennung von Kirche und Staat verwarf. Die neue Kirchenverfassung war der geltenden englischen vergleichbar.

So hatte James das Kirchenpatronat in Schottland gewonnen, das er 1600 durch die Einsetzung zweier Bischöfe öffentlich demonstrieren konnte. Bistümer wurden als kirchliche Verwaltungseinheiten gebildet. Dennoch besagte dies nicht, daß die Kontakte zum Katholizismus damit hinfällig geworden wären. James VI. stand zu dieser Zeit im Briefwechsel mit Papst Clemens VIII. und hatte für die Toleranz gegenüber den Katholiken bei seiner Thronfolge in England plädiert. Es verwundert nicht, daß Königin Elisabeth solche Kontakte verabscheute. James hatte überdies schon längst mit Erfolg Kontakte zur englischen Aristokratie geknüpft, um seine Thronbesteigung von langer Hand vorzubereiten. Er hatte zunächst auf den Earl of Essex gesetzt, der ab 1594 James' Interessen am englischen Hof vertrat. In den achtziger Jahren hatte der schottische König schon Beziehungen zu Leicester, Walsingham und Burleigh etabliert. Da auch die englische Regierung unter Sir Robert Cecil in Sachen Thronwechsel Kontakt mit James aufgenommen hatte, konnte der schottische König mit größerer Zuversicht auf seine Zukunft blicken. Cecils Geheimkorrespondenz mit dem zukünftigen englischen König geht zumindest auf das Jahr 1601 zurück. Er wollte sich selbst ins Spiel bringen, aber auch Strukturfragen erörtern – all dies selbstverständlich ohne das Wissen der Königin. Elisabeth hatte aber sehr wohl Kenntnis davon gehabt, dank ihrer Spione. So redlich Cecils Vorgehen in Teilen gewesen sein mag, es läßt sich nicht vorstellen, daß sein Vater Lord Burleigh ein solches Verhalten gebilligt hätte.[15]

Als Königin Elisabeth am 23. März 1603 starb, waren alle Vorbereitungen zum Thronwechsel getroffen. Die protestantische Miliz hatte London unter Kontrolle, und schon am Tag nach dem Tode Elisabeths rief Cecil James zum englischen König aus. Das «Privy Council» tagte in Richmond und erreichte die legale Fortsetzung seiner Amtszeit durch Reskript des neuen Königs, der im Begriffe war, sich langsam auf London zuzubewegen. Cecil eilte ihm entgegen und traf seinen neuen Herrn in der Stadt York.

James I. wollte im «Privy Council» Königin Elisabeths zunächst keine radikalen Änderungen vornehmen. In Cecil, der weiter als Erster Staatssekretär diente, sah er einen Gewährsmann für Kontinuität in den Regierungsgeschäften. Robert Cecil verstand es vorzüglich, die Geschäfte eines Staatsmannes zu führen, und er diente seinem König bis zu seinem frühen Tod im Jahre 1612. Sein Versprechen, auf Kontinuität im Staatswesen zu setzen, hat James schnell gebrochen. Er erweiterte das «Privy Council» durch schottische Adlige und Günstlinge. Cecil behielt seine führende Stellung, doch das Regieren war für ihn schwerer geworden, weil sich um den König eine Koterie bzw. ein immer mehr anwachsender Hofstaat sammelte. Der König schätzte das Landleben, die Jagd und das Zusammensein mit seinen Freunden mehr als die Arbeit des Staatsoberhaupts. Der Erste Sekretär mußte sich daher in Erfüllung seiner Pflichten immer wieder auf die Reise machen und hatte in langen Ritten seinen König in entfernten Landsitzen aufzusuchen, um nach erledigten Absprachen postwendend nach London zurückzukehren. Die reibungslosen Funktionen des Tudor-Staatsapparats kamen deshalb unter James immer mehr ins Stocken, so daß sich eine Situation einstellte, die Königin Elisabeth zumindest befürchtet hatte, als sie ihre Briefe an James in Form von «Staatsbürgerkunde»-Unterricht abgefaßt hatte.[16]

Die ersten düsteren Anzeichen ließen kaum auf sich warten. James stellte sich gegen die von der anglikanischen Kirche abweichenden Evangelischen («Dissenter») und gegen die Puritaner (Anhänger Calvins und Vertreter einer Gemeindeaufsicht durch den Kirchenältesten) ebenso wie gegen die Vorherrschaft Roms. Die Macht des englischen Parlaments war ihm ein Dorn im Auge, widersprach sie doch seiner Vorstellung vom göttlichen Recht der Könige. Die Querelen mit dem Parlament stellten sich aufgrund dieser absolutistischen Tendenz des Königs gleichsam automatisch ein. Und so verwundert es nicht, wenn die «Commons» bereits 1604 deutlich ihre traditionellen Freiheiten einforderten.

*Das elisabethanische Zeitalter*

Weder kann man sagen, daß das Zeitalter Königin Elisabeths friedlich, noch daß es ohne Fehl gewesen sei. England stand über viele Jahre im Krieg, und als die Königin 1603 starb, war noch kein Frieden geschlossen worden. Dennoch hat das Land trotz sozialer Brüche und Verwerfungen – Armut gegen Reichtum, Wissen gegen Unwissen – nie zuvor eine so lange Phase der Umgestaltung und Orientierung auf Neues erleben können, mag das Neue auch meistens an das Alte zurückgebunden gewesen sein. Nach langen inneren Wirren, die England durchzustehen hatte, war es Elisabeth gelungen, inneren Frieden und Stabilität herzustellen, was den Aufstieg der Mittelschicht erlaubte, eine Modernisierung des Landes begünstigte und Englands kollektive Kräfte stärkte. Die elisabethanische Epoche glänzte in der Politik, sie ist eindrucksvoll in der Architektur, ergreifend und anmutig in der Musik, aber sie brillierte im Literarischen.

Die alles beherrschende Sonne Englands, auch wenn sie sich in den letzten Jahren verdunkelte, war Königin Elisabeth I. Sie und die vielen aktiven Persönlichkeiten ihrer Zeit in Politik, Wissenschaft, Seefahrt, Musik und Literatur prägten, mit Hilfe der Arbeitskraft des gesamten englischen Volkes, der Epoche den Stempel auf. Allen voran schritt eben doch die Astraea, Gloriana, Cynthia, Belphoebe, kurzum: Elisabetha Regina. Das letzte Wort sei Francis Bacon vorbehalten, der die Königin seit seinen Kindertagen kannte, unter ihr keine Karriere machte und sie doch bewunderte: «Elisabeth war in ihrer Natur und in ihrem Glücksvermögen eine wundervolle Persönlichkeit unter den Frauen und eine denkwürdige Person unter den Fürsten [...]. Die Regierung einer Frau ist zu allen Zeiten eine seltene Angelegenheit gewesen; eine glückliche Hand in solch einer Regierung eine noch seltenere Sache; Glück und lange Kontinuität zusammen am aller seltensten. Und doch regierte diese Königin volle fünfundvierzig Jahre und sie hat ihr Glück nicht überlebt.»[17]

\*

Was von der Leistung Königin Elisabeths I. für die englische und europäische Geschichte, ja letztlich für die Weltgeschichte, geblieben ist, hat Leopold von Ranke unnachahmlich formuliert: «Mit der Selbständigkeit und Macht von England ist ihr Andenken untrennbar verbunden.»[18] Ihre Nachfolger, die Stuart-Könige, konnten mit dem Tudor-System eines sich bildenden libertären Verfassungsstaats wenig anfangen. Sie setzten auf das Programm des Absolutismus nach der Theorie des «göttlichen Rechts der Könige», so daß die Tudor-Formel der Souveränität des Staates «König im Parlament» durch einen Antagonismus von Krone/Hof und Parlament ersetzt wurde. Es ging nicht mehr um den politischen Kompromiß zum Wohle der Nation, sondern darum, welche Elite im Lande herrschen sollte.[19] Entgegen dieser neuen Tendenz hatte sich aber im kollektiven Gedächtnis der englischen Nation das unter Elisabeth existierende ausgewogene Verhältnis von Hof und Land, Krone und Parlament als sinnvolle Staatskonzeption eingeprägt. Die Engländer hatten die Ordnung des Staates verinnerlicht im Bild Königin Elisabeths, das in mannigfachen Formen verbreitet und präsentiert wurde. Zum ersten Mal in der Geschichte wurden Bilder, Proklamationen, Gebete und Reden, aber auch Kupferstiche und Einblattdrucke in hohen Auflagen unter das Volk gebracht. Wenn das über Taten, Diskurse und Bilder vermittelte innere Gleichgewicht mit der Thronbesteigung Jakobs I. angegriffen wurde, so steigerte die absolutistische Politik den Unabhängigkeitswillen des englischen Parlaments. Ein Vorgehen gegen die Krone als Organ der ungeschriebenen Verfassung wäre zu Zeiten der Tudors undenkbar gewesen.

Die Wirkung und die Bedeutung Elisabeths für das Land wurden durch die Entwicklungen im 17. Jahrhundert keinesfalls aufgehoben. Wenn je eine historische Persönlichkeit, so stiftete Elisabeth das Zusammengehörigkeitsgefühl aller Engländer. Das Bewußtsein der nationalen Einheit wurde in ihrer Regierungszeit durch Staatstheorie, Wissenschaft, vor allem auch durch Geographie (William Harrison, «Description of the Island of Britain», 1577–87) und Historie (Holinsheds «Chronicles»), Dichtung sowie praktische Politik formuliert und verinnerlicht. Immer wieder bezieht sich England bis auf den heutigen Tag auf diese seine große Königin, wenn es um die Formulierung und den Ausdruck der nationalen Identität geht. Wenn es wahr ist, wie Ralf Dahrendorf schrieb, «daß Großbritannien eine große Geschichte der Fähigkeit hat, widrige Umstände zu bewältigen, ohne die vorhandenen Institutionen zu überfordern» und dabei gleichzeitig vom «Wissen um die Verbesserung des Lebens»[20] ausging, so zeigte sich diese Haltung bereits unter Königin Elisabeth I. in exemplarischer Weise. Der Gedanke von der Einheit der englischen Nation scheint für immer mit der hohen Symbolkraft der Gloriana verbunden zu sein, wie denn selbst unter den Stuarts im englischen Volk die Überzeugung lebendig blieb, daß die Institution des Parlaments in den althergebrachten Kompetenzen ein unverzichtbarer Teil des englischen Staatssystems sei. Politische Schriftsteller und Parlamentarier beklagten unter Jakob I., später unter Karl I., den Zerfall des gesellschaftlichen Zusammenhangs und der nationalen Tugenden. Sie sahen vor allem die Zerstörung konstitutioneller Formen als Grundlage des Despotismus. Diese kritische Haltung rief nostalgische Gefühle für das Zeitalter Elisabeths hervor.[21] Während elisabethanische Ritterlichkeit am Hofe Karls I. wenig Anklang fand, erlebte sie eine Wiedergeburt im populären Bühnenstück der dreißiger Jahre. Zur Darstellung gebracht wurden «die Werte des alten nationalen Mythos von Englands Größe, von dem man annahm, daß Elisabeth diesen gefördert hatte, was Karl sicherlich nicht tat».[22] Wenn Karl I. die Tapisserien des Cornelius Vroom, die den Sieg von 1588 über die Armada verherrlichen, vom Hofe entfernen ließ, so gelang es ihm nicht, den Mythos des Goldenen Zeitalters Königin Elisabeths zu zerstören. Als vor dem «Long Parliament» im Jahre 1644 der Hochverratsprozeß gegen Erzbischof Laud stattgefunden hatte, schuf Wenceslas Hollar einen Kupferstich, der die Szene im «House of Lords» zeigt, dessen Wände mit den Armada-Sieg-Tapisserien Vrooms geschmückt sind.[23]

Wendet sich der Blick von Kunst und Diskurs zu den Taten, so sollte nicht vergessen werden, daß Elisabeths politische Entscheidungen weitreichende Bedeutung für die Zukunft besaßen. Dies gilt etwa für ihre Lizenzierung der Ostindien-Kompanie im Jahre 1600. Diese Kompanie hatte über zweihundert Jahre Bestand und bildete einen Grundstein für die Errichtung des Britischen Empire, welches schließlich auch das Kaiserreich Indien umfaßte.[24] Die Idee eines starken und international unabhängigen England wurde unter Elisabeth letztlich von der Nation getragen, deren Zusammenhalt sie selbst gestiftet hatte. Ungeachtet der revolutionären Entwicklungen im 17. Jahrhundert fand die Nation letztlich, wenn auch in gewandelter Form, zum elisabethanischen Mittelweg in Politik und Religion zurück. Langsam zeichnete sich eine Zukunftsperspektive ab, welche die elisabethanische Idee eines englischen Empire Wirklichkeit werden ließ.

# Anmerkungen

## 1. Einleitung

1 Calendar of State Papers, Venetian, 1581–91, S. 344f.
2 Vgl. Martin Luther, Die 95 Thesen, in: Martin Luther, Die reformatorischen Grundschriften, hrsg. von Horst Beintker (Darmstadt 1983: Wissenschaftliche Buchgesellschaft), Bd. 1, S. 15–23. Einschlägig auch Luthers Schrift von 1520: «Von der Freiheit eines Christenmenschen».

## 2. Der Weg zum Thron: Die junge Elisabeth (1533–1558)

1 Vgl. Arthur G. Dickens, The English Reformation (Glasgow 1974: Fontana/Collins), S. 402.
2 Vgl. Richard Bruce Wernham, Before the Armada. The Growth of English Foreign Policy 1485–1588 (London 1966: Jonathan Cape), S. 236.
3 Vgl. Patrick Collinson, «Windows in a Woman's Soul: Questions about the Religion of Queen Elizabeth I», in: P. Collinson, Elizabethan Essays (London, Rio Grande 1994: The Hambledon Press), S. 87–118.
4 Vgl. Garrett Mattingly, The Defeat of the Spanish Armada (London 1961: Reprint Society), S. 326.
5 John B. Black, The Reign of Elizabeth (Oxford 1994: Oxford University Press), S. 350.

## 3. Gesellschaftliche und politische Grundlagen der Herrschaft Königin Elisabeths

1 Vgl. Geoffrey R. Elton, England under the Tudors (London 1974: Methuen), S. 400ff.
2 John B. Black, Reign of Elizabeth (1994), S. 8. Übers. v. Verf.
3 Vgl. Wallace MacCaffray, Elizabeth I. (London, New York, Sydney, Auckland 1997: Arnold), S. 168f.
4 Vgl. Conrad Russell, The Crisis of Parliaments. English History 1509–1660 (Oxford 1978: Oxford University Press), S. 206.
5 Vgl. Mark Nicholls, A History of the Modern British Isles 1529–1603 (Oxford 1999: Blackwell), S. 200.
6 Vgl. Charles Nicholls, The Reckoning: The Murder of Christopher Marlowe (London, Basingstoke 1993: Picador), S. 102–114 und passim.
7 Vgl. Charles Nicholls, The Reckoning (1993), S. 104.

8  Vgl. Conyers Read, Mr. Secretary Walsingham and the policy of Queen Elizabeth (o. O., 1967: Archon Books), vol. II, S. 318ff.
9  Vgl. John Bossy, Under the Molehill. An Elizabethan Spy Story (New Haven, London 2001: Yale University Press), S. 82ff.
10  Vgl. ebenda, S. 119ff.
11  Vgl. John B. Black, The Reign of Elizabeth (1994), S. 23.
12  Vgl. Conrad Russell, The Crisis of Parliaments (1978), S. 153.
13  Vgl. ebenda, S. 263.
14  Vgl. Arthur G. Dickens, The English Reformation (Glasgow 1974: Fontana/Collins), S. 404 und passim.
15  Vgl. Alfred Adam, Lehrbuch der Dogmengeschichte, Bd. 2: Mittelalter und Reformationszeit (Gütersloh 1972: Gütersloher Verlagshaus), S. 306ff.
16  Vgl. Henry Hallam, The Constitutional History of England from the Accession of Henry VII to the Death of George II. (London 1869: Alexander Murray & Son, S. 141). Vgl. Marshall M. Knappen, Tudor Puritanism (Chicago, London 1970: University of Chicago Press), S. 224ff.
17  Henry Hallam, Constitutional History (1869), S. 136.
18  Vgl. Stanley T. Bindoff, Tudor England (Harmondsworth 1964: Penguin), S. 223–230.
19  Vgl. Conrad Russell, The Crisis of Parliaments (1978), S. 170ff.
20  John Guy, «Tudor monarchy and its critiques», in: John Guy (ed.), The Tudor Monarchy (London, New York, Sydney, Auckland 1997: Arnold), S. 101.
21  Vgl. Henry Hallam, Constitutional History (1869), S. 149.
22  Vgl. Christopher Hampton (ed.), A Radical Reader. The struggle for change in England, 1381–1914 (Harmondsworth 1984: Penguin), S. 130–132 («The Antichristian Prelacy of Whitgift, Pope of Lambeth»).
23  Vgl. John Guy, «The Elizabethan establishment and the ecclesiastical polity», in: John Guy (ed.), The Reign of Elizabeth I, Court and Culture in the Last Decade (Cambridge 1995: Cambridge University Press), S. 126–149, bes. S. 130ff. Zur Betonung der königlichen Prärogative vgl. Joseph R. Tanner, Tudor Constitutional Documents 1485–1603 (Cambridge 1940: Cambridge University Press), S. 372f.
24  Vgl. Stanley T. Bindoff, Tudor England (1964), S. 235.
25  Vgl. Arthur G. Dickens, The English Reformation (1974), S. 424.
26  Vgl. Conyers Read, Lord Burleigh and Queen Elizabeth (London 1960: Jonathan Cape), S. 218.
27  Vgl. Garrett Mattingly, The Defeat of the Armada (1961), S. 71.
28  Vgl. Henry Hallam, Constitutional History (1869), S. 115.
29  Vgl. Joseph R. Tanner, Tudor Constitutional Documents (1940), S. 417–421.
30  Vgl. Henry Hallam, Constitutional History (1869), S. 121 und passim.

31 Christopher Hill, Reformation to Industrial Revolution (Harmondsworth 1971: Penguin), S. 30.
32 Max Weber, Gesammelte Aufsätze zur Religionssoziologie I (Tübingen 1988: J. C. B. Mohr), S. 171.
33 Christopher Hill, Society and Puritanism in Pre-Revolutionary Society (London 1969: Panther Books), S. 127.
34 Vgl. Christopher Hibbert, London. The Biography of a City (London, Harlowe 1969: Longmans), S. 36.
35 Vgl. Stanley T. Bindoff, Tudor England (1964), S. 198.
36 Vgl. Alfred L. Rowse, The England of Elizabeth (London 1973: Cardinal), S. 17.
37 Vgl. Conyers Read, Mr. Secretary Cecil and Queen Elizabeth (London 1955: Jonathan Cape), S. 272ff.
38 Vgl. James Anthony Froude, History of England from the Fall of Wolsey to the Death of Elizabeth (New York 1969: AMS Press), vol. VIII, S. 434.
39 Vgl. Christopher Hill, Society and Puritanism (1969), S. 15ff.
40 Nach: Asa Briggs, A social history of England (Harmondsworth 1985: Penguin), S. 124.
41 Vgl. Heiner Haan/Gottfried Niedhart, Geschichte Englands vom 16. zum 18. Jahrhundert (München 1993: C. H. Beck), S. 70–86.
42 Vgl. John Kenneth Galbraith, Money. Whence it came, where it went (Harmondsworth 1976: Penguin), S. 20.
43 Vgl. Conrad Russell, The Crisis of Parliaments (1978), S. 188
44 The Works of Francis Bacon, ed. by James Spedding, Robert Leslie Ellis, and Douglas Denon Heath (London 1901: Longmans & Co), vol. IV, S. 98–101 (= Nov. Org. I, Aph. 108–110).
45 Haan/Niedhart, Geschichte Englands (1993), S. 92.
46 Vgl. Alfred L. Rowse, The England of Elizabeth (1973), S. 132.
47 Vgl. Asa Briggs, A social history (1985), S. 123.
48 Vgl. Christopher Hill, Reformation to Industrial Revolution (1971), S. 15ff.
49 Vgl. Fritz Levy, «The theatre and the Court in the 1590s» in: John Guy (ed.), The reign of Elizabeth I (1995), S. 275.
50 Vgl. Garrett Mattingly, The Defeat of the Armada (1961), S. 41.
51 Patrick Collinson, «The Monarchical republic of Elizabeth I», in: John Guy (ed.), The Tudor Monarchy, (London, New York, Sydney, Auckland 1997: Arnold), S. 113.
52 Siehe: Richard Hakluyt, Voyages and Discoveries, ed., abridged and introd. by Jack Beeching (Harmondsworth 1987: Penguin).
53 Siehe: Helen Hackett, Virgin Mother, Maiden Queen. Elizabeth I and the Cult of the Virgin Mary (Houndsmills, Basingstoke, Hampshire, London 1995: Palgrave Macmillan).

54 Vgl. Frances A. Yates, Astraea (Harmondsworth 1975: Penguin), S. 29. Vgl. Ovid, Met. I., 149f.; Vergil, Ecl. IV. 6.
55 Vgl. Walter Ullmann, Medieval Political Thought (Harmondsworth 1975: Penguin), S. 200–228.
56 Vgl. Jacob Burckhardt, Die Zeit Konstantins des Grossen (Leipzig 1924: Kröner), S. 399.
57 Alfred L. Rowse, The England of Elizabeth (1973), S. 39ff.
58 Vgl. The Works of Edmund Spenser, ed. by R. Morris (London 1929: Macmillan), S. 556.
59 Ebenda, S. 3.
60 Giordano Bruno, Das Aschermittwochsmahl, übers. von Ferdinand Fellmann, Einl. von Hans Blumenberg (Frankfurt/Main 1969: Insel), S. 97.
61 Vgl. Richard C. McCoy, « Francis Davison and the cult of Elizabeth», in: John Guy (ed.), The Reign of Elizabeth I (1995), S. 212–228.

## 4. Außenpolitik von den Anfängen bis zur Hinrichtung Maria Stuarts

1 Erich Hassinger, Das Werden des neuzeitlichen Europa 1300–1600 (Braunschweig[2] 1966: Westermann), S. XVII.
2 Vgl. Richard von Dülmen, Entstehung des neuzeitlichen Europa (Frankfurt/Main 1984: Fischer), S. 168.
3 Vgl. Luise Schorn-Schütte, Karl V. Kaiser zwischen Mittelalter und Neuzeit (München 2000: C. H. Beck), S. 30ff.
4 Vgl. Quentin Skinner, The Foundations of Modern Political Thought. Vol. 2: The Age of Reformation (Cambridge 1979: Cambridge University Press), S. 286ff.; S. 355ff.; Gerhard Köbler, Lexikon der europäischen Rechtsgeschichte (München 1997: C. H. Beck), S. 550; Art. «Jean Bodin», in: Herbert Jaumann, Handbuch Gelehrtenkultur der Frühen Neuzeit. Bd. 1: Bio-bibliographisches Repertorium (Berlin, New York 2004: Walter de Gruyter), S. 110f.
5 Richard von Dülmen, Entstehung des neuzeitlichen Europa (1984), S. 174.
6 Vgl. Niccolo Machiavelli, The Prince, transl. by W. K. Marriott, introd. by H. Butterfield (London, New York 1965: Everyman), S. 98ff.
7 Vgl. Herbert Jaumann, Handbuch Gelehrtenkultur der Frühen Neuzeit 1 (2004), S. 320.
8 Vgl. Kurt Kluxen, Geschichte Englands (Stuttgart[4] 1991: Kröner), S. 226.
9 Peter Wende, Geschichte Englands (Stuttgart, Berlin, Köln, Mainz 1985: Kohlhammer), S. 115.
10 Haan/Niedhart, Geschichte Englands (1993), S. 144f. Vgl. John William Allen, A History of Political Thought in the Sixteenth Century (London[3] 1961: Methuen), S. 495–501.

11 Vgl. Richard H. Tawney, Religion and the Rise of Capitalism (Harmondsworth ⁸1966: Penguin), S. 20.
12 Vgl. Patrick Collinson, «The monarchical republic of Elizabeth I», in: John Guy (ed.), The Tudor Monarchy (1997), S. 110–134.
13 Vgl. Conyers Read, Mr. Secretary Cecil (1955), S. 191.
14 Vgl. John B. Black, The Reign of Elizabeth (1994), S. 49, Anm. 1.
15 Sir Walter Scott hat diese Tragödie in seinem romantischen, doch kaum historischen Roman «Kenilworth» (1821) behandelt.
16 Vgl. Mark Nicholls, A History of the Modern British Isles (1999), S. 190ff.
17 Vgl. Conyers Read, Mr. Secretary Cecil (1955), S. 198ff.
18 Vgl. Stanley T. Bindoff, Tudor England (1964), S. 205.
19 Vgl. Henry Hallam, Constitutional History (1869), S. 99.
20 Siehe vor allem: Eleanor Rosenberg, Leicester Patron of Letters (New York 1976: Octagon Books).
21 Vgl. Conyers Read, Mr. Secretary Cecil (1955), S. 228f.
22 Vgl. Elizabeth I, Collected Works, ed. by Leah S. Marcus, Janel Mueller, and Mary Beth Rose (Chicago, London 2000: The University of Chicago Press), S. 70ff.
23 Vgl. Queen Elizabeth's Answer To The Commons' Petition That She Marry, January 28, 1563, in: Elizabeth I, Collected Works (2000), S. 70–72. Vgl. ebenda, S. 72–77 (The Commons' Petition).
24 Vgl. ebenda, S. 241ff.
25 Vgl. James Anthony Froude, History of England (1969), vol. VIII, S. 321.
26 Zu Darnleys Charakter vgl. J. B. Black, The Reign of Elizabeth (1994), S. 91f.
27 Vgl. James Anthony Froude, History of England (1969), vol. VIII, S. 344.
28 Queen Elizabeth to Mary, Queen of Scots, February 24, 1567, in: Elizabeth I, Collected Works (2000), S. 116f.
29 Ebenda, S. 117.
30 Ebenda, S. 118.
31 Vgl. Brief des spanischen Botschafters De Silva an Philipp II. vom 26.10.1566, in: James Anthony Froude, History of England (1969), Vol. VIII, S. 308ff.
32 Vgl. Conyers Read, Mr. Secretary Cecil (1955), S. 431ff.
33 Ebenda, S. 452. Übers. v. Verf.
34 Vgl. ebenda, S. 431.
35 Vgl. Mark Nicholls, A history of the Modern British Isles (1999), S. 201f.
36 Vgl. Sir John E. Neale, Queen Elizabeth I (Harmondsworth 1973: Penguin), S. 197 und passim.
37 Vgl. Joseph R. Tanner, Tudor Constitutional Documents (1940), S. 144–146.
38 Vgl. John E. Neale, Queen Elizabeth I (1973), S. 203ff.

39 Vgl. Wallace MacCaffrey, Elizabeth I (1997), S. 152.
40 Gerhard Ritter, Die Neugestaltung Europas im 16. Jahrhundert. Die kirchlichen und staatlichen Wandlungen im Zeitalter der Reformation und der Glaubenskämpfe (Berlin 1950: Druckhaus Tempelhof), S. 256.
41 Vgl. ebenda, S. 258ff. Vgl. auch: John E. Neale, Queen Elizabeth I (1973), S. 227ff.
42 Vgl. John William Allen, A History of Political Thought in the Sixteenth Century (1957), S. 304ff.
43 Vgl. Mark Nicholls, A history of the Modern British Isles (1999), S. 206.
44 Queen Elizabeth to Sir Francis Walsingham, Ambassador to France, December 1572, in: Elizabeth I, Collected Works (2000), S. 215–220.
45 Vgl. Conyers Read, Lord Burleigh and Queen Elizabeth (London 1960: Jonathan Cape), S. 87ff.
46 Vgl. John B. Black, The Reign of Elizabeth (1994), S. 334.
47 Vgl. Conyers Read, Mr. Secretary Cecil (1955), S. 289.
48 Vgl. Horst Lademacher, Die Niederlande. Politische Kultur zwischen Individualität und Anpassung (Berlin 1993: Propyläen), Propyläen Geschichte Europas, Erg. Bd., S. 68ff.
49 Vgl. Klaus Vetter, Am Hofe Wilhelm von Oraniens (Leipzig 1990: Edition Leipzig), S. 117–145.
50 Gerhard Ritter, Die Neugestaltung Europas im 16. Jahrhundert (1950), S. 251.
51 Ebenda, S. 137.
52 Vgl. Wallace MacCaffrey, Elizabeth I (1997), S. 158ff.
53 Friedrich Schiller, Geschichte des Abfalls der vereinigten Niederlande, in: Schiller, Werke (Stuttgart 1881: J. G. Cotta), Bd. VIII, S. 320.
54 Vgl. Conyers Read, Lord Burleigh and Queen Elizabeth (1960), S. 206ff.
55 Vgl. John Bossy, Under the Molehill. An Elizabethan Spy Story (New Haven, London 2001: Yale University Press), S. 68; S. 103.
56 Vgl. Conyers Read, Mr. Secretary Cecil (1955), S. 293f. Vgl. J. B. Black, The Reign of Elizabeth (1994), S. 125ff.
57 Vgl. Gerhard Ritter, Die Neugestaltung Europas im 16. Jahrhundert (1950), S. 269; John B. Black, The Reign of Elizabeth (1994), S. 379–389.
58 Vgl. John Bossy, Under the Molehill (2001), S. 139ff.
59 Vgl. Stefan Zweig, Maria Stuart (Frankfurt/Main 1964: Fischer Bücherei), S. 284ff.; Charles Nicholl, The Reckoning (1993), S. 147–165.
60 Vgl. Wallace MacCaffrey, Elizabeth I (1997), S. 343.
61 Vgl. ebenda, S. 349.

## 5. Kulturelle und geistige Entwicklungen unter Elisabeth

1 Karl Pribram, Geschichte des ökonomischen Denkens I, übers. von Horst Brühmann (Frankfurt/Main 1998: Suhrkamp), S. 73.
2 Vgl. Richard H. Tawney, Religion and the Rise of Capitalism (1966), S. 26ff.
3 Peter Burke, Die Geschicke des «Hofmann». Zur Wirkung eines Renaissance-Breviers über angemessenes Verhalten, übers. von Ebba D. Drolshagen (Berlin 1996: Wagenbach), S. 14; S. 12–15; vgl. Hassinger, Das Werden des neuzeitlichen Europa (1966), S. 345.
4 Vgl. Lawrence Stone, «The Educational Revolution in England, 1560–1640», in: Past & Present 28 (1961), S. 41–80.
5 Vgl. ebenda.
6 Vgl. J. W. Binns, «Elizabeth I and the universities», in: John Henry/Sarah Hutton (eds.), New Perspectives on Renaissance Thought. Essays in the history of science, education and philosophy in memory of Charles B. Schmitt (London 1990: Duckworth), S. 244–252.
7 Vgl. ebenda, S. 251.
8 Vgl. Jürgen Klein, «Dr. Thomas Wilson, The Arte of Rhetorique (1560): Mentalität und Rhetorik im England des 16. Jahrhunderts», in: P. L. Oesterreich/Th. O. Sloane (eds.), Rhetorica Movet. Studies in Historical and Modern Rhetoric in Honour of Heinrich F. Plett (Leiden, Boston, Köln 1999: Koninklijke Brill NV), S. 117–158.
9 Siehe u. a.: Eustace M. W. Tillyard, The Elizabethan World Picture (Harmondsworth 1978: Penguin); E. A. Burtt, The Metaphysical Foundations of Modern Science (London 1924; 1972: Routledge and Kena Paul); Francis R. Johnson, Astronomical Thought in Renaissance England (Baltimore 1937: The Johns Hopkins Press); Paul H. Kocher, Science and Religion in Elizabethan England (San Marino 1953: The Huntingdon Library); Alistair C. Crombie, Von Augustinus bis Galilei (1959; München 1977: dtv); Marie Boas, The Scientific Renaissance 1450–1630 (Glasgow 1970: Fontana/Collins).
10 Vgl. The Poems of George Chapman, ed. by Phyllis Brooks Bartlett (New York 1962: Russell & Russell), S. 19–45.
11 Siehe: Benjamin Farrington, The Philosophy of Francis Bacon. An Essay on its development from 1603 to 1609 (Liverpool 1964: Liverpool University Press).
12 Vgl. Alfred L. Rowse, The England of Elizabeth (1973), S. 51ff. sowie S. 63ff.
13 Vgl. Mark Nicholl, A History of the Modern British Isles (1999), S. 251.
14 Vgl. Harry Kelsey, Sir Francis Drake. The Queen's Pirate (London, New York 2000: Yale University Press), S. 93–204.
15 Vgl. Garrett Mattingly, The Defeat of the Spanish Armada (1961), S. 91.

16 Vgl. Peter Burke, Papier und Marktgeschrei. Die Geburt der Wissensgesellschaft, übers. von Matthias Wolf (Berlin 2001: Wagenbach), S. 183.
17 Vgl. Harry Kelsey, Sir Francis Drake (2000), S. 211 ff.
18 Vgl. Alfred L. Rowse, The England of Elizabeth (1973), S. 43.
19 Vgl. Nicholas Canny (ed.), The Origins of Empire. British Overseas Enterprise to the Close of the Seventeenth Century (Oxford, New York 1998: Oxford University Press), S.4ff.
20 Vgl. Olive Cook, The English Country House. An art and a way of life (London 1974: Thames & Hudson), S. 55–106.
21 Vgl. J. Alfred Gotch, «Architecture», in: C. T. Onions (ed.), Shakespeare's England. An Account of the Life and Manners of his Age (Oxford 1950), vol. II, S. 50–73.
22 Vgl. William Gaunt, A Concise History of English Painting (London 1973: Thames & Hudson), S. 25 ff; Alfred L. Rowse, The Elizabethan Renaissance: The Cultural Achievement (London 1974: Macmillan), S. 186–204.
23 Siehe: Elizabeth L. Eisenstein, The Printing Revolution in Early Modern Europe (Cambridge 1993: Cambridge University Press).
24 Vgl. W. Barclay Squire, «Music», in: C. T. Onions (ed.), Shakespeare's England II (1950), S. 15–31; Wilfrid Mellers, «Words and Music in Elizabethan England», in: Boris Ford (ed.), The Pelican Guide to English Literature 2: The Age of Shakespeare (Harmondsworth 1973: Penguin), S. 386–415; Alfred L. Rowse, The Elizabethan Renaissance: The Cultural Achievement (1974), S. 95–151.

## 6. Aufstieg zur Weltmacht: Außenpolitik vom Sieg über die Armada bis zum Ende der Herrschaft Elisabeths

1 Vgl. John H. Elliott, Imperial Spain 1469–1716 (Harmondsworth 1976: Penguin), S. 63.
2 Ebenda, S. 288.
3 Vgl. Garrett Mattingly, The Defeat of the Spanish Armada (1961), S. 59; S. 62.
4 Vgl. ebenda, S. 212 ff.
5 Vgl. Harry Kelsey, Sir Francis Drake (2000), S. 305.
6 Vgl. ebenda, S. 94 ff.
7 Vgl. Garrett Mattingly, The Defeat of the Spanish Armada (1961), S. 172 ff.; Paolo Rossi, Die Geburt der modernen Wissenschaft in Europa, übers. von Marion Sattler Chernitzky und Christiane Bücher (München 1997: C. H. Beck), S. 38–53.
8 Vgl. Garrett Mattingly, The Defeat of the Spanish Armada (1961), S. 252.
9 Vgl. Carlo M. Cipolla, Segel und Kanonen. Die europäische Expansion

zur See, übers. von Friederike Hausmann (Berlin 1999: Wagenbach), S. 43–98.
10 Vgl. Colin Martin/Geoffrey Parker, The Spanish Armada (Harmondsworth 1988: Penguin), S. 52f.
11 Zit. nach: Martin/Parker (1988), S. 153. Übers. v. Verf.
12 Zit. nach: Garrett Mattingly, The Defeat of the Spanish Armada (1961), S. 328f. Übers. v. Verf.
13 Vgl. Susan Brigden, New Worlds, Lost Worlds. The Rule of the Tudors, 1485–1603 (Harmondsworth 2002: Penguin), S. 293.
14 Vgl. Martin/Parker, The Spanish Armada (1988), S. 12ff.
15 Vgl. Garrett Mattingly, The Defeat of the Spanish Armada (1961), S. 376.
16 Ludwig Pfandl, Philipp II. Gemälde eines Lebens und einer Zeit (München 1973: Callwey), S. 481.
17 Vgl. John Guy, Tudor England (1991), S. 348ff.
18 Vgl. Fernand Braudel, Sozialgeschichte des 15.–18. Jahrhunderts. Der Handel, übers. von Siglinde Summerer und Gerda Kurz (München 1986: Kindler), S. 491ff.
19 Vgl. Haan/Niedhart, Geschichte Englands (1993), S. 101ff.
20 Vgl. ebenda, S. 344.
21 Vgl. G. R. Elton, England under the Tudors (1974), S. 382ff.
22 Vgl. John B. Black, The Reign of Elizabeth (1994), S. 463.

## 7. Das Ende des Elisabethanischen Zeitalters

1 Vgl. Geoffrey R. Elton, England under the Tudors (1974), S. 405ff.; S. 415f.
2 Vgl. ebenda, S. 352.
3 Vgl. David Hume, The History of England (New York 1983: Liberty Classics), vol. IV, S. 285f.; Mark Nicholls, A History of the Modern British Isles (1999), S. 197–199.
4 Siehe: Lytton Strachey, Elisabeth und Essex. Eine tragische Historie, übers. von Hans Reisiger (Berlin 1930: S. Fischer Verlag).
5 Vgl. Conyers Read, Lord Burleigh and Queen Elizabeth (1960), S. 522.
6 Vgl. John E. Neale, Queen Elizabeth I (1973), S. 340.
7 Vgl. Paul E. Hammer, The Polarisation of Elizabethan Politics. The Political Career of Robert Devereux, 2nd Earl of Essex, 1585–1597 (Cambridge 1999: Cambridge University Press), S. 158ff.
8 Beide Briefe in: Elizabeth I, Collected Works (2000), S. 390–399.
9 Zum Ende Elisabeths vgl. John E. Neale, Queen Elizabeth I (1973), S. 382–394; Leopold von Ranke, Englische Geschichte vornehmlich im 17. Jahrhundert (Meersburg 1937: F. W. Hendel), Bd. 1, S. 293ff.
10 Übers. v. Verf., nach Zitat in: John E. Neale, Queen Elizabeth I (1973), S. 384.

11 Übers. von Otto Gildemeister, zit. nach: Jürgen Klein, My love is as a fever. Eine Lektüre von Shakespeares Sonetten (München 2002: Wilhelm Fink), S. 154.
12 Elisabeth I, Collected Works (2000), S. 337.
13 Ebenda, S. 339.
14 Vgl. Leopold von Ranke (1938), Bd. 1, S. 301ff.
15 Vgl. John Guy, Tudor England (Oxford, New York 1991: Oxford University Press), S. 452f.
16 Vgl. Paulien Croft, «Robert Cecil and the early Jacobean court», in: Linda Levy Peck (ed.), The Mental World of the Jacobean Court (Cambridge 1991: Cambridge University Press), S. 134–147.
17 Francis Bacon, On the Fortunate Memory of Elizabeth Queen of England, in: The Works of Francis Bacon, ed. by Spedding, Ellis, and Heath (London 1890: Longmans & Co), vol. VI, S. 305. Übers. v. Verf.
18 Leopold von Ranke, Englische Geschichte (1938), Bd. I, S. 297.
19 Vgl. Haan/Niedhart, Geschichte Englands (1993), S. 151ff.
20 Vgl. Ralf Dahrendorf, Die neue Freiheit. Überleben und Gerechtigkeit in einer veränderten Welt (München, Zürich 1975: Piper), S. 91–93.
21 Vgl. Malcolm Smuts, «Court-Centred Politics and the Uses of Roman Historians, c. 1590–1630», in: Kevin Sharpe/Peter Lake (eds.), Culture and Politics in Early Stuart England (Houndsmills, London 1994: Macmillan), S. 39ff.
22 Martin Butler, Theatre and Crisis, 1632–1642. Cambridge 1984, S. 198f.
23 Vgl. J. S. A. Adamson, «Chivalry and Political Culture in Caroline England», in: Sharpe/Lake (eds.), Culture and Politics (1994), S. 180–189.
24 Vgl. Kurt Kluxen, Geschichte Englands (1991), S. 230.

# Stammtafel
## der Häuser TUDOR, STUART und SUFFOLK

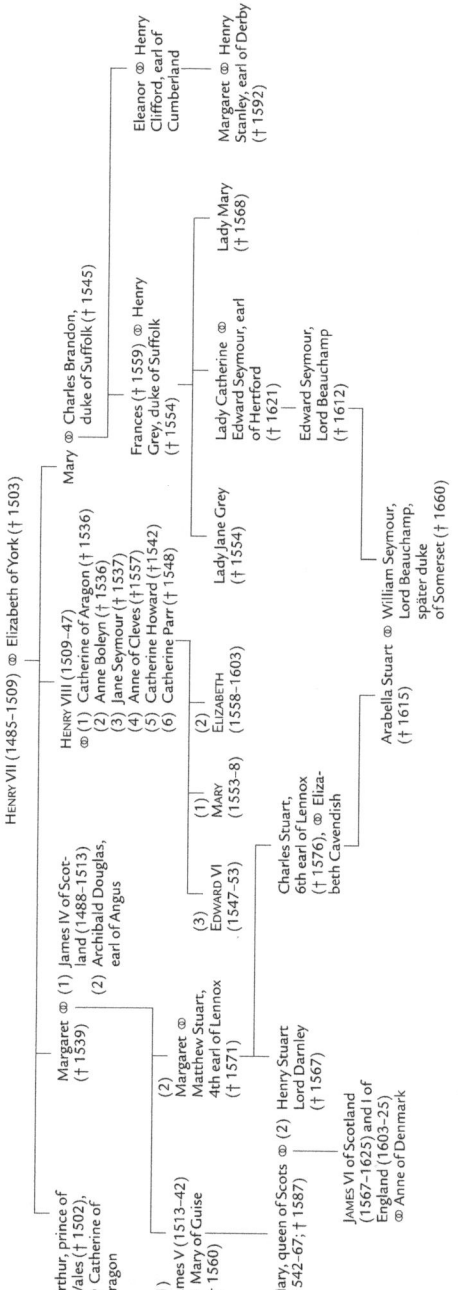

Quelle: John B. Black, The Reign of Elizabeth (Oxford 1994: Oxford University Press), S. 552.